Il était une fois à Montréal

MICHEL LANGLOIS

Il était une fois à Montréal

tome 1

Notre union

Roman historique

www.quebecloisirs.com

UNE ÉDITION DU CLUB QUÉBEC LOISIRS ULC.
Avec l'autorisation des Éditions Hurtubise inc.

Illustration graphique : René St-Amand
Illustration de la couverture : Jean-Luc Trudel

Dépôt Légal --- Bibliothèque et Archives nationales du Québec, 2016
ISBN Q.L. 978-2-89666-450-4
Publié précédemment sous ISBN 978-2-89723-640-3

Imprimé au Canada

C'est la seule ville du continent
où l'on ne peut pas jeter
une pierre ou une brique
sans briser une fenêtre d'église.

Mark Twain, à propos de Montréal

Personnages principaux

Antoinette : domestique chez Eustache de Chantal.
Ariane : cuisinière chez Eustache de Chantal.
Brodeur, Louis-Amable : ami de Charles-Amador Vachon.
Carrier, Isabelle : voisine de Valois Ducharme et d'Henriette Vachon.
Chevalier, Geneviève : amie d'Henriette Vachon.
Deblois, Eugénie : amie et protégée d'Eustache de Chantal.
De Chantal, Eustache : protecteur et ami de Valois Ducharme et d'Henriette Vachon.
Desruisseaux, Adalbert : ami de Valois Ducharme et d'Henriette Vachon.
Ducharme, Joseph : père de Valois Ducharme.
Ducharme, Valois : époux d'Henriette Vachon.
Duclos, Robert : ami de Valois Ducharme.
Lacasse, Georges-Aimé : ami de Charles-Amador Vachon.
Ladouceur, Ovila : ami de Charles-Amador Vachon.
Lalonde, Eulalie : cousine d'Henriette Vachon et épouse d'Hubert Lapointe.
Lapointe, Hubert : fiancé, puis époux d'Eulalie Lalonde.
Latraverse, Constance : grand-mère d'Henriette Vachon.
Norbert : palefrenier chez Eustache de Chantal.
Petit-Jean, la mère : patronne d'Henriette Vachon.
Rinfrette, Gédéon : ami de Joseph Ducharme.
Vachon, Adéline : mère d'Henriette Vachon.
Vachon, Charles-Amador : père d'Henriette Vachon.
Vachon, Henriette : fille de Charles-Amador et d'Adéline Vachon, puis épouse de Valois Ducharme.

Personnages historiques

Bourget, Ignace (1799-1885): Fils de Pierre Bourget, cultivateur, et de Thérèse Paradis, il naît à Saint-Joseph-de-Lauzon le 30 octobre 1799. En 1811, il entre au Petit Séminaire de Québec où il fait ses études classiques, puis au Séminaire de Nicolet où il étudie la théologie. En 1821, il est nommé secrétaire de monseigneur Lartigue, évêque auxiliaire de Montréal. Ignace Bourget est ordonné prêtre à l'Hôtel-Dieu de Montréal le 30 novembre 1822. Il est chargé de la surveillance de la construction de la maison épiscopale et de l'église Saint-Jacques de Montréal, dont il est nommé chapelain en 1825. Devenu un disciple de monseigneur Lartigue, Ignace Bourget défend les positions anti-libérales de ce dernier face aux sulpiciens et à l'autorité civile. En 1837, il est nommé coadjuteur de l'évêque de Montréal avec droit de succession. En 1840, il succède à monseigneur Lartigue comme évêque de Montréal et met tout en œuvre pour que l'Église catholique ait la main haute sur l'instruction dans la province de Québec. À cette fin, Ignace Bourget fait venir de France des communautés religieuses et en crée au pays. Il voue une admiration sans bornes au pape et ne manque pas d'expédier à Rome cinq cents jeunes zouaves à la défense du pontife. Son plus grand rêve est d'élever à Montréal une cathédrale aussi prestigieuse que celle de Saint-Pierre de Rome. D'ailleurs, il n'hésite pas à saigner les gens de son diocèse pour y parvenir. On le voit partout et il s'impose jusqu'à gagner la confiance de la majorité des gens dont certains voient en lui un saint. Il entreprend aussi une lutte à finir contre les sulpiciens et le Séminaire de Québec. Il tient tête aux membres de l'Institut canadien et aux libres penseurs, et n'hésite pas à se rendre au besoin à Rome pour faire approuver ses vues. Ignace Bourget rêve aussi de créer une université à Montréal. Son échec sur ce projet le contraint à donner sa démission. Il meurt à Sault-au-Récollet le 8 juin 1885.

Chiniquy, Charles (1809-1899) : Fils de Charles Chiniquy et de Marie-Reine Perreault, il naît à Kamouraska le 30 juillet 1809. Il fait ses études primaires à Saint-Thomas de Montmagny, puis, à compter de 1822, il étudie au Séminaire de Nicolet. Il est ordonné prêtre par monseigneur Signay en 1832. Vicaire à Charlesbourg en 1834, puis à Saint-Roch de Québec, il devient curé de Beauport en 1838. Il fonde en 1840 une société de tempérance et obtient d'immenses succès dans ses prédications contre l'alcool et pour une tempérance totale. Il fait même ériger une colonne de tempérance à Beauport en 1841. Après sa mésaventure avec une ménagère de Beauport, monseigneur Signay l'expédie comme vicaire à Kamouraska en 1842. Il remplace, en 1843, le curé Varin qui vient de décéder. Charles Chiniquy devient, aux yeux de tous, le grand apôtre de la tempérance. De Kamouraska, il entre au noviciat des oblats à Longueuil, puis il en sort pour se réfugier au presbytère du même endroit où il va habiter jusqu'en 1851, tout en continuant ses prêches sur la tempérance. De nouveau compromis avec les femmes, il doit quitter le diocèse de Montréal. Il s'exile à Sainte-Anne dans l'Illinois. Sa mauvaise réputation auprès des curés des autres paroisses lui attire les reproches de l'évêque de Chicago et même l'excommunication en 1858. Il rejoint alors l'Église presbytérienne, dont il devient ministre en 1860. Il rejette tout ce qui concerne l'Église catholique et ne se gêne pas pour la diffamer. Il se marie en 1864 et part en tournée de conférences aux États-Unis et en Angleterre où ses écrits obtiennent un très vif succès. Charles Chiniquy meurt à Montréal le 16 janvier 1899.

Dessaules, Louis-Antoine (1818-1895): Fils de Jean Dessaules et de Marie-Rosalie Papineau, il naît à Saint-Hyacinthe le 31 janvier 1818. Il étudie au Collège de Saint-Hyacinthe, puis au Petit Séminaire de Montréal et termine ses études de philosophie à Saint-Hyacinthe en 1834. Il étudie en droit à Montréal et demeure chez son oncle Louis-Joseph Papineau. Louis-Antoine Dessaules se réfugie aux États-Unis au moment de la rébellion de 1837-1838. Il se rend à Paris en 1839 y rejoindre son oncle en exil. Dès lors, il va combattre l'intrusion de l'Église dans les affaires temporelles. Il est seigneur de Saint-Hyacinthe où on le retrouve dans les années 1840. Il collabore aussi au journal *L'Avenir*. Louis-Antoine Dessaules est élu maire de Saint-Hyacinthe en 1849 et le restera jusqu'en 1857. Devenu membre de l'Institut canadien en 1855, il combat avec vigueur le clergé et en particulier son ennemi juré: l'évêque de Montréal, monseigneur Bourget. Il est partisan de l'annexion du Canada aux États-Unis. Il est aussi un des principaux rédacteurs du journal *Le Pays*, puis son rédacteur en chef en 1861. Louis-Antoine Dessaules donne plusieurs conférences à l'Institut canadien et publie son *Petit Bréviaire des vices de notre clergé*. Il est élu membre du Conseil législatif de la province. Son plaidoyer en faveur de la tolérance est l'un de ses écrits les plus remarquables. Toutefois, ses affaires en tant que seigneur de Saint-Hyacinthe vont de plus en plus mal. Le jour même de l'entrée en vigueur de la Confédération, le 1er juillet 1867, sa seigneurie est vendue aux enchères. Endetté jusqu'au cou, Louis-Antoine Dessaules fuit aux États-Unis en 1875, puis s'exile à Paris où il meurt le 4 août 1895.

Dorion, Jean-Baptiste-Éric (1826-1866) : Fils de Pierre-Antoine Dorion et de Geneviève Bureau, il naît à Sainte-Anne-de-la-Pérade le 1er novembre 1826. Enfant turbulent, on lui accolera bien vite le surnom d'« enfant terrible », qui lui restera jusqu'à la fin de ses jours. Après ses études primaires, il se rend à Québec pour y apprendre l'anglais, puis devient commis marchand en 1842 à Trois-Rivières. Très tôt, il exerce sa plume dans un journal. En 1844, on le retrouve à Montréal où il participe à la fondation de l'Institut canadien. Il exerce ensuite le métier de journaliste en lançant le journal *L'Avenir* le 16 juillet 1847. Son franc-parler lui vaut la réprobation ecclésiastique. Il est à l'origine de la fondation de l'Association pour le peuplement des Cantons de l'Est. Son journal *L'Avenir* rallie la cause libérale de Papineau et est tout de suite pris à partie par monseigneur Ignace Bourget. Dorion soutient que les dîmes devraient être abolies et se met à dos tout le clergé. En 1850, il déplore avec les autres libres penseurs l'incendie de l'Institut canadien dans lequel son imprimerie est détruite. Puis, en 1852, il se voit contraint de cesser la publication de son journal, condamné par l'évêque. Dorion quitte Montréal pour s'établir à Durham, près de Drummondville. Il va y fonder le village de L'Avenir. Il est élu député de la circonscription de Drummond-Arthabaska en 1854.

Défait aux élections de 1857-1858, il est réélu en 1861. L'année suivante, il fonde le journal *Le Défricheur*. Il meurt d'une crise cardiaque à L'Avenir, à l'âge de quarante ans, le 1er novembre 1866.

Forbin-Janson, Charles-Auguste-Marie-Joseph de (1785-1844) : Fils de Michel-Palamède, comte de Forbin-Janson, et de Cornélie-Henriette-Sophie-Louise-Hortense-Gabrielle Galléan, princesse de Galléan, il naît à Paris le 3 novembre 1785. Ordonné prêtre à Chambéry le 15 décembre 1811, il est d'abord supérieur du Grand Séminaire de l'endroit. Puis, sa renommée de prédicateur hors pair se répand par toute la France et au-delà. Il est nommé évêque de Nancy en 1823. Il se fait plusieurs ennemis, à tel point qu'il doit s'exiler en Allemagne et en Suisse où il demeure en 1830-1831, puis en Italie en 1831-1832, avant de revenir à Nancy. Il fait une tournée de prédication aux États-Unis et au Canada en 1840. Il procède à l'inauguration d'une croix sur le mont Saint-Hilaire en 1841. Il retourne ensuite en France et meurt à Marseille en 1844.

Gavazzi, Alessandro (1809-1889) : Il naît le 21 mars 1809 à Bologne. Ordonné prêtre, il est envoyé à Rome en 1840. Reniant l'Église catholique, il quitte l'Italie après la prise de Rome par les Français et prêche contre les prêtres et les jésuites en Angleterre, en Écosse et au Canada. On le retrouve à Québec le 6 juin 1853, où sa prédication est suivie d'une émeute, ce qui se répète à Montréal le 9 juin suivant. Il se joint, en 1855, à l'Église évangélique et devient le chef des protestants italiens de Londres. Il est aumônier dans l'armée de Giuseppe Garibaldi en 1860. Il fonde ensuite, en 1870, l'Église libre. Il meurt à Rome le 9 janvier 1889.

Guibord, Joseph (1809-1869) : Fils de Paul Guibord dit Archambault et de Marie-Anne Celeurier dit Roch, il naît à Sainte-Anne-de-Varennes le 31 mars 1809. Il travaille comme typographe à Montréal et, le 2 juin 1828, il épouse Henriette Brown. Excellent typographe, on lui confie des tâches importantes comme celle de la publication d'un catéchisme en langue indienne. Membre actif de l'Institut canadien, il est excommunié lors de la condamnation de l'Institut par monseigneur Ignace Bourget. Il meurt dans cet état le 18 novembre 1869. On lui refuse l'inhumation en terre catholique, ce qui donne lieu à un long procès qui ne voit son aboutissement qu'en 1874.

Rolland, Jean-Baptiste (1815-1888) : Fils de Pierre Rolland, cultivateur, et d'Euphrasine Donay, il naît à Verchères le 2 janvier 1815. Il étudie à Saint-Hyacinthe, puis se rend travailler à Montréal comme typographe au journal *La Minerve*. En 1839, il épouse Esther Boin, dont il aura quatre garçons et quatre filles. Jean-Baptiste Rolland fonde en 1843 sa propre imprimerie et consacre le reste de ses jours au commerce du livre, à la fabrication de papier et également à la politique municipale comme conseiller du Quartier-Est de Montréal. En 1879, il est président de la Société Saint-Jean-Baptiste de Montréal. Nommé au Sénat en 1887, il meurt à Montréal le 22 mars 1888.

Sénécal, Eusèbe (1833-1902) : Fils du cabaretier Jean-Baptiste Sénécal et de Marie Huet, il naît à Boucherville le 7 octobre 1833. Il fait ses études chez les Frères des écoles chrétiennes, puis au Petit Séminaire de Montréal. Il apprend la typographie au journal *La Minerve*. Il épouse Marguerite Labelle à Montréal, le 17 mai 1853.

Il dirige sa propre imprimerie et publie divers ouvrages. Il est le principal éditeur des ouvrages des messieurs de Saint-Sulpice de Montréal. En 1892, Eusèbe Sénécal devient propriétaire et imprimeur du journal *La Minerve*. Il décède à Montréal le 30 janvier 1902.

Autres personnages mentionnés :

Alexandre VI, pape, né Rodrigo Lancol y Borgia (1431-1503) : Neveu et fils adoptif du pape Calixte III, il est nommé archevêque de Valence par son oncle en 1456 et fait cardinal l'année suivante. Il est ordonné prêtre douze ans plus tard. En 1470, il fait la connaissance de Vannozza Cattanei, qui lui donne quatre enfants, et, en 1489, de Giulia Farnèse, âgée de quinze ans et dont il aura deux enfants. Il est élu pape en 1492 sous le nom d'Alexandre VI. Il meurt le 18 août 1503, sans doute empoisonné. On ne put le mettre dans le cercueil qu'on lui destinait tellement son corps était enflé. Il fut temporairement roulé dans un tapis pendant que ses appartements étaient livrés au pillage.

Amiot, Noël-Laurent (1793-1845) : Fils de Laurent Amiot et de Marguerite Levasseur, il naît à Québec le 25 décembre 1793. Il entre au Petit Séminaire de Québec en 1808 et au Grand Séminaire en 1817. Il est ordonné prêtre le 13 février 1820 et devient curé de Saint-François-du-Lac. En 1830, il quitte sa cure pour une affaire de mœurs. Il va se réfugier aux États-Unis chez les sulpiciens de Baltimore. Noël-Laurent Amiot revient au pays un an plus tard et est nommé curé de Saint-Cyprien de Napierville. En 1837, il s'en prend aux patriotes, lesquels le séquestrent dans son presbytère en 1838. Amiot refuse de changer de paroisse et entre en conflit avec monseigneur Bourget qui lui retire tous ses pouvoirs sacerdotaux. Il se rend à Rome, voyage en Europe et en Terre sainte. Il meurt à Vienne le 10 octobre 1845.

Banville, Théodore de (1823-1891) : Il naît à Moulins le 14 mars 1823. Poète et dramaturge renommé de même que chef de l'école parnassienne, il publie en tout dix-sept recueils de poésies lyriques. Il fut un modèle pour les poètes Mallarmé, Baudelaire et Rimbaud. Il meurt à Paris le 13 mars 1891.

Cadron, Marie-Rosalie, dite mère de la Nativité (1794-1864) : Fille d'Antoine Cadron et de Rosalie Roy, elle naît à Lavaltrie le 27 janvier 1794. À dix-sept ans, elle épouse Jean-Marie Jetté et donne naissance à onze enfants. Devenue veuve le 14 juin 1832, elle se consacre au bien-être des filles-mères. Elle ouvre, le 1er mai 1845, une maison pour les accueillir. Elle devient religieuse sous le nom de mère de la Nativité, le 16 janvier 1848, et fonde avec ses consœurs l'Institut des Sœurs de la Miséricorde. Elle meurt à Montréal le 5 avril 1864.

Darwin, Charles (1809-1882) : Il naît à Shrewsbury dans le Shropshire en Angleterre, le 12 février 1809. Ses travaux sur l'évolution des espèces vivantes ont révolutionné la biologie. Son ouvrage *De l'origine des espèces* est paru en 1859. Selon lui, toutes les espèces vivantes ont évolué au cours des siècles à partir de quelques ancêtres communs. Il meurt à Downe dans le Kent le 19 avril 1882.

Fabre, Édouard-Raymond (1799-1854) : Il naît à Montréal le 15 septembre 1799. Il étudie chez les sulpiciens de 1807 à 1812. Il se rend en France en 1822 pour se former au métier de libraire. À son retour, il fonde sa propre librairie. Il épouse Luce Perreault en 1826. Fabre soutient les activités des patriotes. Il est élu échevin du Quartier-Est de Montréal en 1846 et maire l'année suivante. Il meurt à Montréal, victime de l'épidémie de choléra, le 16 juillet 1854.

Grégoire XVI, pape, né Bartolomeo Alberto Capellari (1765-1846) : Il naît à Belluno le 18 septembre 1765. À dix-huit ans, en 1783, pour se faire moine, il entre au monastère des camaldules de Saint-Michel de Mirano. Envoyé à Rome en 1795, il devient l'abbé du monastère San Gregorio en 1805. Le 21 mars 1825, le pape Léon XII en fait un cardinal. Il est élu pape sous le nom de Grégoire XVI en 1831. Il meurt à Rome le 1er juin 1846.

Guilbault, Joseph-Édouard (1802-1882) : Il est le fondateur du jardin Guilbault, le premier jardin botanique de Montréal. De 1831 à 1869, son jardin devient un lieu de rendez-vous important où se tiennent des compétitions horticoles, des feux d'artifice, des expositions animalières et de curiosités vivantes, des pièces de théâtre, des spectacles de cirque ainsi que des concerts.

Laberge, Charles (1827-1874) : Fils d'Ambroise Laberge et de Rose Franchère, il naît à Montréal le 21 octobre 1827. Il entre au Collège de Saint-Hyacinthe en 1838 et termine ses études classiques en 1845. Il étudie le droit à Montréal en 1845 et est admis au Barreau en 1848. Charles Laberge est l'un des fondateurs de l'Institut canadien. Il est élu député de la circonscription d'Iberville en 1854 et quitte la politique en 1860. Devant la menace d'excommunication, il se retire de l'Institut canadien. Il meurt à Montréal le 3 août 1874.

Labrèche-Viger, Louis (1824-1872) : Fils de Louis Labrèche et de Marguerite-Julie Viger, il naît à Terrebonne en 1824. Il étudie au Collège de Montréal, passe deux ans au Grand Séminaire, en sort pour étudier le droit et est admis au Barreau le 27 avril 1848. Il devient membre de l'Institut canadien et secrétaire de l'Association pour le peuplement des Cantons de l'Est. Il travaille comme journaliste à *L'Avenir* en 1851 et au *Pays* en 1852. En 1858, il se sépare de l'Institut canadien et fonde l'Institut canadien-français. Il est élu député de Terrebonne en 1861. Il quitte la politique en 1867 et meurt à Montréal le 27 avril 1872.

Lartigue, Jean-Jacques (1777-1840) : Fils de Jacques Lartigue et de Marie-Charlotte Cherrier, il naît à Montréal le 20 juin 1777. Il étudie au Petit Séminaire de Montréal à compter de 1784. Durant trois ans, il fait un stage de clerc à Montréal. Il opte ensuite pour le sacerdoce et est ordonné prêtre le 21 septembre 1800. Lartigue devient sulpicien en 1806. En mars 1820, il est nommé évêque auxiliaire de Montréal, puis évêque en titre en 1821. Son secrétaire n'est autre que monseigneur Ignace Bourget. Son école de théologie devient un foyer d'ultramontanisme qui promeut, quarante ans à l'avance, l'infaillibilité papale. Il travaille toute sa vie à soutenir l'indépendance absolue de l'Église. Il meurt à Montréal le 19 avril 1840.

Pie IX, pape, né Giovani Maria Mastai Ferretti (1792-1878) : Il naît à Senigallia (Italie) le 13 mai 1792. Il étudie la philosophie et la théologie à Rome, puis est ordonné prêtre en 1819. En 1823, il se rend au Chili et, en 1827, il devient archevêque de Spolète. Cardinal en 1840, il est élu pape le 16 juin 1846. En 1848, il doit fuir son palais du Quirinal devant les assauts des troupes de Garibaldi. Rome tombe aux mains de Garibaldi en 1870. Il entre en lutte contre les politiques anti-catholiques et prône la primauté de l'Église sur l'État. Il rejette toutes les idées modernes et condamne le rationalisme, la liberté d'opinion, la liberté de culte et la séparation de l'Église et de l'État, mais approuve l'esclavage. Il proclame l'infaillibilité papale et le dogme de l'Immaculée Conception. Il meurt au Vatican le 7 février 1878.

Signay, Joseph (1778-1850) : Né à Québec le 8 novembre 1778, il est ordonné prêtre à Longueuil le 28 mars 1802. Il devient archevêque de Québec en 1833. Il le restera jusqu'à sa mort en 1850. Sa façon de concevoir le rôle de l'Église catholique l'oppose constamment aux visées de monseigneur Bourget. Il meurt à Québec le 3 octobre 1850.

Soubirous, Bernadette (1844-1879) : Elle naît à Lourdes le 7 janvier 1844. Entre le 11 février et le 16 juillet 1858, elle prétend avoir vu dix-huit apparitions de la Vierge Marie à la grotte de Masabielle à Lourdes. Grâce à elle, le culte de l'Immaculée Conception se répand. Entre 1858 et 1866, elle vit à Lourdes, mais devant sa trop forte popularité, on l'expédie chez les sœurs de la Charité de Nevers. Elle ne sortira plus de ce couvent où elle meurt le 16 avril 1879, à l'âge de trente-cinq ans. Elle est canonisée par le pape Pie IX le 8 décembre 1933.

PREMIÈRE PARTIE

HENRIETTE

(1840-1849)

Chapitre 1

L'enfance

— Allez, demande pardon au petit Jésus !

— Pourquoi, m'man ?

— Parce que tu as été impossible toute la journée. Tu n'as pas voulu faire ton lit. Tu as levé le nez sur ton déjeuner. Je t'ai tiré l'oreille pour faire ta prière. Tu n'as pas été gentille et tu m'as fait de la peine. Demande pardon !

— Pardon à qui ?

— À Jésus.

— Pourquoi ? C'est à vous que j'ai fait de la peine.

— Dans ce temps-là, tu en fais aussi au petit Jésus.

Je m'agenouillai près de mon lit et dis :

— Je vous demande pardon, mon bon Jésus, de vous avoir offensé.

J'attendis un peu avant de demander à ma mère :

— Comment je vais savoir si Jésus m'a pardonné ? Il ne m'a pas répondu.

— Moi, je te pardonne, alors Jésus aussi.

Des scènes de ce genre, il s'en déroulait continuellement chez nous, ma mère, Adéline, n'ayant qu'une chose en tête : la religion. Pour elle, tout passait par Jésus. Si on éprouvait une difficulté quelconque, il fallait mettre cela entre les mains de Jésus. Une journée bien commencée débutait par la messe à l'église paroissiale. On ne se mettait jamais à table sans remercier Dieu pour notre pain quotidien. Après le souper, on récitait le chapelet et il était impensable de se coucher sans lui avoir offert notre cœur et demandé pardon pour tous nos péchés du jour. Et des péchés, il s'en cachait dans à peu près tous les gestes accomplis, même dans nos pensées, et cela, du matin au soir et tout au long de notre vie.

N'était-ce pas déroger à la loi divine que de se permettre une gourmandise, de dire des gros mots, de perdre patience, d'envier les autres, de paresser au lit, de ne pas être gentil avec ses amis, de voler, de tricher, de se chamailler ? Jésus savait tout et punissait les méchants.

J'entendais ce discours depuis ma naissance. J'étais pour ainsi dire née dans un bénitier, car selon ma mère, à part l'Église et les curés, rien sur cette terre n'était digne de mention. D'ailleurs, elle était convaincue que seuls les catholiques possédaient la « vérité vraie », car il en existait des fausses, celles des non-catholiques qui, bien entendu, étaient tous des menteurs de la pire espèce à qui Jésus ne saurait pardonner.

De ce point de vue, la vie se résume à peu de choses.

Premièrement : il y a le mal et le bien, le ciel et l'enfer. Le mal mène directement en enfer, et pour aller au ciel il faut faire le bien.

Deuxièmement : nous sommes tous des pécheurs et seul Dieu, par l'intermédiaire d'un prêtre, peut effacer les péchés.

Troisièmement : le bonheur n'existe pas sur terre. En conséquence, il faut vivre en fonction du ciel.

Quatrièmement : dès que quelque chose fait plaisir, le péché n'est pas loin. Conséquemment, on ne devrait jamais se faire plaisir, pour ne pas commettre de péchés, surtout des péchés mortels.

Voilà en quoi consistaient les préceptes appris durant mon enfance. Ils devinrent en quelque sorte le testament de ma mère.

Mon père, Charles-Amador Vachon, était bien connu à Sainte-Angèle, petite localité de la rive sud du Saint-Laurent, située presque vis-à-vis de Trois-Rivières. Il menait tous les jours le traversier jusqu'à la cité trifluvienne, et réapparaissait ordinairement à la maison avec la noirceur. Le travail de mon père, combiné à la froideur de ma mère, expliquait sans doute pourquoi j'étais fille unique. Profitant de l'absence de mon père, ma mère pouvait prier toute la journée. Je ne l'ai jamais vue autrement qu'avec un chapelet passé autour du poignet, comme un bracelet. Au petit matin, depuis que je pouvais marcher, elle me traînait à l'église où nous restions des heures. Mon père ne déjeunait jamais à la maison. Il avait ses entrées au restaurant du port et c'est là qu'il tuait le temps jusqu'à l'heure où son traversier prenait le large.

Jamais ma mère n'allait à Trois-Rivières. Qu'y aurait-elle fait d'ailleurs, sinon courir les églises ? Sans compter que de ce côté du fleuve, la seule qui l'attirait était située au Cap-de-la-Madeleine, trop loin de Trois-Rivières pour qu'elle s'y rende à pied et en revienne avant le retour du traversier. L'église du Cap qui la fascinait tant avait été ouverte en 1720. On parlait de la remplacer par une nouvelle, beaucoup plus vaste et dédiée à la Vierge Marie.

Ma mère a toujours été excessive. Elle prétendait qu'elle n'obtiendrait du ciel les faveurs qu'elle désirait que si elle allait prier dans cette église. Elle n'y était allée qu'une seule fois et ça avait suffi à la convaincre.

Mon père la laissait à ses dévotions sans rien dire, évitant le plus possible de se retrouver à la maison en même temps qu'elle ou, à tout le moins, avant qu'elle ne soit au lit. Ils faisaient chambre à part depuis belle lurette puisque ma mère vouait un culte particulier à sainte Blandine, évoquée par les femmes désireuses de passer le reste de leurs jours dans l'abstinence. Mon père ne semblait pas en souffrir, mais peut-être satisfaisait-il ses besoins charnels ailleurs qu'à la maison.

Quand arrivait la fin de l'automne, il mettait son traversier au sec avant que les glaces ne figent le fleuve, et disparaissait de Sainte-Angèle pour tout l'hiver. Il se retrouvait quelque part du côté des États-Unis, à exercer son métier de passeur sur une rivière ou un fleuve du sud. C'était sa vie et il faut croire que ça valait mieux ainsi.

Notre demeure ressemblait à un vrai sanctuaire avec, bien en évidence dans la cuisine, un vieux calendrier orné d'une image de Jésus enfant et, sur le mur près du poêle, le socle où trônait une statue de la Vierge. On ne trouvait dans la maison aucun autre ouvrage que des livres de prières – les seuls que tolérait ma mère – desquels trois ou quatre images saintes tombaient dès qu'on les feuilletait.

J'ai vécu dans cette atmosphère bigote toute mon enfance. Rien de Dieu, du ciel, de la Vierge Marie, des saints, des anges, des prières, des miracles, des péchés ou des sacrifices ne m'était inconnu. Ma vie entière tournait autour des choses saintes. J'avais assisté à des centaines de messes et communiais tous les matins depuis des années. Je me confessais régulièrement, connaissais toutes mes prières par cœur et savais même faire mon chemin de croix.

En guise de lecture, ma mère ne manquait jamais de me mettre entre les mains des ouvrages rapportant les miracles extraordinaires autour de Jésus, de la Vierge Marie, des saints et des saintes. Je pouvais raconter comment les anges avaient transporté la maison de la Vierge Marie. Cette maison, avais-je appris, avait voyagé entre le troisième et le treizième siècles de Nazareth en Galilée jusqu'à Lorette en Italie en passant par la Croatie. Il n'était pas permis d'en douter, non plus que de l'authenticité du saint suaire de Turin sur lequel le visage du Christ était imprimé. Il en allait de même du fameux miracle des Saintes Hosties de Faverney, quand l'église avait passé au feu et que l'ostensoir, qui renfermait deux hosties consacrées (pourquoi deux?), était resté suspendu en l'air pendant trente-trois heures sous les yeux d'une foule innombrable. Que dire aussi du sang dans une hostie conservée à Lanciano en Italie? D'ailleurs, je connaissais tous les autres lieux où l'hostie s'était transformée en chair sanglante: Ferrare, Alatri, Bolsena, Darica, Santarem et Offida. À Saint-Ambroise de Florence, c'était même le vin du calice qui s'était transformé en sang. Où se trouvaient ces endroits, je n'en savais rien et ça m'importait peu, car ma mère était certaine que le prochain miracle du genre aurait lieu à Sainte-Angèle.

Mais les miracles préférés de ma mère étaient ceux accomplis par des saints et surtout des saintes. Elle m'avait longuement entretenue de Claire d'Assise qui, comme Jésus-Christ, avait multiplié les pains et fait apparaître des bouteilles d'huile alors qu'il n'y en avait plus dans son couvent. Cette sainte avait même fait fuir une armée entière de musulmans venus envahir son monastère en brandissant un ostensoir.

Je vivais depuis ma naissance dans cet étrange monde passéiste, surnaturel. Je me sentais mal à l'aise dans la réalité quotidienne. Certains me traitaient de sauvageonne. Ils s'étonnaient que je n'aie pas d'amis et que je m'adonne à des jeux où je parlais à des êtres invisibles, racontant des histoires fabuleuses dans lesquelles foisonnaient les miracles.

Ceux qui connaissaient ma mère se questionnaient. Avait-elle bien fait de me laisser me réfugier ainsi dans un monde irréel ?

Mon destin bascula un matin de décembre. Alors que mon père était aux États-Unis, ma mère prit froid. Elle m'envoya chercher le docteur Bégin. Quel remède lui administra-t-il ? Sans doute une potion inefficace, car le lendemain, elle était au plus mal et lorsque le docteur revint, il voulut la faire hospitaliser en vitesse.

— Ne vous donnez pas cette peine, je vous en prie, docteur, le supplia ma mère, d'une voix presque inaudible. J'ai demandé à Jésus de me guérir et je ne serai pas rendue à l'hôpital que le miracle aura eu lieu.

— Tant mieux s'il en est ainsi, convint le praticien, mais pour ma paix d'esprit, je vous veux à l'hôpital le plus tôt possible.

Le temps qu'on prépare une carriole pour la conduire par le pont de glace jusqu'à Trois-Rivières, elle avait rendu l'âme.

Chapitre 2

Le service

Mon père ne pouvant être présent, c'est ma grand-mère maternelle, Constance Latraverse, qui se chargea de faire enterrer ma mère. Elle vivait à Bécancour et songea à y faire célébrer le service, mais comme on était en hiver, elle jugea préférable que la veillée funèbre se déroule dans notre maison de Sainte-Angèle. Le service aurait donc lieu à l'église de notre paroisse.

Grand-mère était une femme déterminée. Elle entreprit aussitôt toutes les démarches. Elle se rendit chez le menuisier Marcoux et lui commanda le cercueil le moins cher. Après tout, cette boîte ne contiendrait que les restes de sa pauvre fille. À quoi bon s'endetter pour faire enterrer ce qui, dans deux ou trois ans, ne serait rien d'autre qu'un paquet de poussière ? « Souviens-toi que tu es poussière, et que tu retourneras en poussière. » Cette phrase, j'en suis convaincue, lui trottait dans la tête. Il faut dire également que grand-mère, quoique très à l'aise, n'en demeurait pas moins près de ses sous.

Elle vit ensuite à ce que la maison soit impeccable puisque ma mère serait exposée au salon. Après le souper, les gens du village affluèrent afin de veiller au corps et de réconforter les endeuillées. Comme c'était la coutume, les hommes se réunirent dans la cuisine pendant que les femmes se regroupaient près du cercueil afin de prier et d'évoquer leurs meilleurs souvenirs de la morte.

Je ne savais pas trop où me réfugier. Personne ne se préoccupait de moi, encore moins ma grand-mère, occupée qu'elle était à tout régenter. Je disparus derrière le poêle dans la cuisine et j'assistai de là à un vrai spectacle. Louis-Amable Brodeur, le meilleur ami de mon père, se disait navré que ce dernier ne puisse pas assister à la veillée et au service.

— Entre nous, lança-t-il, il la trouvait pas mal trop pieuse. Comprenons-nous, je ne voudrais pas qu'Adéline se retourne dans sa tombe, mais c'était une de nos meilleures grenouilles de bénitier.

— Allons, protesta le notaire Nestor, il ne me paraît pas indiqué de parler ainsi d'une morte, alors que nous sommes là pour la veillée au corps, dans sa propre maison en plus. Adéline avait aussi de belles qualités. Elle était accueillante et très dévouée auprès des démunis de la paroisse.

— Il faut lui donner ça, admit Georges-Aimée Lacasse. C'était une sainte femme, peut-être trop souvent à l'église, mais elle avait bon cœur.

Louis-Amable s'était tu trop longtemps à son goût. Il reprit donc la parole :

— Vous ne trouvez pas qu'un bon p'tit verre serait le bienvenu ?

— Pour sûr, approuva aussitôt Ovila Ladouceur, qui aimait passablement lever le coude. Je trinquerais bien au souvenir de la morte.

— Qu'est-ce que vous en pensez, vous autres ? demanda Louis-Amable.

Comme ils ne répondaient pas, il allait poursuivre quand Josaphat Drouin intervint :

— J'ai entendu dire que la vieille a horreur de la boisson. Faut pas espérer qu'elle nous en offre en souvenir de sa fille.

— La vieille, c'est la mère d'Adéline? Personne ne la connaît. Elle ne reste pas à Sainte-Angèle, c'est certain. Je veux bien croire que Charles-Amador n'est pas là, mais il doit bien y avoir quelqu'un de sa parenté à lui dans la maison. Il me semble que c'est à cette personne d'intervenir. L'autorité icitte doit être de son bord.

— Il ne faut pas vous attendre à voir quelqu'un de la parenté de Charles-Amador ce soir, les prévint le notaire. D'abord, ses frères et sa sœur restent loin d'ici. En plus, Adéline ne les portait pas dans son cœur. Comme Charles-Amador ne sera pas au service, ils ne se dérangeront sûrement pas pour y assister eux-mêmes.

Louis-Amable ne tenait plus en place.

— Tout ça c'est bien beau, dit-il, sauf que ça ne nous rince pas le dalot pour autant. Si Charles-Amador était icitte, ça ferait longtemps qu'on aurait tous un bon verre de rhum entre les mains. Du bon rhum de la Jamaïque à part ça, je vous en passe un papier. Je suis certain qu'il aurait été fier de nous en offrir. Vieille ou pas, je sais où est sa réserve. Attendez! Je reviens.

Il souleva la trappe de la cave et descendit par la courte échelle qui y menait. Deux minutes plus tard, il remontait avec une pinte de rhum sous chaque bras et, s'aidant de ses coudes pour se tenir aux barreaux de l'échelle, il apparut à la hauteur du plancher.

— Y a pas un Saint-Hippolyte de vous autres qui m'aiderait? Vous voyez pas que j'ai les bras chargés?

Ovila se précipita pour le soulager de ses deux bouteilles. Ils ouvrirent les armoires et ne mirent pas de temps à dénicher les verres. Louis-Amable les servit et ils levèrent leur verre à la défunte.

Le curé choisit ce moment pour surgir dans l'encadrement de la porte. La boisson disparut comme par enchantement, mais pas son odeur. Le curé s'en aperçut et leur jeta un regard courroucé dont ils ne se formalisèrent pas. Tous passèrent de la cuisine au salon, moi derrière eux. Les femmes s'agglutinaient autour du cercueil pendant que les hommes s'approchaient. Ayant tout le monde à sa merci, le curé en profita pour passer quelques réflexions sur la mort.

— Mes bien chers frères et bien chères sœurs, commença-t-il comme s'il déclamait l'un de ses plus beaux sermons du dimanche, souvenez-vous que nous ne sommes que poussière et que nous retournerons tous en poussière. Voilà pourquoi nous devons toujours nous comporter en bons chrétiens, ce que malheureusement plusieurs d'entre nous oublient trop facilement en se livrant à la consommation de boisson, à la médisance et à la calomnie.

Louis-Amable en avait déjà assez entendu. Il songeait à son verre resté dans la cuisine et bâilla un bon coup. Le curé s'en rendit compte et monta le ton.

— Certains se croient tout permis. Même la mort et l'enfer qui les guettent ne les empêchent pas de se vautrer dans le vice. La disparition de notre amie Adéline, une sainte femme qui devrait être un exemple pour nous tous et qui a sans nul doute mérité sa place au ciel, nous rappelle que la nôtre, là-haut, n'est pas assurée et qu'il faut mettre tout en œuvre pour la gagner.

Le curé se préparait visiblement à son sermon du lendemain. Les hommes poussèrent un soupir de soulagement quand ils comprirent qu'il arrêtait là ses réflexions. Le curé insista pour qu'ils récitent un chapelet avec lui. Puis, avant de les laisser, il les invita à se joindre aux membres de la famille pour le service du lendemain.

Quand il eut passé la porte, les hommes se précipitèrent à la cuisine, tandis que les femmes demeuraient au salon. Une fois de plus, je restai seule dans mon coin.

— Adéline était une sainte, risqua la femme du notaire.

— Une sainte? Je n'en dirais pas tant, enchaîna une petite femme assise tout près du cercueil. Pour sûr qu'elle était une bonne personne, et très pieuse à part de ça. Le bon Dieu saura bien juger de ses vertus lui-même, car votre fille, madame Constance, a bien mérité de Notre-Seigneur. Peut-être la récompensera-t-Il au ciel à travers sa fille Henriette.

Elle se tourna dans ma direction et ajouta:

— N'est-ce pas, ma petite? Tu feras bien une religieuse plus tard?

Je ne répondis pas, occupée que j'étais à lutter contre le sommeil tout en retenant mes larmes. Les femmes continuèrent à placoter au sujet de ma mère et surtout de leur jeune temps. D'aucunes s'expliquaient mal pourquoi elle avait fini par sombrer dans la religiosité. Elles n'osèrent pas en parler devant ma grand-mère, et c'était mieux pour leur santé.

À la cuisine, le ton se mit soudain à monter et on entendit même des rires peu retenus. Indignée, grand-mère alla s'enquérir de ce qui se passait. Je la suivis. Les apercevant tous un verre à la main, elle passa par toutes les couleurs de l'arc-en-ciel avant d'éclater comme la foudre.

— Bande d'ivrognes! Qui vous a permis de boire dans la maison de ma fille? Je ne veux pas voir une goutte d'alcool de plus ici dedans. Allez vous soûler dehors!

Furieux de ce qu'il venait d'entendre, Louis-Amable ne se montra pas impressionné une seconde par ses propos.

— Par le froid qui fait ? Jamais de la sainte vie ! Comptez-vous chanceuse que Charles-Amador soit pas icitte à soir parce qu'il vous aurait certainement remise à votre place et c'est vous qui seriez déjà dehors. Cette idée de défendre aux hommes de boire ! Il y a assez du curé Chiniquy qui le fait.

Grand-mère hurla :

— Sortez !

— Si c'est comme ça, conclut le notaire.

Il se leva, saisit son chapeau et son manteau de castor sur un crochet et alla chercher sa femme près du cercueil. Les autres en firent autant, si bien qu'en quelques minutes, la maison se vida. Ne resta plus, pour accompagner ma mère dans son cercueil, que grand-mère et moi, ainsi qu'une veuve qui perdait les pédales dès qu'elle voyait un morceau de fromage, ce que précisément elle venait d'apercevoir sur le comptoir de la cuisine.

Le curé, qui avait souhaité voir beaucoup de monde au service, fut déçu. La tempête qui s'abattait ce jour-là sur Sainte-Angèle, de même que l'esclandre de grand-mère la veille expliquaient le petit nombre de personnes qui suivaient le corbillard d'une de ses meilleures paroissiennes. Dans son sermon, il ne manqua pas de rappeler sa conduite exemplaire et de clamer que si tout le monde vivait comme Adéline Vachon, ce serait le paradis sur terre.

Le service était à peine terminé et les derniers échos des cloches venaient tout juste d'expirer quand grand-mère m'annonça que j'allais désormais vivre chez elle.

Chapitre 3

Chez grand-mère

Le lendemain du service, je me retrouvai chez ma grand-mère à Bécancour. Veuve depuis longtemps, elle n'aimait pas mon père qu'elle traitait d'athée et de soûlon de la pire espèce. Elle ne mettait jamais les pieds chez nous. La seule fois qu'elle y était venue – je m'en souviens comme si c'était hier tellement elle me terrorisait –, elle avait défendu à ma mère de lui rendre visite: «Tant que tu seras avec cet incroyant et cet alcoolique, je ne veux pas te voir chez moi!» Ma mère s'était fait un devoir de la reprendre au sujet de mon père:

— Il prend un verre de temps à autre comme la plupart des hommes, ça n'en fait pas un soûlon pour autant. Vous savez très bien que si Charles-Amador se soûlait, il perdrait son emploi. Il faut être à jeun pour conduire un traversier sur le fleuve. C'est un bon père pour Henriette et un bon époux pour moi. Il ne me frappe pas et nous ne manquons de rien.

Grand-mère avait une réponse toute faite:

— Tous ceux qui ne font pas partie d'une société de tempérance sont des alcooliques.

Malgré ses arguments, ma mère ne parvint pas à faire bouger d'un iota l'opinion que Constance Latraverse avait de son gendre. De ce fait, ma mère ne mit jamais les pieds à Bécancour ni ne m'y conduisit. Quand je me retrouvai dans l'appartement de grand-mère, je fus presque saisie de frayeur. Moi qui espérais intégrer un monde semblable à celui de mes compagnes de classe, je perdis tout espoir. Je passais d'un milieu farci de religion à un autre absolument identique. Devant les dizaines et les dizaines de croix noires disposées sur les murs, je me sentis de nouveau prisonnière.

Grand-mère collectionnait les crucifix comme s'il s'agissait de trophées. Chacun avait son histoire qu'elle me racontait souvent. Elle me prenait par la main et si j'osais me montrer un peu récalcitrante, elle m'attrapait par le chignon du cou et me poussait devant elle en m'ordonnant:

— Maintenant, à genoux.

J'obéissais afin d'éviter de me voir gratifier d'une sainte taloche derrière la tête.

— Nous allons prier, commençait-elle, pour l'âme du bon curé Doucet à qui appartenait ce crucifix. Le saint homme, tu ne l'as pas connu. Les miracles se multipliaient sous ses pas. Il n'en accomplissait pas autant que Notre-Seigneur Jésus-Christ et pas d'aussi grands, mais il en faisait tous les jours. Une fois, je l'ai vu donner de l'eau à une pauvre femme assoiffée. Il ne trouvait pas de tasse. Il puisa l'eau avec un panier d'osier. Pas une seule goutte ne coula de ce récipient improvisé. Une autre fois, une femme échappa devant lui un vase auquel elle tenait beaucoup. D'un simple regard, il en arrêta la chute. Le vase resta suspendu dans l'air jusqu'à ce que la femme le récupère. Ah! Le saint homme! *Ave Maria gratia plena*. Il n'en existe plus comme lui.

Quand elle en avait terminé avec le curé Doucet, elle me menait face à une grande croix qu'elle prétendait être celle d'un des jésuites tués par les Iroquois au début de la Nouvelle-France.

— Prie avec moi le père Brébeuf pour qu'il fasse de toi une sainte. *Ave Maria gratia plena*. Tu le connais, ce saint homme. Il est allé convertir les sauvages qui l'ont martyrisé avant de lui arracher le cœur.

Nous restions là, à genoux, en prière, jusqu'à son bon vouloir ou jusqu'à ce qu'une autre croix attire son attention. Il fallait alors que je me précipite et me prosterne en vitesse, surtout s'il s'agissait de celle qu'avait portée Marguerite d'Youville à son arrivée au pays. D'un crucifix à l'autre, l'avant-midi y passait, ponctué d'une tonne d'*Ave Maria*. J'avais un peu de répit quand la vieille Toutant – la seule amie de grand-mère – venait lui rendre visite, presque chaque jour, heureusement. Elles discouraient de tout et de rien, parfois à voix haute, d'autres fois en chuchotant. Pendant leurs radotages, je pouvais dessiner un saint quelconque ou la Vierge Marie, il va sans dire. Grand-mère exultait quand j'entourais mon dessin de croix, ce que je m'empressais toujours de faire. Je recevais la même éducation, imprégnée de religiosité, que celle que ma mère avait reçue. Je rêvais que mon père vienne m'arracher des griffes de grand-mère, mais c'était oublier son opiniâtreté, elle qui n'avait qu'une chose en tête : que j'entre en religion.

D'ailleurs, elle avait prévu le coup et lorsque mon père revint des États-Unis, le curé et un notaire l'attendaient. Les deux hommes s'évertuèrent à lui démontrer que, vu son mode de vie, il ne pourrait veiller sur moi. Alors, il consentit à ce que je demeure chez grand-mère à condition qu'elle prenne entièrement charge de moi. Il ne put quitter les lieux qu'après avoir signé un acte d'abandon dûment notarié.

Nos adieux furent de courte durée. Mon père passa la porte sans se retourner, lui qui reprenait sa liberté. Il n'avait d'ailleurs pas le goût d'affronter cette belle-mère qu'il considérait comme une furie et une déséquilibrée.

Chapitre 4

À l'école

Je fus inscrite au couvent de Bécancour, qui s'élevait à quelques maisons de chez grand-mère. J'étais une bonne élève, mais habituée depuis mon enfance à vivre seule et à être dominée, j'avais de la difficulté à créer des liens avec les autres petites filles. Toutefois, certaines de mes compagnes tenaient à mon amitié et ce séjour à l'école me permettrait enfin de sortir de ma coquille.

Cependant, dans ce couvent dirigé par des sœurs, la religion tenait évidemment la première place. C'est ainsi que, dès les premiers jours de l'année scolaire, notre professeure, mère Saint-Amable, emprunta sa voix du dimanche pour dire :

— J'ai une belle nouvelle pour vous. D'abord, dites-moi. Si vous allez à la messe tous les matins avant de vous rendre à l'école, et surtout si vous communiez, savez-vous ce que vous aurez le bonheur de faire ? Est-ce qu'il y en a une qui a une idée ?

— Nous aurons une récompense, risqua une des élèves.

— Et quelle récompense ? demanda la religieuse.

Devant notre silence obstiné, elle poursuivit :

— Il vous sera permis, pour soulager les souffrances de Jésus-Christ, d'enlever une épine de son cœur dès votre arrivée en classe.

Elle avait déposé sur son pupitre un cœur de laine rouge dans lequel étaient plantées plusieurs aiguilles.

Incitée ou plutôt obligée par grand-mère, je retirai, au cours de l'année, des dizaines de ces épines, si bien que mère Saint-Amable se mit à dire de moi :

— Tu es ma meilleure élève, la plus docile, la plus fidèle à soulager le cœur de Jésus. Dieu t'a choisie et tu es promise à un bel avenir au sein de notre communauté.

La bonne sœur m'encourageait elle aussi dans cette voie, comme ma mère et ma grand-mère.

— Tu seras la servante de Jésus, ajoutait-elle. Ne te laisse pas distraire par autre chose. Prie-le constamment et prie aussi sa sainte mère la Vierge Marie pour qu'elle te protège et te guide jusqu'à son fils.

Je me sentais obligée de me tenir à l'écart de mes compagnes afin de pouvoir m'entretenir par la prière avec Dieu, les anges et les saints. Mon ange gardien veillait sur moi et comptabilisait tous mes actes. C'était du moins ce que me répétait la religieuse qui m'avait prise sous son aile.

— En priant ainsi, tu marches droit vers le ciel.

Grand-mère m'avait fait fabriquer un petit autel avec un tabernacle qu'elle décorait de fleurs. Dès que je mettais les pieds dans la maison, et avant même que je puisse faire mes devoirs, elle me contraignait à m'y agenouiller pour qu'on récite ensemble le chapelet, quand ce n'était pas un rosaire au grand complet.

Elle m'avait aussi offert un album d'images saintes. Tous les soirs avant que j'aille me coucher, elle me racontait des histoires concernant l'un ou l'autre des saints qui figuraient dans mon album. Elle m'encourageait aussi à échanger des images avec mes compagnes de classe. Je n'avais pas d'autre choix que de me plier, bien malgré moi, à ses caprices et extravagances.

Si fervente que je fusse, je finis par vouloir des amies. Je me liai d'amitié avec Geneviève Chevalier, dont les parents étaient des gens progressistes et ouverts à la nouveauté, un monde aux antipodes du mien. En revenant de l'école, je passais à la sauvette chez Geneviève. J'aimais l'écouter jouer un morceau de piano ou feuilleter avec elle des catalogues et des almanachs. Malheureusement, je devais quitter mon amie très vite afin de ne pas éveiller les soupçons de grand-mère sur mes retards.

En dehors des jours d'école, je ne pouvais jamais jouer avec Geneviève. Elle désirait en connaître la raison. Je fus contrainte de lui révéler petit à petit les lubies de grand-mère.

— Elle te garde prisonnière et tu ne peux pas t'amuser ? Tout ce que tu fais, c'est prier ?

— Oui. Ça se passe comme ça.

Mon amie n'en revenait pas. Comme elle était une brillante élève qui ne manquait pas d'imagination et qu'on aurait facilement qualifiée de délurée, elle m'assura :

— Si ta grand-mère ne veut pas que tu viennes jouer chez moi, j'irai chez toi.

Je protestai :

— Elle ne te laissera pas entrer.

— Je saurai bien la convaincre, j'ai ma petite idée.

Un samedi, bravant les interdits de grand-mère, Geneviève se présenta chez nous et frappa à la porte. Grand-mère alla répondre.

— Bonjour, madame. Je suis Geneviève, l'amie d'Henriette.

— Que lui veux-tu ?

— Je viens célébrer la messe avec elle.

Grand-mère leva les yeux au ciel. Miracle ! Dieu l'exauçait enfin. J'avais une amie digne de moi, une amie intéressée aux choses divines.

— Aurais-tu la vocation, toi aussi ?

— Je le crois.

— Je suppose que tu ne possèdes pas d'autel comme celui d'Henriette ?

— Non. Elle est bien chanceuse d'en avoir un.

Elle joua si bien son jeu que grand-mère, pourtant méfiante de nature, lui permit d'entrer me rejoindre. Heureusement, j'avais prévenu mon amie de ce qui l'attendait et j'avais pris la précaution de lui décrire l'intérieur de la maison. Je craignais que Geneviève ne prenne peur devant tous ces murs couverts de croix. Mais, continuant de jouer le jeu, mon amie s'extasia devant tant de crucifix et se montra très intéressée à connaître l'histoire de chacun. Grand-mère s'empressa de tout lui raconter. L'avant-midi y passa, et il fut bientôt l'heure de dîner. Grand-mère lui dit :

— Va manger chez toi, ma chère enfant.

Et, condescendante, elle ajouta :

— Tu pourras revenir cet après-midi.

Geneviève risqua :

— Henriette peut-elle venir dîner chez moi ?

Grand-mère hésita longuement. Mais Geneviève s'était montrée si attentive et si intéressée qu'elle décida de me permettre de l'accompagner. C'était la première fois que je pouvais me rendre chez une amie. L'heure que je passai chez les Chevalier me dessilla les yeux. La mère de Geneviève m'invita à manger de tout sans me priver. Je m'attendais toujours à l'entendre dire: «Attention au péché de gourmandise.» Pas une fois cette femme souriante ne me parla de sacrifices. Je compris qu'on pouvait vivre autrement qu'avec un chapelet dans les mains, une prière aux lèvres et un sacrifice dans l'assiette. Il était permis de rire, de chanter et de manger à sa faim. Je décidai que désormais, sans mettre la religion de côté, je m'ouvrirais à tout ce que la vie m'apporterait. Mon amie Geneviève, chez qui je pus retourner parfois, m'initia à la musique, au chant, à la danse, et m'apprit ce qu'elle savait – bien peu de choses, en fait – au sujet de la naissance des enfants.

Chapitre 5

Les dévotions de grand-mère

Les semaines chez ma grand-mère s'écoulaient, toutes pareilles à elles-mêmes. Celle-ci émaillait ses journées de rituels qui tenaient plutôt de la superstition et qui, joints à ses croyances, constituaient un bien curieux mélange. Je devais moi aussi me prêter à ses marottes. La première chose à accomplir en se réveillant était de se signer pour chasser les démons de la nuit. Ensuite, à genoux au pied du lit, on offrait sa journée à Jésus. On laçait nos souliers en commençant toujours par le pied droit puisque tous ceux qui se lèvent du mauvais pied le font du pied gauche, non ? D'ailleurs, ne fallait-il pas absolument faire le signe de croix de la main droite ?

Le nombre considérable de croix sur les murs de la maison de grand-mère s'expliquait par sa crainte des démons. Elle me raconta que lorsqu'elle avait mon âge, le démon lui était apparu sous la forme d'un beau jeune homme tout vêtu de noir. Il avait voulu l'éloigner de Dieu, sauf qu'elle était parvenue à s'en défaire en lui lançant de l'eau bénite. Elle en conservait donc toujours à la maison. Grand-mère craignait sans cesse de voir réapparaître le démon, d'où sa si grande dévotion au crucifix. « C'est connu, affirmait-elle, le diable disparaît quand il voit une croix ou encore quand on se signe. » Voilà pourquoi elle sortait le moins possible et quand elle le faisait, la plupart du temps pour assister à la messe ou à un autre office religieux, c'était toujours un chapelet à la main. Elle ne se sentait bien que dans sa maison, protégée par toutes ses croix.

Grand-mère se rendait à l'église tous les matins pour assister à la première messe du jour et elle m'y emmenait en multipliant les conseils sur la façon de me tenir à genoux, sur les prières à réciter, sur les faveurs à demander. « Ainsi, me dit-elle, si tu perds quelque chose, il te faut prier saint Antoine de Padoue. Il va t'aider à le retrouver. » Or, j'avais égaré mon chapelet. Pendant des jours, grand-mère me harcela pour que j'invoque l'aide de ce saint. Malgré toutes mes prières, le chapelet demeura introuvable et grand-mère m'en acheta un autre, qu'elle s'empressa d'ailleurs de faire bénir par le curé.

— J'ai beaucoup prié, comment se fait-il que saint Antoine ne m'ait pas aidée à retrouver mon chapelet ?

— C'est certainement parce que tu as mal prié. Quand on les invoque bien, les saints exaucent nos prières. Il m'est arrivé un jour de perdre ma médaille de la Vierge Marie parce que la chaîne que je portais au cou s'était cassée.

— Et vous l'avez retrouvée ?

— Bien sûr ! Saint Antoine de Padoue m'a aidée. Il y a un saint ou une sainte que nous pouvons prier en toutes circonstances. Par exemple, si jamais tu as mal aux dents, il faut demander à sainte Apolline de te guérir.

— Et si j'ai mal au ventre ?

Grand-mère s'écria :

— As-tu mal au ventre ?

— Non, mais si jamais ça m'arrive ?

— Pour toutes les maladies, il faut demander l'aide de sainte Catherine d'Alexandrie. Et tu dois savoir que la sainte protectrice des enfants est sainte Cunégonde. Si jamais tu te brûles, tu prieras sainte Barbe. Et quand ta grand-maman a mal à la tête, elle appelle sainte Catherine de Sienne à son secours et le mal de tête s'en va aussitôt. Tu vois, les saints et les saintes peuvent nous aider dans tout ce que nous faisons. Si jamais tu as besoin de savoir quel saint ou quelle sainte il faut prier, tu n'auras qu'à me le demander.

À la sortie de l'église, il y avait une statue de saint Jude. Elle me la montra.

— Lui, m'expliqua-t-elle, il faut l'invoquer pour toutes les causes désespérées.

Je demandai :

— Qu'est-ce qu'une cause désespérée ?

— C'est une situation où il n'y a plus ou pratiquement plus d'espoir.

— Comme quoi ?

Grand-mère réfléchit un moment, puis elle commença :

— Prends ton père. C'est un ivrogne. Il n'y a pas moyen de l'empêcher de boire. Il est une cause désespérée.

— Si je prie saint Jude, il va le guérir ?

— Peut-être bien.

Sans prévenir, j'enchaînai :

— Grand-père est mort. Est-ce qu'il était lui aussi une cause désespérée ?

Je n'obtins jamais de réponse à ma question. Tout ce que je reçus, ce fut une gifle.

Lorsque je découvris un matin, ô horreur !, que j'avais saigné durant la nuit, je demandai à grand-mère quel saint il me fallait invoquer pour guérir. Elle me dit :

— Tu ne dois pas t'en faire avec ces pertes de sang. Ce n'est pas une maladie. Tu en auras désormais tous les mois.

— Pourquoi ?

— Tu sais que nous descendons tous d'Adam et Ève. Un jour, Ève a péché avec Adam et Dieu les a chassés du paradis terrestre. Pour punir les femmes qui descendent d'Ève, et leur rappeler qu'elles ne doivent jamais pécher comme elle, il a choisi de leur faire perdre du sang tous les mois.

— Quel péché Ève a-t-elle commis avec Adam ?

— Celui de la chair.

— Qu'est-ce que le péché de la chair ?

— Tu l'apprendras un jour quand tu seras plus vieille.

Chapitre 6

La colonne de tempérance

Pendant ces quelques années auprès de ma grand-mère, j'appris à vivre avec ses lubies, comme d'autres s'adaptent à une infirmité ou à un handicap. Aussi, quelle ne fut pas ma surprise, un beau matin, quand je l'entendis me dire :

— Il y a un prêtre qui prêche la tempérance à travers tout le pays, un vrai saint. Il a vécu pendant des années à quelques milles de chez nous, au Séminaire de Nicolet, et je ne le savais même pas. Comme je m'en veux ! Ton père devrait assister à un de ses sermons. Mais comme il ne le fera jamais, nous irons à sa place.

— À quel endroit ?

— À Beauport, près de Québec. L'abbé Chiniquy y fait ériger une colonne de tempérance.

— Qu'est-ce que c'est ?

— C'est un monument en l'honneur de ceux qui ne prennent jamais de boisson.

— Comment nous rendrons-nous là-bas ?

— En goélette.

Nous embarquâmes sur *La Salamandre* en ce début de septembre 1841. Je connaissais déjà l'existence de ce curé Chiniquy qu'on surnommait l'apôtre de la tempérance. Ma grand-mère avait bien hâte de rencontrer ce saint en personne. Et son plaisir serait redoublé par le fait que l'évêque invité à l'occasion de cette inauguration n'était nul autre que monseigneur de Forbin-Janson.

— Penses-y, ma fille, nous aurons le bonheur d'être en présence de deux grands saints de notre Église. Je t'ai souvent parlé de monseigneur de Forbin-Janson, l'évêque de Nancy en France. Écoute-le avec attention, ses paroles sont précieuses. J'ai lu dans *Les Mélanges religieux* qu'il a prêché plusieurs retraites paroissiales. Sais-tu que cet évêque est aussi un comte ? Il a dû s'exiler de France tellement sa prédication dérangeait les incroyants. Nous aurons l'occasion de le voir à Beauport, mais j'ai une autre surprise pour toi, parce que dans un mois, il va bénir la grande croix de cent pieds de haut érigée sur le mont Saint-Hilaire, et nous irons assister à la cérémonie. Tu vois comme ta grand-mère te gâte !

Pour l'heure, toujours à bord de *La Salamandre*, nous nous dirigions vers Québec. À Beauport où on nous conduisit dès notre arrivée, nous prîmes pension chez une amie de grand-mère, tout aussi dévouée qu'elle à la cause de l'Église. Comme elles avaient correspondu sans jamais s'être rencontrées, elles eurent beaucoup à se dire.

Le lendemain à l'aube, ne voulant pas manquer une minute de la cérémonie, grand-mère m'entraîna avec elle à l'église afin que nous puissions trouver une place en avant et être parmi les premières à suivre la procession jusqu'à la colonne de tempérance. En raison de ses difficultés à marcher, son amie ne pouvait pas nous accompagner. Grand-mère promit de lui raconter la cérémonie dans ses moindres détails.

À l'église, nous attendîmes plus d'une heure avant que le bedeau ne daigne ouvrir les portes. Dès que nous nous fûmes faufilées dans les premiers bancs non réservés, grand-mère se signa, puis, se penchant vers moi, elle me chuchota à l'oreille :

— Je sais qu'il ne faut pas parler dans l'église en présence de Dieu, mais il me pardonnera de te dire à quel point je suis heureuse en ce moment. N'ai-je pas bien fait de prévenir ? Nous serons parmi les privilégiés qui entendront le discours du saint évêque.

Ce genre de cérémonie m'ennuyait de plus en plus. Je hochai la tête en signe d'approbation afin de ne pas essuyer une litanie de reproches. Grand-mère avait vu juste, car pas moins de dix mille personnes, précédées par vingt-deux cavaliers accompagnant monseigneur de Forbin-Janson depuis la cour du Séminaire de Québec, envahirent Beauport. En peu de temps, l'église fut bondée à un point tel que nous avions de la difficulté à respirer. Les vingt-deux cavaliers durent intervenir pour maintenir l'ordre et fermer l'accès à l'église où des milliers de fidèles voulaient pénétrer.

Monseigneur de Forbin-Janson, assisté du curé Chiniquy, se surpassa dans une allocution où il dépeignit toutes les horreurs engendrées par la boisson. Aussitôt la célébration terminée, tout ce beau monde se précipita vers le lieu où s'élevait la colonne. La procession à laquelle nous nous mêlâmes de peine et de misère s'ouvrait par deux jeunes filles vêtues de blanc. Chacune portait un drapeau blanc. Elles-mêmes étaient suivies par sept chœurs de femmes avec des bannières et par vingt-deux sections d'hommes commandées par les vingt-deux cavaliers venus depuis le Séminaire avec monseigneur Janson. Leur emboîtaient le pas les membres du clergé et les personnes qui, comme nous, avaient pris la précaution d'arriver tôt à l'église.

Or, comme cela se produit fréquemment dans ces mouvements de foule, les personnes massées dehors se joignirent spontanément à la procession si bien que grand-mère, à la recherche de son souffle, fut rapidement dépassée par des bandes de jeunes hommes et de jeunes femmes enthousiastes qui se permettaient de chuchoter malgré les cantiques et la solennité de l'événement. Quand la foule se retrouva enfin au pied de la colonne, l'espace était si restreint que, refoulées derrière des milliers de personnes, nous avions peine à voir ce qui se passait et ne pouvions saisir aucune des paroles prononcées.

Furieuse et déçue d'avoir ainsi manqué le plus important de la cérémonie, grand-mère refusa de verser son obole lorsqu'on fit la quête pour aider à payer les coûts de la colonne. De tout le voyage de retour jusqu'à Bécancour, elle ne desserra pas les lèvres.

Chapitre 7

La croix du mont Saint-Hilaire

La mésaventure de Beauport ne changea strictement rien à la détermination de grand-mère d'assister à l'inauguration de la croix sur le mont Saint-Hilaire. La veille de l'événement, elle nous fit conduire en voiture de Bécancour jusqu'à Saint-Hilaire. Elle avait réservé nos places dans une pension de famille des mois avant l'événement. Cette fois, elle était bien déterminée à ne rien manquer. Pensez donc, une croix qu'on verrait à des milles à la ronde, inaugurée et bénie par nul autre que monseigneur de Forbin-Janson en personne ! C'était impensable de rater ça.

On ne pouvait souhaiter plus belle journée d'automne. Toute la montagne, vêtue des rouges et des ors des arbres feuillus, luisait comme un véritable trésor. Nous nous retrouvâmes très tôt au point de rassemblement. Quand, sous les vivats de milliers de personnes, le carrosse de l'honorable sieur de Rouville, seigneur du lieu, où avaient pris place quatre prélats de l'Église catholique, parvint enfin à destination, il y avait déjà deux fois plus de personnes qu'à Beauport.

Par chance, monseigneur de Forbin-Janson choisit de s'adresser à la foule au pied du mont, avant de commencer l'ascension. Puis, il bénirait tout au long du parcours les quatorze stations du chemin de croix qu'on y avait érigées. Pendant que l'évêque discourait, des milliers d'hommes et de femmes se dirigeaient vers le lac Hertel et le pain de sucre au sommet de la montagne.

Le prêche de l'évêque à peine terminé, la foule se massa sur la route qu'il s'apprêtait à prendre. Emportées par les milliers de personnes qui se pressaient vers cet endroit comme dans le goulot d'un immense entonnoir, nous pensâmes notre dernière heure venue. En me débattant et en tirant grand-mère par la manche, je parvins à l'extirper de cette cohue où elle étouffait.

Parvenue à adosser grand-mère à un orme, je pus enfin respirer plus à l'aise.

— Grand-mère, il n'est pas question de monter là-haut.

Elle, qui avait peine à se tenir sur ses jambes, ne l'entendait pas ainsi.

— Nous irons jusqu'au sommet.

— Soyez raisonnable ! Vous ne voyez pas que vous êtes à bout de souffle et que nous sommes encore au pied du mont ?

Je ne pus la convaincre. Obstinée, elle se mit en marche à petits pas vers la première station du chemin de croix. La plupart des spectateurs avaient déjà escaladé plus du quart de la montagne.

Après un bref arrêt à cette station, les traits tirés par l'effort et d'une pâleur à faire peur, grand-mère insista pour que nous nous rendions à la seconde. Ça montait de plus en plus et elle en avait le souffle d'autant plus court. Je tentai de nouveau de la raisonner, mais elle ne voulait rien entendre. De peine et de misère, nous atteignîmes enfin la seconde station. Elle s'effondra alors dans mes bras, sans connaissance. De bons Samaritains m'aidèrent à lui faire reprendre ses sens. Quand elle fut revenue à elle, un homme lui reprocha :

— Madame, courez-vous après votre mort ? Vous voyez bien que jamais vous ne pourrez atteindre le sommet de cette montagne. La croix, si vous désirez tant l'admirer, je vous la ferai voir avec ma longue-vue. Bon, avant tout, ne bougez pas d'ici. Je reviendrai vous chercher.

Calmée, grand-mère s'étendit dans l'herbe tout près de la statue de Jésus chargé de sa croix. Elle se permit même un petit somme, pendant que je me disais en regardant le Christ : « C'est elle qui sera ma croix. » L'homme venu à notre secours réapparut à cheval une demi-heure plus tard.

— Madame, savez-vous monter à cheval ? demanda-t-il à grand-mère qui venait d'ouvrir les yeux.

Je répondis pour elle :

— Grand-mère ne l'a jamais fait.

— Si vous désirez que je la ramène, mademoiselle, il faudra bien qu'elle s'installe derrière moi.

Grand-mère ne voulut d'abord rien entendre. Puis, quand des passants l'aidèrent à se remettre sur pied, elle était si flageolante qu'ils durent la soutenir pour ne pas qu'elle tombe.

— Si on vous assoit derrière moi en amazone et que vous êtes soutenue par votre petite-fille et quelques autres bonnes âmes, pensez-vous avoir assez de force pour redescendre ?

Grand-mère, qui n'avait rien dit depuis sa perte de conscience, se redressa soudainement et laissa échapper :

— La foi transporte les montagnes.

Et c'est à cet étrange cortège, d'une vieille soutenue sur le dos d'un cheval, qu'eurent droit des dizaines de personnes déjà sur le chemin du retour vers leur demeure.

Notre bon Samaritain nous ramena jusque chez lui. Il habitait une villa au pied du mont. Dès que nous y fûmes, il fit asseoir grand-mère dans un fauteuil sur une vaste galerie faisant face au mont. Son épouse apporta de l'eau et il nous en offrit lui-même un verre. Quand il fut enfin convaincu d'être écouté, il expliqua :

— Madame, ne doutez pas de mes bons sentiments à votre égard. Mais qui que nous soyons, et si forts que soient nos désirs, il faut d'abord et avant tout être bien conscients de nos forces et ne pas en abuser. Je suis le docteur Morin. Je vous ai promis que vous pourriez admirer à loisir la croix sur la montagne. Je tiens toujours mes promesses. Croyez-moi, vous la verrez pratiquement mieux d'ici que de là-haut.

Il installa un trépied, y fixa une lunette d'approche qu'il ajusta à la hauteur de grand-mère et fit la mise au point sur la croix.

— Maintenant vous pouvez regarder.

Grand-mère eut de la difficulté à ajuster son œil à l'objectif de la lunette. Elle finit tout de même par s'exclamer :

— Je la vois !

— Vous pouvez me demander tout ce que vous voulez à son sujet. Je l'ai tellement observée que je peux vous la décrire par cœur. Elle mesure cent pieds de hauteur par six de largeur et quatre d'épaisseur. On l'a recouverte de fer étamé et on peut accéder aux bras par un escalier intérieur. Cette croix est montée sur une chapelle de vingt pieds carrés. Douze chaînes fixées aux bras la lient au rocher plus bas. Ce monument, croyez-moi, est pratiquement indestructible.

Grand-mère, qui semblait être obsédée par une seule question, murmura :

— Monseigneur de Forbin-Janson doit sûrement l'avoir bénie à l'heure qu'il est ?

— En effet !

— Eh bien, maintenant, elle est devenue indestructible.

— Si vous le dites, madame.

Elle prit tout son temps pour admirer la croix de haut en bas. Elle soupira.

— J'aurais tellement aimé y accéder.

— Vous admettrez, madame, fit remarquer le docteur, que ce jour n'était pas le moment idéal pour se rendre là-haut. Si jamais vous désirez y monter, je vous y mènerai volontiers à cheval.

— C'est trop aimable à vous, se contenta-t-elle de répondre.

Notre hôte se fit un devoir de nous reconduire à notre pension, non sans m'avoir au préalable permis d'admirer la croix à mon tour. De cette journée mémorable, grand-mère ne parut retenir rien d'autre que le fait de n'avoir pas entendu le sermon de monseigneur de Forbin-Janson sur la tempérance.

Chapitre 8

Le curé Chiniquy

Cinq années s'étaient écoulées depuis la mémorable journée au mont Saint-Hilaire. Grand-mère s'était bien remise de ses émotions et continuait à mener la maison d'une main de fer, bien qu'en vieillissant je m'en laissais moins imposer, m'efforçant de manifester – et c'était beaucoup dire – un peu plus d'autonomie. J'étais maintenant âgée de seize ans et, encouragée par ma grande amie Geneviève, je cherchais à savoir si je deviendrais une institutrice, une secrétaire ou une mère de famille et une bonne ménagère.

Au couvent, rien n'avait beaucoup changé. Avec beaucoup de zèle, mère Sainte-Appoline nous préparait à devenir et demeurer de dignes enfants de Dieu. Pour cette religieuse, seule la gloire de Dieu comptait. Elle nous arriva le dernier matin avant les vacances avec une dictée.

— Une sœur de notre communauté qui habite en Normandie m'a fait parvenir ce texte, le plus beau que j'aie lu de ma vie, nous apprit-elle d'une voix chargée d'une vive émotion. J'ai décidé, mesdemoiselles, pour mon édification et la vôtre, de vous le donner en dictée. Vous pourrez le conserver pour le mettre en pratique. Il s'intitule : *Presqu'île de la Perfection.*

Elle s'installa à son pupitre et commença à lire :

La presqu'île de la Perfection est située à l'est du continent du Monde, auquel elle est jointe par l'isthme de la Charité bienfaisante. Elle est baignée au nord et à l'est par le vaste océan de l'Amour divin et au sud par la mer du Mépris de soi-même. On trouve le cap de Persévérance à la pointe méridionale, au nord celui de la Sainte-Défiance, et au nord-est celui de la Mortification.

Les principaux fleuves sont celui des Divines Consolations, qui prend sa source au pied du mont de la Générosité, arrose la cité du Bonheur et se jette dans l'Amour divin ; ainsi que le fleuve de la Paix, qui sort des monts de l'Abandon à la volonté de Dieu et se jette dans la mer du Mépris de soi-même.

L'abord de ces lieux serait inaccessible si les voyageurs, après avoir côtoyé les rochers escarpés de la Crainte, des Troubles, des Scrupules et des Retours sur soi-même, ne débouchaient enfin sur le golfe de la Confiance pour jeter l'ancre au port de l'Amour divin. Le commerce y est très florissant ; on exporte dans le continent voisin le zèle du salut des âmes, la compassion, l'amour du prochain, le pardon des injures, et l'on reçoit en échange les solitudes et les croix dont les habitants savent tirer un grand prix ou plutôt un grand parti.

Le sol est très fertile et produit toutes les vertus. Après vingt-deux ans, le parfait modèle de la douceur, saint François de Sales, se rendit maître de ce pays.

Quand elle eut terminé sa lecture, mère Sainte-Appoline s'empressa de commenter :

— Vous avez là, mesdemoiselles, tout un programme de vie. Suivez-le tout au long de votre existence et priez pour moi qui vous l'ai fait connaître. Bonnes et saintes vacances !

Les vacances se révélaient une dure épreuve puisque je vivais constamment en présence de ma grand-mère.

Abonnée au journal *Les Mélanges religieux*, elle y puisait un tas de renseignements sur les activités chrétiennes. Elle suivait en particulier de très près l'ascension de l'abbé Chiniquy, devenu en quelques années l'apôtre de la tempérance auprès des Canadiens français. Elle applaudissait au succès répété de ses prédications et se réjouissait de tout ce qui arrivait de bon à ce prêtre si méritant. Les paroissiens de Beauport ne lui avaient-ils pas offert en grande pompe son portrait peint par nul autre que le renommé Antoine Plamondon ? L'artiste avait choisi de le représenter avec une étole autour du cou et un volume dans la main droite.

Grand-mère s'était empressée d'acheter le *Manuel ou règlement de la Société de tempérance* qu'il venait de publier alors qu'il était maintenant curé de Kamouraska. Comme des milliers de catholiques, elle avait désapprouvé le fait que monseigneur Signay, l'évêque de Québec, l'ait démis de son poste de curé de Beauport sans le moindre avertissement, pour l'envoyer comme simple vicaire à Kamouraska. Peu après, le vieux curé de l'endroit était décédé et l'abbé Chiniquy l'avait dignement remplacé. Il continuait ses prédications et des milliers de personnes adhéraient à sa Société de tempérance.

Les Mélanges religieux rapportaient que Chiniquy visitait chaque année des centaines de paroisses et prononçait autant de discours sur la tempérance. Grand-mère affichait des pages de ce journal sur les murs et me contraignait à lui lire en particulier les articles qui parlaient des ravages que causait l'alcool dans les familles.

— Lis-moi cette histoire, m'ordonna-t-elle un soir, en désignant un nouveau texte qu'elle venait de coller au mur.

L'éclairage était mauvais et je n'avais absolument pas le goût de me lancer dans pareille lecture avant de me coucher.

— Je vous la lirai demain, fis-je. Ce soir, je suis trop fatiguée.

— Trop fatiguée ? Que fais-tu de tes journées ?

— Vous le savez, je prie avec vous et j'étudie.

— Tu étudies quoi au juste ?

— Le français et les mathématiques.

— Où penses-tu que ça te mènera ? Apprends qu'il n'y a que le catéchisme qui doit nous conduire dans la vie. Lui seul nous garde près de Dieu.

— Grand-mère, ce n'est pas parce que nous apprenons autre chose que nous nous éloignons de Dieu.

— Tu oses m'*ostiner* maintenant ? Tu ne te coucheras pas tant que tu ne m'auras pas lu cette histoire abominable, comme celle que ton père faisait vivre à ta mère quand tu étais petite.

Voyant que je ne pourrais pas aller me coucher tant que je n'aurais pas satisfait ma grand-mère, je me mis à lire :

Il était dix heures du soir. Je lisais quelque chose qui m'intéressait singulièrement lorsque, tout à coup, mon oreille fut frappée par un bruit inaccoutumé. Je prêtai attention, et voilà que des coups précipités se faisaient entendre à la porte. On m'appelait et on me conjurait de porter secours. À peine avais-je ouvert la porte que je reconnus François… Il était hors de lui-même ; ses mots mal placés et entrecoupés annonçaient la plus vive émotion. Pourtant, voici ce que je pus comprendre : « Venez, monsieur, tout de suite. Si vous ne faites diligence, il va arriver quelque malheur. Ah ! Que c'est horrible ! »

Il n'est pas besoin de dire quelles impressions j'éprouvai à ces paroles. Je lui demandai de qui il voulait parler. « C'est de Louis, me répondit-il. Il est revenu ivre de chez… Il est comme un tigre furieux. Il a cruellement frappé sa femme, qui a été, comme vous le savez, très longtemps malade ; elle est tombée sans connaissance sous ses coups. Il a battu son frère ; et, lorsque j'ai laissé la maison, il tenait sa pauvre mère à la gorge ; je n'ai pas pu l'arracher de ses mains : il avait un bâton et je craignais qu'il me fende la tête. J'ai pris le parti de venir vous chercher ; peut-être votre présence le calmera-t-elle, mais hâtez-vous, s'il vous plaît ; car chaque instant de retard peut coûter la vie à quelqu'un. »

Ce récit, quelque effrayant qu'il fût, ne me surprit cependant pas. On peut tout attendre d'un ivrogne. Les crimes les plus affreux, les horreurs les plus épouvantables, ne sont qu'un jeu pour l'homme abruti par la boisson.

D'ailleurs, je connaissais celui dont il s'agissait. Bien des fois, je l'avais rencontré ivre sur la route. Ses cris le devançaient toujours et le faisaient reconnaître de loin. C'était alors prudent de passer vite ; personne n'était pressé de lier conversation avec lui dans un tel moment.

Les jurons, les malédictions, les imprécations à faire trembler les démons eux-mêmes, sortaient comme un torrent de sa bouche. Combien de fois, dans ces tristes moments, n'avait-il pas frappé et fait couler le sang de ses meilleurs amis ! Combien de fois n'avait-il pas battu son vieux père ! Il est vrai que personne ne plaignait beaucoup le pauvre homme. C'était lui qui avait instruit son enfant dans l'art de boire. C'était lui qui lui avait mille fois montré le chemin de l'auberge… Pendant que tous ces tristes souvenirs venaient se heurter dans ma mémoire, je partis, ou plutôt, je courus avec François… La distance n'était pas bien longue, elle fut promptement franchie. Je n'étais pas arrivé que déjà j'entendais les hurlements. Sans frapper à la porte, j'entrai brusquement. Quel spectacle, grand Dieu ! La pauvre femme, revenue de son évanouissement, se tordait les mains de désespoir. Elle s'arrachait les cheveux, comme une personne qui a perdu la raison. Ses yeux, égarés et rougis, laissaient tomber des larmes brûlantes sur un jeune enfant qu'elle tenait sur ses genoux et dont les cris perçants déchiraient l'âme. La pauvre femme, comme elle appelait à grands cris la mort! Comme elle maudissait, avec d'énergiques paroles, le jour où elle s'était liée au monstre cruel qui, au lieu d'être son époux, s'était fait son impitoyable bourreau! Plus loin, j'apercevais le frère, le visage couvert de sang; et puis, à quelque distance, dans l'ombre, la mère infortunée. Ses cheveux en désordre pendaient autour d'elle, et attestaient qu'un des plus noirs forfaits venait de s'accomplir; qu'un homme avait frappé celle dont il tenait la vie; qu'un enfant avait levé la main sur sa mère! Elle était défigurée et à moitié morte des coups qu'elle avait reçus. Ses sanglots se mêlaient à ceux de sa bru et de son enfant…

Et lui, le monstre, où était-il donc?

Il se promenait à pas redoublés au milieu des chaises et des tables brisées et renversées, pêle-mêle, sur le plancher. Quelque furieux qu'il fût, mon arrivée subite le déconcerta cependant.

Étant prêtre et curé, plus ce malheureux semblait perdu, plus je devais faire d'efforts pour le ramener. Aussi je ne perdis pas de temps. Dès le lendemain, je me mis à l'œuvre.

J'arrêtai ma lecture, bâillai et me permis le commentaire suivant:

— Comme toujours, il va le convertir en le faisant entrer dans la Société de tempérance.

Grand-mère réagit vivement.

— Tu sais qui a écrit ça?

— Bien sûr! Ça fait des dizaines d'histoires semblables que vous me faites lire. Ça ne peut être que le curé Chiniquy, comme d'habitude.

— Comment, comme d'habitude?

— Est-ce qu'il y en a d'autres que lui pour écrire de pareils récits? À l'entendre, on croirait qu'il est le seul homme sur terre capable de convertir un ivrogne.

— Qu'est-ce qui te prend de te rebeller de la sorte? Tu n'aimes pas ce qu'il raconte?

— Ce n'est pas intéressant ce genre de discours, pas plus que celui qui les écrit.

Grand-mère était furieuse. C'était bien la première fois que j'osais lui tenir tête aussi fermement. Elle voulut que je poursuive ma lecture. Pour une fois, je ne pliai pas.

— Je suis fatiguée et je vais me coucher.

— Eh bien, ma fille, apprends que ta grand-mère aime tout ce que dit ce saint homme. Tu gagnerais à l'entendre prêcher. À la prochaine occasion, je t'amènerai faire sa connaissance.

Chapitre 9

La croix de tempérance

Cette occasion se présenta quelques semaines plus tard. Le curé Chiniquy allait prêcher à Bécancour. Grand-mère exultait. Le jour venu, elle m'obligea à l'accompagner à l'église. Le prêtre se surpassa dans un de ses sermons à l'emporte-pièce où il dépeignait les maux dont l'ivrognerie peut accabler une famille.

Chers amis,

Regardez autour de vous: partout, vous verrez que la boisson est passée comme la foudre, a frappé comme l'incendie. Ce n'est pas seulement en quelques points de notre malheureux pays; c'est partout, non seulement dans l'enceinte de nos villes, mais au milieu de nos campagnes; c'est non seulement dans les classes les plus humbles, mais encore dans les rangs les plus élevés de la société; c'est enfin au sein de mille familles qu'elle porte la désolation, qu'elle engendre le déshonneur et le crime!

Il est peu de Canadiens qui puissent dire que parmi leurs parents ou leurs amis les plus chers, il ne se trouve personne que la boisson n'ait ruiné, flétri, dégradé.

Si ce funeste et redoutable ennemi de votre bonheur ne vous tient pas encore dans ses chaînes; s'il ne vous a pas encore frappé dans votre personne; toujours, vous devez craindre ses coups, puisqu'il en a renversé d'aussi forts, et peut-être de plus forts que vous ; vous devez le haïr, puisqu'il vous a déjà mille fois blessé, sinon personnellement, du moins dans vos affections les plus chères : car, quel est celui parmi vous qui n'ait eu souvent devant les yeux le hideux et désolant spectacle d'un parent ou d'un ami ivre ?

Les efforts faits pour établir partout le règne heureux et mille fois béni de la tempérance ont été, dans plusieurs lieux, couronnés d'un succès bien consolant, sans doute. Mais l'ennemi est loin d'être chassé de toutes ses forteresses ; et l'usage de la boisson fait encore, dans mille endroits, d'affreux ravages.

C'est la boisson qui remplit encore nos prisons de malheureux ; c'est la boisson qui peuple les colonies pénales d'infortunés exilés ; c'est elle qui éteint la foi et fait oublier les devoirs les plus sacrés au milieu de notre patrie, comme elle arrête constamment les progrès de l'Évangile chez les nations lointaines. Couvertes des plaies profondes que la boisson leur fait tous les jours, la patrie et la religion tournent vers vous des mains suppliantes, et vous conjurent de faire cesser la cause de leurs larmes et de leur deuil, de panser et fermer les plaies qui les défigurent, en vous enrôlant sous les bannières de la Société de tempérance.

Il continua sur ce ton pendant plus d'une heure. Ne me sentant pas concernée par ce fléau, même si grand-mère prétendait que mon père était un alcoolique, je trouvais le temps particulièrement long. Grand-mère, par contre, écoutait béatement. En plus d'aller entendre sa prédication, elle avait – ce que j'ignorais – une autre idée derrière la tête, celle de lui parler à tout prix.

À la sortie de l'église, il se retrouva rapidement entouré d'une foule compacte, chacun ayant un conseil à demander, sinon une bénédiction à obtenir. Je pressai grand-mère de partir, mais elle me fit patienter jusqu'à ce que les gens se soient dispersés. Elle attendit à la toute fin pour s'adresser au prêtre.

Elle commença par s'agenouiller sur place pour qu'il la bénisse, me forçant à en faire autant. Puis, se relevant péniblement, elle supplia :

— J'ai une grande faveur à vous demander.

Pendant qu'elle parlait, le prédicateur – je m'en rendis vite compte – s'intéressait surtout à ma personne. Il semblait charmé à un point tel qu'il dut demander à grand-mère de bien vouloir lui répéter ce qu'elle souhaitait.

— Je désire obtenir de vous une chose qui me ferait grandement plaisir.

— Vraiment ? Si c'est dans les pouvoirs du pauvre homme que je suis de vous exaucer, je le ferai volontiers.

— J'ai chez moi des dizaines de croix ayant appartenu aux plus saints de nos prêtres et de nos religieux, et aux plus saintes de nos religieuses. Quand vous prêchez, vous brandissez souvent la croix noire de la tempérance. Je meurs du désir de posséder une de ces croix. J'en paierai le prix que vous demanderez.

Flatté par la demande, l'abbé bomba le torse.

— Je voudrais bien combler votre vœu, madame, mais vous comprendrez que je n'apporte pour mes prédications qu'une seule croix de tempérance dont je ne peux pas, hélas, me départir.

— Vous devez en posséder plus d'une, non ?

— En effet ! Sauf qu'elles se trouvent toutes dans ma paroisse de Kamouraska.

— Si vous le permettez, je pourrais m'y rendre avec ma petite-fille Henriette que voici.

— Tiens, en voilà une bonne idée ! Je retourne dans ma paroisse d'ici deux semaines et j'y serai certainement pour quinze jours. Nous pourrons en profiter pour régler ça à votre entière satisfaction.

Grand-mère ne portait plus à terre. S'enhardissant, elle invita l'abbé à venir chez nous afin qu'il voie de ses propres yeux le trésor de croix qu'elle possédait.

— Vous pourriez souper avec nous, proposa-t-elle. Vous nous feriez là un très grand honneur.

L'invitation parut ne pas laisser l'abbé indifférent, non pas en raison des croix, mais bien parce qu'il pourrait faire plus ample connaissance avec nous, et sans doute avec moi en particulier. Il acquiesça donc à sa demande et promit de venir le lendemain.

Je secondai grand-mère qui s'activait à ses fourneaux. Elle prépara une soupe à l'oignon, un rosbif et une magnifique tarte aux fraises pour dessert. L'abbé se présenta chez nous à cinq heures trente. Il faisait mine de s'intéresser aux croix, tenant absolument à ce que je les accompagne dans cette tournée qu'il fit les yeux plus souvent rivés sur moi que sur les croix de grand-mère. Durant tout le souper, il m'interrogea sur ce que je faisais. Grand-mère se mêla de la conversation pour informer l'abbé que je me destinais à la vie religieuse. Le lendemain, elle me confia qu'elle n'avait pas dormi de la nuit tant elle était heureuse de la visite de ce grand prédicateur.

Elle n'était pas la seule à ne pas avoir fermé l'œil. Je revoyais l'abbé m'examiner des pieds à la tête avec dans le regard quelque chose que je ne pouvais nommer et qui me rendait très mal à l'aise. Grand-mère avait beau soutenir que c'était un saint, moi, je n'aimais pas cet homme.

Chapitre 10

Le rendez-vous

Deux semaines plus tard, en dépit du fait que j'allais manquer quelques jours d'école, nous quittâmes Bécancour à bord d'un vapeur qui faisait la navette entre Montréal et Rimouski, et s'arrêtait au quai des principaux villages. Nous arrivâmes à Kamouraska à la fin d'un bel après-midi de mai, après deux jours de voyage, ayant fait escale pour une nuit à Québec.

L'apôtre de la tempérance attirait beaucoup de visiteurs dans sa paroisse, si bien que grand-mère chercha vainement une chambre au cœur du village. Après avoir frappé à plusieurs portes, elle fut contrainte de s'éloigner à plus d'un mille de l'église. Elle parvint à dénicher une chambre libre dans une maison de ferme qu'elle dut payer à gros prix, ce qui la rendit fort maussade. Ce n'était certes pas ce à quoi elle s'attendait, habituée qu'elle était d'être constamment logée à deux pas de l'église.

Le lendemain matin, elle se précipita à l'église pour la messe de six heures. Je l'accompagnai comme elle le souhaitait. Marcher lui demandait beaucoup d'énergie et, malgré mon aide, elle arriva à l'église passablement essoufflée et fatiguée. Toutefois, son désir de posséder une croix de tempérance lui faisait surmonter tous les obstacles. Elle assista à la messe avec beaucoup d'attention, comme elle le faisait toujours, et grâce à cette pause, elle reprit un peu de vigueur. Grand-mère fut cependant bien contrariée de ne pas pouvoir parler au curé Chiniquy dès la fin de la célébration. Il y avait foule à l'église et nombre de gens avaient dû obtenir un rendez-vous avec le saint homme, parce qu'ils le suivirent à son bureau.

Nous nous présentâmes au presbytère. La ménagère tenait le registre des rencontres du curé. Une dizaine de personnes étaient inscrites sur la liste avant nous.

— Il en aura bien pour une heure au moins, sinon plus, nous assura-t-elle.

Pour tuer le temps, nous assistâmes à une seconde messe célébrée par le vicaire. Il était près de midi quand enfin le prêtre put nous recevoir. Nous reconnaissant, il se montra enchanté de notre visite et nous témoigna beaucoup de courtoisie.

— La dame à la croix de tempérance, se réjouit-il, et sa charmante petite-fille également ! Quels bons moments j'ai passés en votre compagnie ! Il y a comme ça, à travers notre ministère si exigeant, des minutes que nous n'oublions jamais. Sans doute, le bon Dieu veut-il nous récompenser à sa façon pour ce que nous faisons pour sa gloire.

— Vous ne nous avez pas oubliées, susurra grand-mère, ravie. J'ai tellement hâte de tenir cette croix dans mes mains.

— Pourquoi y tenez-vous tellement ?

— Parce qu'avec elle dans la maison, le fléau de l'alcoolisme en sera éloigné à jamais.

— Y a-t-il chez vous quelqu'un d'intempérant ?

— Non, il ne vit pas sous notre toit, mais le père d'Henriette est un ivrogne.

— Grand-mère, protestai-je, vous n'exagérez pas un peu ? Je n'ai jamais vu mon père en boisson.

— Crois-moi. Avant que ta mère ne meure, je l'ai surpris plusieurs fois un verre à la main.

— Est-ce que pour autant il était soûl ?

— S'il ne l'était pas, il était sur le point de l'être. N'est-ce pas, monsieur le curé, vous qui connaissez si bien cette question, qu'un homme habitué à la boisson est perdu d'avance ?

Pendant tout ce temps, le prêtre écoutait distraitement ses propos et m'examinait intensément, ce qui de nouveau me troubla. Comme il ne répondait pas à sa question, grand-mère la reformula aussitôt, en insistant pour obtenir une réponse.

— Monsieur le curé, ai-je raison de dire qu'un homme habitué à prendre un verre tous les jours est bien près de devenir intempérant ? Je sais que ma question est difficile, mais qui est mieux placé que vous pour y répondre ?

— Madame, vous connaissez vous-même la réponse à cette question, puisque vous la formulez si bien. Vous devrez m'excuser et je sais que je vous décevrai toutes les deux aujourd'hui, car je dois m'absenter pour une prédication ce soir dans une paroisse voisine, et auparavant il me faut dîner. Vous savez, prêcher comme je le fais tous les jours et parfois plusieurs fois par jour n'est pas une sinécure, je dois donc veiller sans cesse à bien refaire mes forces. Il faudra revenir me voir demain matin après la messe. J'espère que vous avez une bonne pension au village ?

— Justement, reprit grand-mère, vous me voyez fort déçue. Notre pension est bonne, seulement elle est située à plus d'un mille de l'église. J'ai bien peiné ce matin pour me rendre jusqu'ici et nous n'avons pu trouver personne pour nous conduire en voiture. Vous n'auriez pas quelqu'un à me suggérer pour nous emmener demain matin ?

— Hélas, non ! Mes paroissiens sont des gens très occupés et j'ai bien peur que vous deviez revenir à l'église à pied. Cependant, vu votre condition, chère madame, ne vous sentez surtout pas obligée de vous rendre à l'église demain. Envoyez-moi votre petite-fille. Ses jambes sont plus jeunes que les vôtres. Elle n'aura qu'à venir me rejoindre à la sacristie après la messe et je lui remettrai avec plaisir la croix que vous désirez tant.

De retour à notre pension en après-midi, grand-mère était si exténuée qu'elle se résolut à me laisser aller seule à l'église le lendemain. Elle ne se plaignit pas, toute à l'idée que son vœu serait exaucé et que sa collection de croix s'enrichirait de celle du saint abbé Chiniquy. Comme elle en aurait long à raconter quand elle montrerait cette croix à quelqu'un en visite chez nous !

Chapitre 11

L'agression

Le lendemain, lorsque je me mis en route pour l'église, il pleuvait. La propriétaire de la pension me prêta un parapluie. Par chance, cette pluie ne s'accompagnait d'aucun grand vent qui aurait retourné le parapluie à l'envers à chaque rafale. N'ayant pas à marcher au rythme de grand-mère, je pus me déplacer plus rapidement. J'aimais ces journées de temps gris où je pouvais laisser mon imagination façonner les paysages. Une brume venue du fleuve enveloppait les maisons que je ne pouvais distinguer nettement qu'une fois rendue à une cinquantaine de pieds d'elles. Tout au long du trajet, je m'amusai à deviner de quoi aurait l'air la prochaine demeure. Serait-elle blanche, jaune, grise ou rouge ? Je me trompais presque chaque fois et j'en riais, heureuse de me sentir libre dans un milieu qui ne m'était pas connu.

Mes pas me menèrent à l'église où, sans doute en raison du mauvais temps, il n'y avait que quelques vieilles. Cette messe me parut très courte, comme si le curé s'était empressé de l'expédier. À la communion, il me sourit en déposant l'hostie sur ma langue et me chuchota : « On se voit à la sacristie dans quelques minutes. »

Aussitôt l'office terminé et l'*Ite missa est* tombé des lèvres du curé, je me rendis comme prévu à la sacristie. J'hésitai entre quelques portes avant de me retrouver dans une salle vide. Interdite, je ne savais trop que faire et choisis de signaler ma présence en toussotant. J'entendis la voix étouffée du curé surgir de derrière un rideau à l'autre bout de la pièce.

— Venez par ici, mademoiselle, venez m'aider à chercher cette croix que j'ai rangée, si ma mémoire est fidèle, quelque part ici.

Je m'avançai et passai derrière le rideau qui assombrissait les lieux. Je mis quelques secondes à m'habituer à cette semi-clarté. J'aperçus alors le curé, penché au-dessus d'une table de chêne massif, qui tentait d'attraper la croix rangée derrière, le long du mur.

— Je n'y arrive pas, maugréa-t-il. Vous êtes plus jeune et plus souple que moi, vous saurez bien me la ramener.

Il se retira et je m'approchai, me couchant presque sur la table. C'est alors qu'il me coinça entre lui et le meuble, et plaqua une main sur ma bouche pour m'empêcher de crier. De l'autre, il souleva ma jupe. Je sentis son sexe dur s'introduire entre mes cuisses. Je me débattis si bien qu'il dut m'immobiliser. Sa main quitta ma bouche et j'en profitai pour lâcher un cri strident. Sur l'entrefaite, le vicaire qui était venu célébrer l'autre messe entra dans la sacristie. Il se précipita, inquiet de ce qui pouvait avoir provoqué pareil hurlement. Il surprit le curé, tout le bas de la soutane déboutonné, tentant de me dissimuler de son mieux derrière lui et formulant déjà une explication pour camoufler la vérité sur ce qui venait de se passer.

— Je l'ai surprise alors qu'elle tentait de voler cette croix.

Le jeune vicaire n'y vit que du feu, peut-être feignit-il de croire la version du curé qui lui ordonna aussitôt d'une voix ferme :

— Reconduisez cette demoiselle à sa pension. Je sais qu'elle est venue ici en compagnie de sa grand-mère. Voyez à ce qu'elles embarquent toutes les deux sur le premier vaisseau qui fera escale au quai. Je ne compte pas porter plainte.

Je n'attendis pas mon reste. Bouleversée et en pleurs, je m'esquivai en courant. Quand le vicaire me rejoignit, je marchais comme un automate en direction de la pension sans me soucier de la pluie. Le vicaire s'approcha de moi. Je sentis sa présence et sursautai.

— Ne me touchez pas !

— Ce n'était pas mon intention.

Je pleurais à chaudes larmes, incapable de me retenir.

— Comptez-vous chanceuse que notre bon curé ne porte pas plainte.

— Pourquoi ?

— Pour cette tentative de vol.

Pas trop au fait de tout ce qui entourait la sexualité, sans être certaine de ce que j'avançais, je répliquai vivement :

— Vous devriez plutôt dire, pour cette tentative de viol. Il a tenté de me violer.

J'éclatai de nouveau en sanglots. Si le vicaire avait entretenu des doutes à propos de la scène à laquelle il avait assisté bien malgré lui, mes paroles venaient de les dissiper. Il ne savait quoi dire et se contenta de me suivre de loin. Rendu à la pension, il prévint grand-mère que le curé avait donné ordre que nous déguerpissions toutes les deux de la paroisse au plus vite. Sur ce, il repartit en direction du presbytère.

Grand-mère eut beau me questionner sur ce qui s'était produit, je demeurai muette.

— Me diras-tu enfin ce qui est arrivé et pourquoi tu n'as pas la croix ?

Sa question resta sans réponse.

— Pourquoi nous faut-il quitter la paroisse au plus vite ?

N'ayant pas plus de succès, elle se rendit bien compte que j'étais bouleversée et que j'avais beaucoup pleuré. Voyant qu'elle n'obtiendrait aucune explication de ma part, elle paya les frais de la pension, ramassa nos bagages et insista pour nous faire conduire jusqu'à l'église. La fermière ne voulut d'abord rien entendre. Puis, au bout de dix minutes, émue par le drame qui se déroulait sous ses yeux, elle fit atteler un cheval par un de ses fils et le chargea de nous reconduire. En route, nous fûmes interceptées par le vicaire venu remettre une missive à grand-mère. Elle fit arrêter le cheval, le temps de la lire. Puis, d'une voix défaite, elle demanda au conducteur :

— Menez-nous au quai !

Nous attendîmes en silence sous un abri, grand-mère assise au bout d'un banc et moi à l'autre extrémité. Nous n'osions pas nous regarder.

Après plus de deux heures d'attente, une goélette accosta. Elle filait jusqu'à Québec avant de poursuivre sa route vers Montréal. Le capitaine accepta de nous prendre à son bord. Grand-mère s'avisa que l'argent qu'elle m'avait confié et qu'elle destinait au curé en remerciement pour la croix de tempérance pouvait servir à payer le coût de notre passage. Grand-mère me l'arracha des mains, après quoi elle exigea du capitaine qu'il m'enferme dans une cabine pour toute la durée du trajet.

La goélette toucha Québec à la tombée de la nuit. Grand-mère insista pour descendre.

— Je coucherai à l'auberge.

— Vous pourriez dormir à bord, l'informa le capitaine.

— Jamais près d'une démone, grogna-t-elle.

Le lendemain, la goélette reprit sa route vers Montréal. Grand-mère accepta qu'on me donne un peu d'eau et de nourriture, puis elle demanda au capitaine de nous faire descendre au quai de Longueuil.

Arrivées à destination, un matelot me fit sortir de ma cabine. Grand-mère me poussa devant elle sans ménagement. Après avoir mis pied à terre, nous nous rendîmes à la première auberge venue où, là encore, elle m'enferma dans une chambre. Grand-mère se fit ensuite conduire en calèche jusqu'au couvent des Sœurs des Saints Noms de Jésus et de Marie.

Chapitre 12

L'entrevue

À mon insu, grand-mère avait entrepris depuis longtemps des démarches auprès de monseigneur Bourget, l'évêque de Montréal, pour me faire entrer dans une communauté religieuse. L'évêque, qui venait de fonder la communauté des Sœurs des Saints Noms de Jésus et de Marie, voyait là une occasion d'augmenter le nombre des postulantes. Il recommanda à la mère supérieure de m'accueillir dès que je me présenterais.

J'appris plus tard de la bouche même de la sœur portière que grand-mère avait frappé à la porte du couvent en demandant la mère supérieure. La religieuse s'était montrée quelque peu réticente à l'introduire auprès de sa supérieure dont l'horaire était fort chargé ce jour-là. Grand-mère s'obstinait, déclarant qu'elle l'attendrait jusqu'à la nuit s'il le fallait. Puis, se ravisant, elle vint me chercher, me poussant devant elle jusqu'au couvent où nous avons attendu patiemment l'arrivée de la révérende mère.

— J'ai rarement vu une femme aussi déterminée, me confia la sœur portière.

La supérieure ne revint qu'en début d'après-midi. Elle nous reçut sans tarder. C'était une femme assez grande, sèche, qui me regardait sans sourire. Chose étonnante, elle ne m'intimidait pas. Depuis le temps que des religieuses m'enseignaient, je m'étais faite aux manières de chacune. Je décidai donc de faire face. Elle commença :

— Que désirez-vous de moi ?

Grand-mère emprunta sa voix du dimanche :

— Révérende mère, à l'instigation de monseigneur l'évêque, j'ai déjà communiqué avec vous pour vous informer du désir de ma petite-fille de joindre votre communauté. Un événement imprévu m'incite à solliciter tout de suite votre aide afin que le rêve d'Henriette puisse se réaliser.

— De quel événement s'agit-il ?

Sans sourciller, grand-mère tira de son corsage la missive reçue des mains du vicaire à Kamouraska.

La sœur s'en empara. Sortant un lorgnon de sa manche, elle le porta à son œil droit et s'empressa de lire à voix haute.

Madame,

Votre petite-fille a commis une faute grave à mon égard. Je la lui pardonne volontiers, l'attribuant à sa jeunesse et à son inexpérience. Je serais en droit de porter plainte pour cet acte pouvant certes être jugé comme une provocation de sa part. J'ose croire que ce n'était pas prémédité, et que c'est réellement en raison de la pluie, comme elle me l'a laissé entendre, le bas de sa robe étant mouillé, qu'elle l'a relevée en ma présence jusqu'à me faire voir ses cuisses. Je préfère penser qu'il ne s'agissait pas là d'un geste provocateur intentionnel et la charité chrétienne me dicte de ne pas intenter de poursuites.

Étant le prêtre que vous connaissez, permettez-moi, madame, de ne pas signer cette missive qui, si elle tombait entre les mains de personnes mal intentionnées, pourrait être interprétée de façon malveillante.

La sœur, les lèvres pincées, replia la lettre et me regarda avec des yeux accusateurs. Je me contraignis à ne pas baisser la tête. Se tournant brusquement vers grand-mère, elle s'enquit :

— Quel est le prêtre qui a écrit ces lignes ?

D'une voix ferme, grand-mère jura qu'elle s'était engagée à ne pas dévoiler son nom. La religieuse s'adressa à moi :

— Je vois que votre grand-mère est une femme déterminée et j'aime les personnes qui le sont. Entre nous, ma fille, serait-il trop vous demander de me révéler le nom de l'homme qui a écrit ce mot ?

Voyant qu'elle attendait une réponse de ma part, je prétendis :

— Je ne peux malheureusement pas, car je me suis promis de ne pas le faire.

Comme pour justifier notre présence en ces lieux, grand-mère ajouta :

— Il s'agit d'un prêtre qui connaît la vocation d'Henriette. Il m'a encouragée à vous l'emmener ici afin qu'elle expie sa faute dans un milieu sain et puisse racheter dans la prière les tendances mauvaises qui peuvent l'habiter.

J'étais bien consciente que grand-mère inventait. Je n'eus pas le loisir d'intervenir, car la sœur m'apostropha :

— Est-ce exact ?

Je ne savais trop quoi répondre. Je risquai impertinemment :

— Il me semble, ma mère, qu'un couvent n'est pas nécessairement l'endroit idéal pour racheter ses fautes.

La sœur se redressa d'un coup et me répondit d'une voix cinglante :

— Au contraire ! C'est de cette façon que notre mère la sainte Église a toujours procédé envers les pécheurs et les pécheresses repentants. Je ne sais combien de jeunes hommes et de jeunes filles comme vous se sont retirés dans une communauté religieuse après avoir commis une faute grave !

— Peut-être bien, mais est-ce que ça me donnera la vocation pour autant ?

Une fois de plus, grand-mère répondit à ma place :

— Je vous assure, ma mère, que je ne connais pas d'enfant aussi pieuse et aussi intéressée aux affaires de Dieu depuis son tout jeune âge. Vous devriez la voir s'agenouiller et prier au pied du petit autel que j'ai fait construire pour elle, à sa demande, dans notre modeste demeure. Elle connaît par cœur la vie d'une multitude de saintes et de saints. Tout au long de ses années d'école, elle s'est fait un devoir de rendre service à ses compagnes comme le veut Notre-Seigneur Jésus-Christ. Combien de chapelets et de rosaires n'a-t-elle pas dits pour la conversion des pécheurs et notamment ceux qui, comme son père, sont des intempérants ?

— Parlant de vos parents, comment se fait-il que vous soyez à la charge de votre grand-mère et que ce ne soit pas votre mère ou votre père qui vous accompagne ici ?

— Ma mère est décédée il y a quelques années et mon père m'a laissée aux soins de ma grand-mère. Sans elle, je serais devenue une enfant de la rue.

— Ça n'explique pas pourquoi votre père vous a abandonnée. Vous aurait-il fait des propositions malsaines ?

Sa question me laissa pantoise. Que voulait-elle insinuer par là ? Je répondis vivement :

— Non, jamais ! Mon père est un homme bien.

Grand-mère allait encore mettre son grain de sel quand la religieuse lui coupa la parole.

— Laissons ! Comme votre grand-mère m'assure que vous êtes une enfant obéissante et pieuse, et qu'au cours de toutes ces années vous ne lui avez pas causé de soucis autres que celui dont elle vient de me faire part, je veux bien la croire. Malheureusement, je n'ai pas plus de temps à vous consacrer.

Elle mit fin à la conversation.

— Laissez-moi réfléchir à tout ça et revenez me voir demain. J'accéderai à votre demande si j'ai la ferme conviction que cette enfant regrette vivement et sincèrement son geste.

Voilà pourquoi je me retrouvai assise devant elle le lendemain, pendant que grand-mère attendait dans une pièce voisine.

Chapitre 13

L'entrée au couvent

La religieuse me toisait d'un œil sévère.

— Il paraît, commença-t-elle, que vous n'avez pas jugé bon de rapporter cet incident à votre grand-mère et que si ce prêtre ne lui avait pas fait remettre cette missive, elle n'en aurait jamais rien su. Est-ce exact ?

Je fis de la tête un signe affirmatif.

— Qu'est-il arrivé ? Puis-je le savoir ?

— Non !

La révérende mère se montra quelque peu irritée de mon obstination.

J'allais bientôt fêter mes dix-huit ans et en pénétrant à reculons entre ces murs, j'avais le net sentiment qu'on allait m'enfermer dans une prison. La mère supérieure ne laissait rien percer des sentiments qui l'habitaient, mais elle ajouta ce commentaire à mon intention :

— On a dû vous dire que vous êtes jolie. Sachez que ce n'est pas votre beauté physique qui importe, mais d'abord et avant tout celle de votre âme. J'ai relu la lettre de ce prêtre. Votre comportement à cette occasion ne parle pas en votre faveur. Avez-vous quelque chose à ajouter à ce sujet ?

Je ne répondis pas. Le simple rappel de cet événement malheureux me fit monter les larmes aux yeux et je ne pus les retenir.

— Je vois, mon enfant, enchaîna la révérende mère, qu'une très vive émotion vous étreint. Devons-nous attribuer ces larmes à vos remords d'avoir, par un geste malheureux, placé un prêtre dans une situation équivoque?

Je ne fus pas plus en mesure de répondre à cette question qu'à celle posée la veille. La religieuse n'insista pas. Elle choisit plutôt de s'avancer sur une voie différente.

— Votre grand-mère m'a dit que depuis votre enfance vous aspirez à la vie religieuse. Dieu est miséricordieux. Qui d'entre nous peut prétendre n'avoir jamais péché? Je crois, vu votre état, que vous gagneriez beaucoup à joindre nos rangs. Il n'y a pas d'endroit plus indiqué qu'un couvent pour racheter ses fautes passées et obtenir le pardon de Dieu. Vous me paraissez être la parfaite candidate au genre de vie qui est nôtre. Je pense que si tel est votre désir, nous pourrions vous accueillir dès aujourd'hui à notre postulat.

Quoi que je fasse ou dise, j'étais prise au piège. Si je racontais la tentative d'agression dont j'avais été victime, on me traiterait de menteuse. Si, par contre, je refusais d'entrer en communauté, je retomberais sous la coupe de grand-mère et je n'en pouvais plus de sa gouverne. Après ce que je venais de vivre, je me persuadai que je ne perdais rien à tenter ma chance chez les religieuses. Je me sentais honteuse et coupable de ce qui était arrivé à Kamouraska. Je finis donc par murmurer:

— Je me ferai religieuse.

À ces mots, un large sourire se dessina sur le visage de la mère supérieure. Elle fit appeler grand-mère qui s'empressa de déclarer:

— Ma révérende mère, je me porte garante de la dot de ma petite-fille. Soyez assurée que je serai généreuse.

Puisque j'étais enfin casée, grand-mère regagna Bécancour, heureuse de la tournure des événements et fière de m'avoir accueillie chez elle, car son rêve se réalisait à travers moi. J'allais devenir la religieuse qu'elle-même aurait voulu être.

Il se passa quelques semaines, puis je reçus une lettre de grand-mère dans laquelle perçait une vive déception.

Chère Henriette,

Tu te souviendras certainement quel est mon bonheur chaque fois que je reçois un exemplaire des Mélanges religieux. *Tu sais comme les nouvelles transmises par ce journal me font un bien énorme. On y rapporte les derniers miracles, les apparitions, les conversions miraculeuses. Pour ton édification, j'aimerais pouvoir te transmettre chaque fois toutes ces bonnes paroles. Mais voilà que dans le numéro qui m'est parvenu de ce matin, deux nouvelles m'ont fendu le cœur. L'une d'elles, en particulier, m'étonne et je tiens absolument à t'en parler de vive voix. Aussi, j'entreprends immédiatement des démarches afin d'avoir l'autorisation de te rendre visite bientôt pour échanger avec toi là-dessus.*

Ta grand-mère, inquiète

Je me demandais bien quelles nouvelles pouvaient la bouleverser de la sorte. J'attendis sa visite pour en apprendre davantage. Je supposais que sa lettre avait été lue par la supérieure, car elle avait été décachetée avant de m'être remise, comme toutes celles que nous recevions. C'est sans doute ce qui retarda sa visite. On ne l'autorisait pas à me voir. Au bout de deux mois, elle vint au parloir. Je la sentais nerveuse. Elle regardait de tous les côtés pour s'assurer que notre conversation n'était pas entendue.

— Le curé Chiniquy a été démis de ses fonctions. L'évêque de Québec a de nouveau osé s'attaquer à ce saint homme après l'avoir expédié de Beauport à Kamouraska, où il est devenu curé. J'ai remarqué que tout cela est arrivé très peu de temps après notre visite. Veux-tu confier à ta grand-mère ce qui s'est passé au juste entre lui et toi ? Lui as-tu jeté un mauvais sort ?

Avait-elle des doutes sur le comportement de l'abbé ? Je ne le pensai pas une seconde. S'il y avait quelqu'un de fautif là-dedans, ça ne pouvait être que moi. Je résolus de ne rien révéler.

— Je ne suis pas une sorcière pour jeter des mauvais sorts. Si monseigneur a jugé bon de lui enlever sa cure, il doit avoir ses raisons.

Je vis quand même grand-mère esquisser un sourire, ce qui lui arrivait rarement.

— Tu ne me demandes pas ce qu'il est devenu ?

— Il aura été nommé curé ailleurs.

— Non. Détrompe-toi. Il a décidé d'entrer chez les pères oblats. Tu seras certainement heureuse d'apprendre qu'il vit non loin d'ici, à Longueuil. Peut-être auras-tu la chance de le revoir et de te réconcilier avec lui.

Je ne pouvais pas croire qu'elle avait fait le voyage depuis Bécancour uniquement pour m'apprendre ça. Elle commenta :

— Tu vois, il y a toujours un revers à une médaille et comme on dit, à quelque chose malheur est bon. Dieu a voulu que la nouvelle vocation de ce saint homme le rapproche de toi.

Je croyais bien qu'elle en avait fini de ses confidences, mais non. C'est avec une grande tristesse dans la voix qu'elle m'annonça une chose inconcevable pour elle et qui lui avait causé une peine extrême : le vent avait renversé la croix au sommet du mont Saint-Hilaire !

Chapitre 14

Postulante

Du jour au lendemain, sans même avoir eu le temps d'y penser vraiment, par la seule volonté de grand-mère, je me retrouvais postulante chez ces religieuses dont la communauté était toute nouvelle. Il est vrai qu'en franchissant le seuil de cette maison de prières, je m'assurais de vivre sous un bon toit et n'avais plus à me préoccuper de mon pain quotidien. Cependant, comme c'était mon lot depuis l'enfance, c'était ma vie même qu'on me contraignait à mettre entre les mains de quelqu'un d'autre. Et ces mains étaient celles de la maîtresse des postulantes, mère Marie-De-La-Sainte-Agonie, une femme sèche et rigoureuse pour qui la vie n'avait jamais dû être autre chose qu'une longue pénitence.

Pas une seule fois, en cette année de postulat, je la vis sourire. Elle nous faisait marcher, mes trois compagnes et moi, au doigt et à l'œil. Sous sa férule, notre futur vœu d'obéissance ne souffrirait certainement d'aucun accroc. Elle appliquait à la lettre la règle de la communauté dont elle ne se privait pas de commenter plusieurs passages.

— Au couvent, ne vous attendez pas à mener une vie tranquille. Vous devrez combattre sans cesse afin de vivre constamment dans la dépendance de Jésus-Christ. Déjà, vous ne vous appartenez plus. Dieu a tous les droits sur vous. Vous êtes maintenant ses enfants, occupées à l'aimer à travers vos sœurs en toutes circonstances et à travers les plus jeunes auxquels vous enseignerez.

« Voici trois mots d'ordre que sous aucun prétexte vous ne devrez jamais oublier.

« Tout d'abord, vous mènerez votre travail dans le calme et le silence, car Dieu ne communique son message et ne donne la force de le suivre que dans le silence.

« Ensuite, vous devrez faire entièrement confiance à notre mère supérieure, celle qui prend la place de Dieu auprès de nous toutes. Vous lui devrez obéissance, car c'est elle qui se portera garante de votre vocation.

« Finalement, puisque vous vous êtes retirées du monde, il ne doit plus faire partie de vos préoccupations, sinon dans vos prières, afin d'opposer par elles les forces du bien à celles du mal. »

Ces recommandations nous dictaient la conduite à adopter pour devenir de vraies saintes en nous abaissant sans arrêt au point de ne plus nous reconnaître nous-mêmes. Que d'humilité et d'abnégation ne fallait-il pas démontrer pour accepter sans rechigner d'être réprimandée devant les autres pour des petits riens ! Le but, toujours le même, consistait à nous transformer en femmes soumises, prêtes à obtempérer aveuglément aux ordres de nos supérieures. À cette obéissance inconditionnelle, il fallait ajouter la pauvreté totale, car rien ne nous appartenait, et enfin, nous devions renoncer à tout plaisir charnel par un vœu d'absolue chasteté.

Ce que j'appréhendais le plus était la coulpe. Avant le repas, nous devions à tour de rôle, à genoux, nous accuser devant toute la communauté d'une faute quelconque commise au cours de la journée. Allais-je avouer les mêmes incartades que celles de mes compagnes? Je cherchais à être originale. J'avouais avoir mal rangé la vaisselle, m'être montrée distraite durant la messe, avoir osé chuchoter pendant une période de silence, avoir par ma gaucherie et ma négligence été cause de distractions en échappant mon livre de prières, m'être rebiffée à la pensée de devoir réciter le rosaire à l'intérieur alors qu'il faisait si beau dans le jardin, avoir répliqué par esprit d'orgueil aux reproches justifiés qu'une consœur m'adressait.

J'inventais ainsi chaque jour un manquement différent, m'efforçant de la sorte d'être toujours en éveil et de ne pas me complaire dans la répétition, au contraire de mes consœurs qui s'accusaient quotidiennement des mêmes peccadilles. La maîtresse des postulantes s'en rendit compte et voulut me donner une bonne leçon.

— Ma sœur, vous nous inventez chaque jour une faute nouvelle. Je me pose beaucoup de questions au sujet de votre sincérité. Sachez que la coulpe ne doit pas être considérée comme un jeu ni une pièce de théâtre. C'est un moment privilégié de la journée où vous reconnaissez devant vos consœurs que vous n'êtes, comme nous toutes d'ailleurs, qu'une pécheresse. Un trop grand orgueil vous pousse à refuser d'avouer des fautes similaires à celles des autres. Aussi, pour vous rappeler votre condition de pécheresse, et pour racheter ces péchés d'orgueil que vous commettez à répétition, vous devrez quêter votre repas ce midi.

À la fin de la coulpe, mes compagnes regagnèrent leurs places à table, sauf moi qui restai à genoux au milieu du réfectoire, tenant à la main l'assiette que la maîtresse des postulantes venait de me remettre en me précisant:

— Vous quêterez votre repas à genoux.

— Je m'en passerai, chuchotai-je.

— Non pas! Faites ce que je vous dis.

J'attendis que mes consœurs et les autres religieuses soient servies et pendant que l'une d'entre elles lisait la vie d'un saint, je me traînai à genoux en quête de mon repas, recevant de l'une un petit morceau de salade, de l'autre quelques pois, d'une troisième un morceau de poulet, d'une quatrième un peu de patates, d'une cinquième un soupçon de sauce. Puis, à genoux devant ma place à table, je m'efforçai d'avaler ce dîner si chèrement gagné. Je tâchai de ne rien laisser paraître de mes émotions, mais je bouillais en dedans et j'aurais voulu lancer mon assiette à la figure de la mère supérieure. Quand je pris conscience des vrais sentiments qui m'habitaient, je me demandai: «Mais qu'est-ce que je fais donc ici?»

Chapitre 15

Sœur Sainte-Claire

La mère supérieure avait travaillé d'arrache-pied à la fondation de notre communauté, qu'elle destinait à l'éducation des enfants. Le couvent accueillait des dizaines de jeunes filles à qui nous devions nous vouer corps et âme. Tout allait pour le mieux, jusqu'au jour où notre protecteur, le curé Brassard, accueillit chez lui nul autre que l'abbé Chiniquy, tout frais sorti du noviciat des oblats.

Avant ce jour, notre mère supérieure était parvenue à tenir l'abbé Chiniquy loin de notre couvent. Elle n'aimait pas ce prêtre qu'elle jugeait trop zélé. Dès qu'il se retrouva au presbytère de Longueuil, il voulut prendre en main la bonne marche du couvent. Notre supérieure lui tint tête.

À ce moment-là, nous étions quatre à avoir terminé notre noviciat. Le temps était venu de prononcer nos vœux. Or, l'abbé Chiniquy tenait à présider la cérémonie. Fort heureusement, la révérende mère s'y opposa fermement. Ce serait le curé Brassard qui célébrerait.

L'événement eut lieu en présence de parents et d'amis. J'espérais y voir mon père. Il ne vint pas. Par contre, grand-mère ne fut pas seule à se présenter à la cérémonie par laquelle je devenais sœur Sainte-Claire. En effet, je fus contente de retrouver ma cousine Eulalie au parloir en compagnie de grand-mère, qui voulait rencontrer la supérieure. Profitant de ce qu'elle était partie à sa recherche, nous pûmes discuter tranquillement en tête à tête.

— Quelle belle surprise ! dis-je. Qui t'a prévenue ?

— Ton père. Il s'est souvenu que j'étais ta cousine préférée.

— J'espérais le voir.

— Ta grand-mère s'y est opposée.

— Comment se porte-t-il ?

— Très bien, à ce que je sache.

— Et toi, Eulalie, que deviens-tu ?

— Je travaille à Montréal dans une usine de chaussures. Je vis en appartement, rue Panet, avec une amie. Une chance que nous partageons les frais du loyer, sinon jamais je ne pourrais habiter à cet endroit. Il me faudrait songer à vivre du côté du village de La Tannerie. Oh ! Pendant que j'y pense, tiens, je t'ai écrit mon adresse. J'aimerais bien ça que tu me donnes de tes nouvelles de temps à autre, si jamais tu as l'autorisation d'écrire.

— Je le ferai volontiers. Je serai un peu plus libre maintenant que je ne suis plus novice. Tu sais que je dois commencer à enseigner sous peu.

Notre conversation fut interrompue par le retour de grand-mère.

— Je croyais voir mon père aujourd'hui, dis-je.

— Cet homme n'était pas digne de voir sa fille devenir une servante du Seigneur.

— C'est vous qui en avez décidé ainsi, grand-mère. N'empêche qu'il est mon père et que j'aurais aimé qu'il soit là...

Mes regrets n'y changèrent rien.

L'année scolaire débuta et je fis mes premières armes comme enseignante. Je ne mis guère de temps à constater que je n'étais pas du tout à ma place. J'aimais bien les enfants et leur enseigner me comblait de joie, mais la vie religieuse me pesait de plus en plus chaque jour. Surtout l'obéissance à laquelle nous étions tenues et qui nous forçait à n'utiliser que certains livres approuvés par l'Église, alors que d'autres auraient constitué un choix beaucoup plus judicieux. Au bout d'un mois à peine, je fus persuadée qu'en prononçant mes vœux, j'avais commis une grave erreur. De plus, un danger me menaçait chaque jour, celui de me retrouver nez à nez avec l'abbé Chiniquy. Jusque-là, j'étais parvenue à l'éviter. Il se promenait librement dans la paroisse et tournait souvent autour du couvent, même si la mère supérieure lui en avait interdit l'accès. Le simple nom de cet homme me donnait la chair de poule.

Par le plus malheureux des hasards, je résidais dans la même ville que cet individu dont j'avais horreur. Savait-il que j'habitais à quelques pas à peine du presbytère où il logeait ? Qu'arriverait-il si jamais je le rencontrais ? Comment réagirait-il ? Je n'osais même pas imaginer la situation. Toujours sur le qui-vive, je me sentais à bout. Je ne me plaisais pas chez les sœurs et je n'en pouvais plus de ressentir cette crainte.

Malgré le scandale dont je serais la cause, je songeai sérieusement à quitter la communauté. Grand-mère me fermerait sûrement sa porte à tout jamais. Que deviendrais-je alors ? En ressassant tout ça, je pris conscience que depuis mon enfance je m'étais sans cesse laissé mener par le bout du nez, ne prenant jamais moi-même une décision. Je voyais enfin clairement dans quel piège tout cela m'avait conduite.

Ce fut soudain comme si les nuages qui obscurcissaient ma pensée avaient fait place à une vive lumière. Je compris pourquoi on avait tant tenu à changer ma personnalité jusqu'à m'infliger un nouveau nom, de nouveaux habits, une nouvelle façon d'être. Chaque minute de mon existence était à ce point remplie que je ne pouvais pas vraiment réfléchir à ce que je vivais et on espérait que, la routine aidant, je finisse par accepter mon sort. Ce piège, j'y étais tombée bien malgré moi à cause de mon inexpérience. Toutefois, il me restait encore assez de lucidité et de force de caractère pour me tirer de ce pétrin.

Cette décision de quitter le couvent, qu'au fond je reportais depuis près de deux ans, on me la ferait payer chèrement. Sans un sou en poche, je devrais rapidement me trouver un nouveau toit et de quoi assurer ma subsistance. Je priai, réfléchis longuement, calculai, hésitai, puis un événement vint précipiter les choses.

Chapitre 16

La fuite

Une de mes compagnes, au comble de la joie, m'apprit au cours d'une récréation que le grand apôtre de la tempérance, l'abbé Chiniquy, se proposait de nous rendre visite sous peu malgré l'opposition de notre mère supérieure.

— J'ai tellement hâte de rencontrer ce saint homme! s'exclama-t-elle.

Je blêmis, me sentis mal et me précipitai chez la mère supérieure pour lui révéler mon intention de quitter la communauté au plus tôt. La révérende mère réagit avec vigueur.

— Ma sœur, en avez-vous vraiment pesé le pour et le contre? Vous venez à peine de prononcer vos vœux et vous songez à nous quitter?

— C'est on ne peut plus réfléchi, ma mère. Je ne suis pas heureuse ici et je ne pourrai jamais répondre aux exigences de la vie communautaire.

— Avez-vous pensé que derrière cette décision se cache peut-être le malin?

— Satan n'a rien à voir là-dedans.

— Qui vous l'assure? Il connaît plusieurs ruses pour nous détourner du vrai chemin, celui de Dieu. Parfois, il se présente sous la forme d'une épreuve que nous ne voulons pas subir. Ne serait-ce pas la raison de votre émoi?

— Non. J'ai compris il y a longtemps au fond que je n'avais pas la vocation. J'ai attendu d'être certaine que je n'étais pas la proie du démon avant d'en parler. Quand est venu le temps de prononcer mes vœux, je n'ai pas eu le courage de dire non. Aujourd'hui, je n'ai d'autre choix que de partir.

Aucun des arguments de la mère supérieure ne parvint à infléchir ma volonté.

— Vous ne pouvez pas quitter nos rangs du jour au lendemain comme une criminelle en fuite. Nous procéderons à une petite enquête afin de bien nous assurer que nous ne commettons pas une erreur en vous laissant partir. Durant cette période, je vous recommande de prier sans cesse afin que tombent sur vous les lumières divines. Elles sauront vous indiquer la meilleure voie à suivre pour le salut de votre âme. Et si votre intention est toujours d'abandonner le voile, nous aviserons qui de droit de votre décision.

— Vous allez prévenir ma grand-mère ?

— Il le faudra bien. Sans doute viendra-t-elle vous chercher, elle qui a su si bien veiller sur vous.

L'enquête menée sur moi ne me fit pas broncher. Je ne possédais rien. J'allais quitter le couvent uniquement avec les vêtements que je portais quand j'y étais entrée. Je ne pouvais communiquer ni avec mon père ni avec qui que ce soit en dehors de ma grand-mère. De toute façon, si je tentais d'écrire à quelqu'un d'autre, ma lettre risquait d'être interceptée par la supérieure et sans doute jamais expédiée. Comme je ne voulais pas écrire à ma grand-mère, je me demandais ce que j'allais devenir sans un sou vaillant, une fois hors de ce lieu.

J'en étais là de mes réflexions quand l'abbé Chiniquy se présenta au couvent, insistant pour saluer chacune des religieuses. Les sœurs se précipitèrent à sa rencontre. C'était un immense honneur d'avoir un saint homme sous notre toit. On remarqua soudain que je n'étais pas au rendez-vous. On me chercha vainement. Quand l'abbé fut parti, je réapparus tremblante et blême comme la mort.

— Qu'avez-vous, ma sœur? Où étiez-vous? Vous avez manqué cette visite exceptionnelle.

Voyant ma pâleur, la mère supérieure s'enquit:

— Vous êtes malade?

— En effet, je ne me sens pas bien. Je crois que je vais regagner ma chambre.

Je ne la quittai plus que pour aller prendre l'air au jardin. Je m'étais souvenue que ma cousine Eulalie m'avait laissé son adresse. Je décidai de lui écrire pour l'informer que je quitterais le couvent sous peu pour retourner dans le monde. Je comptais désespérément sur elle pour m'accueillir, le temps que je me déniche un emploi.

La mère supérieure ne devait sous aucun prétexte mettre la main sur ma lettre. Comment l'expédier? Une consœur devait m'accompagner dans mes moindres sorties...

Tous les jours ou presque, des enfants, des garçons surtout, venaient jouer autour du couvent. Il leur arrivait fréquemment de pousser la hardiesse jusqu'à grimper sur la clôture de pierre entourant le jardin pour nous épier. Quand l'une d'entre nous les découvrait, ils s'enfuyaient en poussant des cris de joie. Ils prenaient plaisir à nous défier, même si ce n'était là que des jeux de gamins espiègles.

J'avais remarqué que l'un d'entre eux mettait beaucoup plus de temps que les autres à quitter son poste d'observation. C'est à lui que je confiai la lettre destinée à ma cousine. Tenant une pomme à la main, je m'approchai, faisant mine de ne pas l'avoir aperçu et lui demandai sans lever la tête:

— Pourrais-tu porter une lettre à la poste ?

Sans doute heureux de se rendre utile, le garçon répondit :

— Certainement, ma sœur !

— Voilà pour ta récompense.

À bout de bras, je lui tendis la pomme et la lettre. Le garçon disparut en criant :

— Ce sera fait, ma sœur.

Quelques jours plus tard, la mère supérieure m'avisa que la lettre m'autorisant à me démettre de mes vœux était arrivée. Grand-mère avait été prévenue et ne tarderait pas à venir me chercher.

— Ce n'était pas la peine de la déranger, je suis assez grande pour me débrouiller sans elle.

— Vous devrez cependant l'attendre.

— Cela ne m'empêche pas de signer mon bref de laïcisation.

La mère supérieure voulait, pour cette formalité, attendre l'arrivée de grand-mère. Je tins mon bout.

— Si vous ne me donnez pas cette lettre, je m'en passerai.

La révérende mère me la remit donc. Je la lus, et comme je m'apprêtais à la signer, elle y alla d'une dernière tentative pour me retenir.

— Sœur Sainte-Claire, savez-vous que vous signez là votre passeport pour l'enfer ?

Retrouvant soudainement un peu de mon ancienne personnalité, je lui répondis :

— Qui vous l'assure ? Le diable ?

Je signai sans broncher et c'est ainsi qu'en ce début d'automne 1848, le cœur léger, je quittai le couvent de Longueuil.

Chapitre 17

Libre, mais démunie

Je me retournai et fermai doucement derrière moi la lourde porte de bois. Je pris une longue inspiration et, au comble du bonheur, j'éclatai de rire. Me penchant, je saisis par la poignée la petite valise où j'avais rangé mes maigres biens et je partis d'un bon pas. Je longeai les murs du couvent et remontai la rue menant vers le centre du village.

Les paroles de la révérende mère supérieure résonnaient encore à mes oreilles: «Ma sœur, vous savez qu'en choisissant de vous éloigner de la sorte de ce lieu béni, vous vous jetez littéralement dans la gueule du loup. Vous aviez quitté le monde et fait le vœu de ne pas y retourner. Vous êtes revenue sur votre décision. Vous courez directement à votre perte. Je vous le répète, vous avez signé votre passeport pour l'enfer.» Le simple fait de me remémorer ces paroles me conforta dans ma décision.

Au bout de la rue, je me retournai une dernière fois afin de graver dans ma mémoire ce couvent où j'avais vécu enfermée près de deux ans. «C'est bien vrai, dis-je à haute voix, je quitte enfin ma prison.» Je repris une grande goulée d'air. «Le monde ne sent pas aussi mauvais qu'on nous le répétait entre ces quatre murs», ajoutai-je, enjouée.

Toute à l'euphorie de ma liberté nouvelle, j'en oubliais ma situation. Je ne possédais rien, n'avais pas un sou, pas d'emploi et n'étais pas assurée de passer cette première nuit sous un toit. Pourtant, je me sentais libre comme l'air que je respirais. Je me dirigeai paisiblement vers le fleuve, comptant sur une âme charitable qui me permettrait de traverser à Montréal. Soudain, à l'autre bout de la rue, je reconnus la silhouette d'un prêtre. Ne faisant ni une ni deux, je courus me réfugier derrière la maison la plus proche, n'osant pas me montrer, m'avançant de temps à autre afin de voir si le prêtre était toujours là et me répétant sans trop y croire: «Est-ce que je deviens folle? Moi, une ancienne religieuse, je crains maintenant les prêtres?» Je sursautai quand une voix sévère se fit entendre dans mon dos:

— De qui ou de quoi voulez-vous vous cacher, mademoiselle?

Je me retournai. L'homme à qui je faisais face me regardait durement, comme s'il voyait en moi une criminelle.

— Je... je viens m'enquérir de... quelle façon je pourrais traverser à Montréal, bégayai-je.

— Ce n'est pas en vous cachant derrière une maison que vous allez l'apprendre. Vous n'avez pas l'âme en paix, mademoiselle, ça se voit. Mais si c'est bien ce que vous cherchez, suivez-moi, je vais vous conduire au vapeur qui sert de traversier.

L'homme s'empara de ma valise. Je voulus la retenir.

— Laissez-moi la porter, mademoiselle, elle est sans doute lourde pour vous, mais pour moi, ce n'est qu'une plume.

— C'est tout ce que je possède, insistai-je. Voilà pourquoi j'y tiens.

— Craignez-vous que je me sauve avec? Je ne mets pas de linge de femme.

Je le suivis jusqu'à la rue. Comme nous y parvenions, l'ecclésiastique que j'avais aperçu arrivait à notre hauteur. Il nous salua et allait visiblement s'intéresser à moi quand je pris mes jambes à mon cou pour courir en direction du fleuve. L'homme qui m'accompagnait me cria :

— Holà ! Pas si vite, il n'y a pas le feu.

Je m'arrêtai, essoufflée, et il me rejoignit.

— Qu'avez-vous, mademoiselle ? On dirait que vous venez d'apercevoir un fantôme.

— Dites plutôt le diable en personne.

Il me regarda de plus près et se mit à rire aux éclats.

— Vous ne vous voyez pas, mademoiselle ! Voyons, ce n'est que l'abbé Chiniquy. Il vous a vraiment fait peur ? Pourtant, il ne mange pas les gens. Vous êtes encore toute blême. Vous n'avez certainement pas l'âme en paix pour être troublée de la sorte.

Je ne répondis pas et tendis le bras pour reprendre mes biens, mais l'homme s'interposa. Il saisit ma valise qu'il avait déposée dans la rue et me fit signe de le suivre.

— Amenez-vous si vous ne voulez pas manquer le bateau de dix heures.

— Je ne pourrai pas le prendre de toute façon, je n'ai pas un sou vaillant.

— Pas un sou ? D'où sortez-vous ?

— De chez les sœurs.

Il s'arrêta net et, me dévisageant, il s'exclama :

— Vous sortez vraiment de chez les sœurs ? Eh bien ! De ma vie, vous êtes la première que je vois le jour même où elle quitte le couvent. J'en connais, des comme vous, qui ont laissé le voile. Sauf que je l'ai su longtemps après. Vous, c'est tout frais pondu comme un œuf. Si vous étiez un homme, je vous offrirais un verre, mais comme vous n'êtes qu'une petite demoiselle, fort jolie à part ça, je vais vous permettre de célébrer autrement, puisque vous êtes sans doute heureuse en ce moment. Je vais payer moi-même votre traversée à Montréal.

Il me conduisit jusqu'au bateau, m'acheta un billet et monta avec moi à bord pour y porter ma valise. Au signal du départ, il m'emmena voir le capitaine à qui il dit le plus sérieusement du monde :

— Prenez-en bien soin, elle sort tout juste de chez les bonnes sœurs.

Les deux hommes me regardèrent et rirent un peu. En descendant la passerelle, mon bon Samaritain se tourna vers moi une dernière fois et, me saluant de la main, il cria :

— Bonne chance et bonne vie !

Chapitre 18

Dans la grande ville

Parti de Longueuil, le vapeur accosta dans le port de Montréal au quai du marché Bonsecours. Tout au long de la traversée, je me tins près de l'étrave, regardant se profiler la ville entière au fur et à mesure que le navire avançait. Je ne comptai pas moins de trente clochers, les deux tours de l'église Notre-Dame les dominant tous. Je n'en croyais pas mes yeux. J'avais devant moi une ville de cinquante mille habitants et je n'y connaissais qu'une seule personne.

Dès que je fus en bas de la passerelle, je mesurai à quel point je ne savais rien de Montréal. J'ignorais totalement où j'étais, perdue au milieu du marché, presque effrayée de me retrouver soudain parmi tant de monde, étourdie par les cris des vendeurs et le va-et-vient des passants. Je me demandais quelle direction prendre quand, apercevant une vieille dame, j'eus recours à son aide. Je tenais à la main le papier sur lequel ma cousine Eulalie avait écrit son adresse.

—Je m'en vais rue Panet, dis-je. Vous pouvez m'indiquer comment m'y rendre?

—Ma pauvre p'tite dame... La rue Panet, ça me dit de quoi... La rue Panet... J'ai déjà su, mais ça ne me revient pas.

— Tout ce que je sais, comme c'est indiqué sur mon papier, c'est que ça se trouve près de la ferme Logan, l'informai-je.

— Si c'est dans le bout de la ferme Logan comme vous dites, ce n'est pas tout à côté. Avec votre valise, vous ne sentirez plus vos bras avant d'être arrivée.

— Valise ou pas, il faut que je m'y rende.

— Bon ben, remontez le boulevard Saint-Laurent jusqu'à Sherbrooke. Une fois là, informez-vous mieux. La ferme Logan commence au coin de Rachel et ce n'est pas une p'tite ferme, j'vous en passe un papier. Pour une ferme, c'est toute une ferme. Y a des soldats qui font leur entraînement par là. Vous pourrez peut-être leur demander… La rue Panet… La rue Panet…

Sans doute pour se rendre plus utile, la femme continuait à se creuser les méninges. Je la remerciai et poursuivis mon chemin le long du boulevard. J'étais bien sûr soucieuse de trouver la rue Panet, mais je me demandais surtout si ma cousine serait chez elle. « Si elle n'y est pas, me disais-je, combien de temps devrai-je l'attendre ? »

Le soleil de ce matin d'automne se faisait de plus en plus chaleureux. Encore exaltée par ma liberté nouvelle, je ne sentais pas ma fatigue. Tout ce que je voyais m'intéressait. Je pris le temps de m'arrêter afin d'admirer un merle occupé à se nourrir d'un ver de terre. Je me réjouis du moindre chant d'oiseau et m'extasiai devant la plus petite fleur. Puis, tout en poursuivant ma route, mes pensées se reportèrent vers ma cousine Eulalie. Je me félicitais de l'idée que j'avais eue de confier ma lettre au jeune garçon afin de la prévenir de ma venue prochaine.

Le gamin s'était-il acquitté de sa mission ? Tout en marchant vers ma destination, je m'en inquiétais, me demandant aussi comment Eulalie m'accueillerait si jamais elle n'avait pas reçu mon message. Allait-elle quand même m'offrir son hospitalité ?

«J'ai bien fait, me dis-je, parce que si je lui avais écrit par les voies ordinaires, ma lettre n'aurait jamais atteint sa destination. Tant que nous faisons partie de la communauté, tout va, mais dès que nous décidons de la quitter, nous devenons une ennemie et ne comptons plus pour personne. À l'heure qu'il est, les religieuses doivent prier pour le salut de la pécheresse que je suis. J'ai vécu près de deux années avec elles, mais aucune d'entre elles n'est venue me souhaiter bonne chance avant mon départ. En auraient-elles seulement eu l'autorisation ? »

Ma valise à la main et perdue dans mes pensées, je cheminais péniblement sur le boulevard Saint-Laurent quand, du haut de sa charrette, un homme me cria :

— Vous allez où comme ça, mademoiselle ?

Je ne l'avais pas vu venir et sursautai avant de répondre :

— Rue Panet.

— Panet ? Vous savez où c'est ?

— Du côté de la ferme Logan.

— La ferme ? Elle est plus grande que mon chapeau, fit remarquer l'homme en riant. De quel côté de la ferme vous rendez-vous ?

— Je l'ignore. C'est la première fois que je vais par là et je ne connais rien de la ville.

— Montez toujours, je vous ferai faire un bout de chemin. On demandera plus loin.

Je ne me fis pas prier. Ma valise me paraissait de plus en plus lourde. Je m'assis donc aux côtés de cet inconnu. «Il s'est donné la peine de s'arrêter, songeai-je, il ne peut être qu'un homme bon et attentif aux autres. Il ne me fera pas de mal.»

Après que nous ayons roulé sur quelques centaines de pieds, l'homme me questionna :

— Vous venez d'où comme ça ?

— De chez les sœurs à Longueuil.

— De chez les sœurs ? Vous y étiez en visite ?

— J'en étais une jusqu'à ce matin.

Il se mit à rire. Je lui demandai aussitôt :

— Qu'est-ce qui vous rend si joyeux ?

— Ben quoi ! Ça me fait tout drôle. C'est la première fois que je me promène avec une sœur qui vient de partir de son couvent !

— Vous êtes le deuxième à me le dire depuis ce matin.

Sa réflexion me troubla profondément. « Voilà l'étiquette qui va désormais me coller à la peau, pensai-je : ancienne sœur. » Voyant qu'il m'avait quelque peu vexée, l'homme ajouta :

— Faut pas m'en vouloir, c'est pas quelque chose qui arrive tous les jours.

— À qui le dites-vous !

Sur ce, il arrêta son cheval.

— Nous v'là au coin de Sherbrooke, va falloir nous informer où est la rue Panet par rapport à icitte.

Il interpella trois personnes avant d'obtenir une réponse.

— La rue Panet se trouve de ce côté-ci de la ferme, c'est toujours bien ça de pris. Tu es chanceuse, ma petite, ou malchanceuse, c'est selon. Tu vas pouvoir rester avec le vieux bonhomme que je suis pour un p'tit bout sur Sherbrooke. Après, tu devras te débrouiller.

— Soyez sans crainte. Vous êtes déjà bien gentil de me conduire jusque-là.

Il me fit descendre un coin de rue plus loin.

— Tu vas trouver la rue Panet quelque part par là, le long de Sherbrooke. C'est tout de même ça de fait. Moi, je tourne icitte.

Je le remerciai vivement et je dirigeai tout naturellement mes pas vers la chapelle du Bon-Pasteur qui occupait le quadrilatère. Midi sonnait presque, je commençais à sentir la faim. Habituellement, à cette heure, je me retrouvais au réfectoire de la communauté. Mon estomac s'était fait à cet horaire, mais là je n'avais même pas un pauvre croûton à me mettre sous la dent. J'avais chaud et soif, et j'espérais trouver quelque part du côté de la sacristie un abreuvoir quelconque. Ma quête fut vaine, car la sacristie était fermée. C'était mieux ainsi, car ça m'aurait trop rappelé là-bas.

Je m'empressai de chasser de mon esprit ces images qui me blessaient toujours. Je m'attardai à admirer le sanctuaire orné de statues, puis je regagnai la rue et repris ma marche en direction de l'est. «Il y aura peut-être une fontaine du côté de la ferme», espérais-je sans trop de conviction. Il était inutile de songer à m'acheter un breuvage quelconque puisque je n'avais pas un sou pour le payer. «Tant que je faisais vœu de pauvreté, je ne manquais de rien, constatai-je. Là, je n'ai plus de vœu à respecter et je suis réellement pauvre, bien que riche comme jamais parce que libre.» Cette pensée m'arracha un sourire. Une femme que je croisai me dévisagea d'un drôle d'air. Je ne m'en formalisai pas. Je me disais que la liberté demeure la plus grande des richesses.

Je progressais lentement vers ma destination, la tête pleine de tout mon passé récent, et l'attention captée par tout ce que je découvrais sur mon chemin. Les maisons se faisaient plus nombreuses, tassées les unes contre les autres. J'avançais à grand-peine, traînant ma valise avec difficulté. Un jeune homme m'aborda.

— Mademoiselle ! Allez-vous encore bien loin avec votre fardeau ?

— Je vais rue Panet.

— Permettez que je vous aide, car ce n'est pas encore tout à côté et vous me semblez exténuée.

— Vous êtes trop bon de vous soucier de moi.

— Allons donc ! C'est la moindre des choses quand on a devant soi une si belle créature.

Je me sentis rougir jusqu'au bout des cheveux. Le jeune homme s'empara de ma valise. Je la repris.

— N'y aurait-il pas un banc quelque part où je pourrais me reposer quelques minutes ?

— Je n'en vois pas, mademoiselle. Nous pouvons nous asseoir sur les marches d'une des galeries voisines. Les occupants ne nous fusilleront pas pour ça.

Nous nous approchâmes de la première maison afin que je récupère tranquillement. Nous n'y étions que depuis quelques secondes quand une femme ouvrit la porte et demanda :

— Que faites-vous là ?

— Permettez qu'on se repose deux minutes, dit le jeune homme. Mademoiselle traîne une valise assez lourde et elle a besoin d'une pause.

La femme retourna à l'intérieur. Quelques instants plus tard, elle nous apporta un verre d'eau.

— Dieu vous le rendra, la remerciai-je.

Et je pensai : « Dieu est logé dans presque tout ce que nous formulons. »

— Encore un petit effort et vous y serez, m'encouragea le jeune homme après un certain temps. Puis-je savoir où vous allez, rue Panet ?

— Chez ma cousine Eulalie.

— Eulalie Lalonde ?

— Vous la connaissez ?

Il ouvrit de grands yeux et se mit à rire gaiement comme quelqu'un qui ne croit pas ce qui lui arrive.

— Eh bien ! Le monde est petit. C'est ma fiancée.

Je m'exclamai :

— Pas vrai ! Ça ne se peut pas.

Du coup, toutes mes appréhensions disparurent. Dix minutes plus tard, nous nous retrouvions devant le logis de ma cousine qui n'était pas chez elle.

— Elle ne devrait pas tarder, me rassura le jeune homme.

M'avisant que j'ignorais son nom, je le lui demandai.

— Hubert Lapointe, ami de cœur d'Eulalie depuis près d'un an. Vous êtes sans doute Henriette ?

— Comment le savez-vous ?

— Par la lettre qu'elle a reçue.

— Vous l'avez eue ! m'écriai-je, soulagée. L'enfant l'a donc postée. Il faut admettre qu'il était vraiment débrouillard. S'il était ici, je l'embrasserais.

J'y voyais un signe de la Providence !

Chapitre 19

Chez Eulalie

Mon arrivée chez ma cousine s'étant déroulée sous de bons augures, je pouvais légitimement espérer que la chance continuerait à me sourire.

Eulalie était une jeune femme attentive et affable. Elle me confia :

— Tu ne sais pas comme je suis heureuse de te venir en aide, toi, ma cousine préférée. Tu t'es enfin sortie de ton pétrin. Ça fait longtemps que je ne t'ai pas vue aussi détendue. Excuse-moi de te dire ça, mais ta grand-mère n'est pas du monde. Je me souviens très bien qu'elle avait réussi à faire fuir presque tout le village le jour de l'enterrement de ta mère.

— Je ne compte pas retourner à Bécancour.

— Justement. Il va te falloir gagner ta vie.

— Ne crains rien, je ne suis pas venue ici pour vivre à tes crochets. Donne-moi un jour ou deux et je me serai trouvé un travail.

— Que comptes-tu faire ?

— N'importe quoi ! L'idéal serait de me dénicher un poste d'institutrice. Seulement, à ce temps-ci de l'année, il ne faut guère y compter. Je prendrai ce qui se présentera.

— Il y a toujours un hôtel ou une auberge qui cherche des femmes de chambre. Ça peut te dépanner même si ce n'est pas payant. Comme tu le sais, je ne vis pas seule ici. Ces jours-ci, ma colocataire est dans sa famille pour une mortalité. Ça tombe à pic. Par contre, dès son retour, il n'y aura plus de lit pour toi…

Je me fis rassurante.

— Avant qu'elle ne revienne, je serai casée.

Cette première soirée en compagnie de ma cousine et de son fiancé fut faite de rires et d'évocations du passé. J'en avais long à raconter. Hubert me conseilla de me rendre à un petit hôtel à proximité, rue Sainte-Catherine.

— Dernièrement, ils cherchaient une femme de chambre, m'apprit-il.

Je suivis son conseil. Ma démarche ne fut pas vaine, car le patron de l'hôtel m'engagea. Le salaire était dérisoire. Toutefois, les repas durant mes heures de travail, c'est-à-dire le déjeuner et le dîner, étaient fournis. Il me prévint que je devrais arriver à l'hôtel à six heures et demie sans faute, prête à faire les chambres des clients qui partaient tôt. Il me faudrait déjeuner en vitesse à la moindre minute de libre, puis mon travail redoublerait au fur et à mesure des départs. Souvent, je devais en être consciente, il serait près de deux heures et je n'aurais pas encore dîné. Ce serait là ma routine quotidienne, jour après jour, sept jours sur sept.

Obligée de me trouver une chambre afin de libérer celle qu'Eulalie me prêtait si gentiment, j'arpentai les environs deux fins d'après-midi de suite, sans succès. En désespoir de cause, je consultai mon patron à ce sujet.

— Une chambre dans les environs ? Pourquoi ? Tu pourrais tout aussi bien coucher ici. Il y a toujours une ou deux chambres de libres dans l'hôtel. Je te ferai un bon prix que je déduirai sur ta paye de la semaine.

J'étais méfiante. J'hésitai avant d'accepter cette offre, me disant qu'il valait la peine de continuer mes recherches. Je dus néanmoins y souscrire, car le soir même, la colocataire d'Eulalie était revenue.

Il n'y avait pas deux soirs que je couchais à l'hôtel, lorsque je reçus la visite de mon patron en pleine nuit. Il possédait un double des clés de chaque chambre et n'eut donc pas de difficulté à s'introduire dans la mienne. Réveillée en sursaut alors qu'il se jetait sur moi, je hurlai si fort et me débattis avec tant de vigueur que tout l'hôtel fut réveillé. Des gens se précipitèrent vers ma chambre, mais le patron leur dit que tout allait bien. Pendant ce temps, je récupérai mes effets et en remplis ma valise en vitesse. N'ayant pas eu ce qu'il était venu chercher, le patron me mit à la porte en pleine nuit. J'errai un moment sur la rue Sainte-Catherine, ne sachant de quel côté aller, et je finis ma nuit assise par terre, adossée à la clôture d'un jardin donnant sur une maison privée. Au petit matin, un passant vint me donner une obole. Un chien s'approcha, sentit ma valise et pissa dessus. J'arrachai quelques mauvaises herbes et m'en servis comme d'un chiffon pour réparer les dégâts. Ne sachant plus où aller, je retournai chez ma cousine. Sur le point de partir travailler, Eulalie ne put m'écouter longtemps, mais Hubert, venu la chercher, me donna de nouveau un bon conseil.

— Va du côté du marché Bonsecours. Il y a toujours de quoi y gagner quelques sous.

Laissant mes effets chez ma cousine, je descendis par la rue Sherbrooke et la rue Saint-Denis jusqu'au marché. Quand j'y parvins, je m'arrêtai un peu afin de m'habituer au va-et-vient des passants, aux cris des marchandes de fleurs et des vendeurs de journaux. Je me sentais perdue. Puis, prenant mon courage à deux mains, je fonçai parmi les badauds afin de me donner une bonne idée de ce qu'on trouvait à cet endroit. Je fus d'abord impressionnée par les étalages de viande: des porcs entiers suspendus à des crochets, des quartiers de bœuf, des gigots d'agneau, des jambons, des tresses de saucisses et de boudins. Je ne fus pas moins surprise des bacs où reposaient sur de la glace des poissons dont les yeux exorbités avaient l'air de suivre du regard les passants. Je salivai quand les arômes des pains frais m'atteignirent et je fus bien près de me laisser tenter par un morceau de fromage.

Tout près, des montagnes de carottes, de navets, de betteraves et de pommes de terre me laissèrent sidérée. Je n'aurais jamais pensé qu'un marché puisse offrir tant de légumes. Tout cet étalage de nourriture me donnait faim. Je ne voulais pas gaspiller le peu de sous que j'avais gagnés et je continuai ma tournée, trop gênée pour m'informer si quelqu'un avait du travail pour moi. L'avant-midi y passa, puis un bon bout de l'après-midi et je désespérais de me trouver un toit pour la nuit. La faim m'attira à un étal de fruits et légumes. Je décidai de m'acheter une pomme.

La femme à qui je m'adressai m'examina avec tellement d'intérêt que je me demandai si quelque chose clochait dans mon habillement.

— C'est bien la première fois que je vous vois, ne put s'empêcher de lancer cette femme imposante, dont le fichu rouge attirait l'attention comme un drapeau.

— Il ne faut pas vous en étonner, je viens au marché pour la première fois.

— Vous n'êtes donc pas d'ici, mademoiselle... qui, d'abord?

— Henriette Vachon.

— Vous venez d'où comme ça?

— De Bécancour.

— Ah créyé! J'ai d'la parenté par là. Vous devez ben connaître Hormidas Lacouline. C'est un cousin à moi.

— J'ai bien peur de vous décevoir, mais je n'ai pas ce plaisir.

— Ça s'rait peut-être pas un si grand plaisir après tout. Oups!

La femme venait d'échapper la pomme qu'elle s'apprêtait à me vendre. Elle roula jusque sous une petite table sur laquelle étaient disposées quelques tresses d'ail. Elle se pencha de peine et de misère pour la récupérer, sans succès. Je la ramassai et voulus la lui payer.

— Mangez-la à ma santé, ma p'tite dame. Je ne vends que des fruits qui ne sont pas mâchés. Vous êtes si maigre qu'on dirait ben que vous faites jeûne constamment. Mais vous êtes jeune, ça se voit. À votre parler, je dirais que vous n'êtes pas de la campagne. Vous me semblez bien élevée. Que faites-vous dans la vie? Seriez-vous par hasard à la recherche d'un travail?

Je souris. Ne voulant pas lui révéler que je sortais de chez les sœurs, je m'exclamai:

— Vous voulez en savoir, des choses, madame! J'enseignais, mais je n'ai plus d'emploi depuis la fin de septembre. Vous avez raison, je cherche de quoi me faire vivre.

— Vous me semblez vaillante. Si vous voulez, je vous engage dré-là, le temps que ma bru qui est en famille accouche. Entre nous, vous aurez guère de misère à faire mieux qu'elle.

Elle s'arrêta pour préciser à une cliente le prix, à la douzaine, des carottes et des navets. Puis, après l'avoir servie, elle revint à moi qui étais restée plantée là à la regarder se mouvoir en soufflant comme un phoque.

— J'accepte volontiers votre offre, d'autant plus que depuis hier soir, je n'ai plus de chambre où dormir.

— Comment ça ?

— C'est une triste histoire dont je n'ai pas envie de me rappeler.

La femme se faisant insistante, je lui racontai ma mésaventure de la veille.

— Les hommes, je vous le dis ma p'tite dame, sont pires que des animaux. Pas capables de se retenir. Comme ça vous allez coucher à la belle étoile à soir ?

— Peut-être pas, si ma cousine veut bien me prêter un lit pour la nuit.

— Ça n'a pas l'air certain.

— Non, parce que si sa colocataire est là, j'ai bien peur d'être obligée de coucher sur le plancher.

— Vous pourriez retourner chez vos parents.

— Je suis orpheline ou c'est tout comme. Ma mère est morte et je n'ai plus de nouvelles de mon père.

— Bon ben, c'est réglé. Je vous engage. Je vous fournirai chambre et pension, et quelques sous à l'occasion comme salaire. J'aime mieux vous dire que vous en aurez à peine pour votre creuse dent, mais c'est mieux que rien et ça fera le temps que ça fera.

Je lui demandai jusqu'à quelle heure elle serait au marché.

— À cinq heures, j'emballe.

— Ça me donne le temps de retourner rue Panet et de revenir avec mes quelques effets.

— Soyez pas en retard parce que mon homme n'aime pas attendre. Nous restons de l'autre côté du village des Tanneries.

— J'y pense, dis-je, je ne connais même pas votre nom.

— Ah, ma p'tite dame, vous auriez seulement eu à demander la femme au fichu rouge. Je suis Anabelle Lavallée dit Petit-Jean. À betôt !

Je m'empressai de gagner la rue Panet. « Si la porte est fermée à clé, me désolai-je à l'avance, je ne pourrai pas récupérer mes affaires. » Ma cousine avait sans doute prévu le coup, puisque je trouvai ma valise sur la galerie arrière avec ce mot : « Désolée de laisser tes effets dehors. J'ai pensé que tu pourrais avoir besoin de quelque chose au cours de la journée. Si tu n'as nulle part où coucher ce soir, je saurai bien te trouver un petit coin. Je t'embrasse ! Eulalie. »

Au verso du billet que je déposai sur place, j'écrivis : « J'ai trouvé un emploi, une chambre et une pension. Je t'en reparlerai. Henriette. »

À cinq heures moins quart, je me retrouvai au marché en compagnie de madame Petit-Jean, comme je me plaisais à l'appeler. Elle était occupée à remballer les légumes et les fruits non vendus. Elle travaillait tout en jacassant avec la propriétaire de l'étal voisin.

— Avez-vous eu une bonne journée, madame Marleau ?

— Pas si mal !

— Pour moé, ç'a été couci-couça.

Elle prit le temps de me présenter à cette femme grassette qui me regarda comme si je sortais d'une boîte à surprise. J'aidai madame Petit-Jean à fermer boutique. Nous attendîmes ensuite que son mari, un homme taciturne et de mauvais poil, arrive en grognant. Il ne daigna même pas me saluer après que son épouse lui eut appris qu'elle m'avait engagée pour remplacer leur bru. Il grogna :

— On n'a pas besoin d'elle.

— Toi, tu n'en as peut-être pas besoin, mais moi, oui !

Le bonhomme se retourna en pestant. La femme me fit signe de ne pas m'en faire avec lui. « Qu'importe, me dis-je, j'aurai un toit et de quoi manger pour quelques jours ou quelques semaines au moins, le temps de voir venir. »

Chapitre 20

Une accalmie

Je sus tout de suite me faire aimer de la mère Petit-Jean dont les enfants avaient tous quitté la maison depuis quelques années. Aussi, la mère me considéra presque tout de suite comme une de ses filles. Elle qui aimait tant jaser et avait eu le malheur de marier un homme taciturne était enchantée de m'avoir comme auditrice. Elle causait de tout et de rien, et avait tendance à en mettre plus qu'on en demandait. Je la laissais discourir et à travers tout ce qu'elle disait, je puisais parfois des renseignements fort utiles.

La période des légumes étant passée, je pensais que les journées de marché seraient finies pour tout l'hiver. La mère Petit-Jean me réquisitionna alors pour l'aider à la cuisine.

— Les fêtes approchent, observa-t-elle. C'est le temps de se mettre aux gâteaux aux fruits.

— Pour les vendre au marché ?

— En plein ça, ma belle. Je suis comme une mère écureuil, je fais mes provisions de fruits séchés durant l'été et quand arrive l'hiver, je fais comme Jésus-Christ, seulement moi c'est pas des pains que je multiplie, mais des gâteaux. Au marché, tu verras, j'ai mes clients et tous s'entendent pour dire que mes gâteaux aux fruits sont les meilleurs de tout Montréal. Tellement, que même des Anglais de la rue Sherbrooke m'en achètent.

— Et après les gâteaux ce sera quoi ?

— Des pains aux raisins.

— Et au printemps ?

— Du beurre et du sucre d'érable. Nous avons notre fournisseur, monsieur Lamontagne de par en bas du fleuve.

— Vous faites venir des denrées d'aussi loin ?

— Ma pauvre fille, si tu savais d'où arrive tout ce qui se vend au marché. La boisson nous vient des îles par-delà les États-Unis, ça s'appelle la Jamaïque et la Barbade. Le tabac et les cigares proviennent d'une autre place appelée Cuba de même que le sucre, la cassonade et la mélasse. Imagine-toi que certains vendent des fleurs comme des tulipes, des crocus, des jacinthes et des narcisses reçus de Hollande. On offre aussi des montres achetées directement d'horlogers de Genève. Si tu veux des parfums, il y en a de Paris et de Londres avec des peignes et tout ce qu'il faut pour la toilette. Il y a le fameux savon de Castille, des figues et des raisins de Turquie. Quant à la laine, on en reçoit d'Écosse et de Berlin, et pas seulement de la blanche, mais de toutes les couleurs. Je te le dis, au marché, on trouve des choses qui viennent de partout dans le monde.

Je passai le temps des fêtes chez ma patronne dont le mari ne faisait pas de bruit, occupé qu'il était à cuver son rhum. J'eus l'occasion de faire connaissance avec les enfants de la famille. Au jour de l'An, je me rendis rue Panet souhaiter la bonne année à ma cousine. Ce fut une belle journée comme j'en avais rarement vécu, ce qui était de bon augure pour le reste de l'année. Une chose toutefois m'attrista. J'avais eu beau écrire un mot à mon père, je n'eus pas de réponse.

Les jours de marché continuaient en plein hiver. Je m'y rendais en berlot avec la mère Petit-Jean que tout le monde connaissait et aimait. Une fois arrivée, la vieille faisait le tour de ses fournisseurs tout en ayant un bon mot pour l'un et pour l'autre. Comme son mari restait à la maison, elle plaçait elle-même ses marchandises sur son étal, pendant que je dételais le cheval et allais le mettre au repos dans une écurie voisine. La bru avait accouché, mais elle refusait de nous accompagner, prétextant avoir trop d'ouvrage avec son bébé.

— La vaillance, affirmait la mère Petit-Jean, ça ne s'apprend pas. Y en a qui en ont et d'autres pas, et ce serait trop d'ouvrage à montrer à ceux qui n'en ont pas. Vaut donc mieux les laisser mijoter dans leur jus de paresse.

Cette femme avait du gros bon sens, du bagout et toujours quelque chose à raconter. Ainsi, elle se plaisait à évoquer son enfance et sa jeunesse, du temps, soulignait-elle, où il faisait encore bon vivre.

— Dans ce temps-là, racontait-elle, nous étions moins nombreux, mais nous avions plus de cœur. Nous nous entraidions toujours. Aujourd'hui, on dirait que les gens ne savent plus ce qu'est que la générosité. Tu vois, je ne t'ai jamais dit pourquoi j'ai décidé de t'engager.

Curieuse, je m'empressai de demander :

— Pourquoi donc ?

— Pour quelque chose de très simple. Te souviens-tu qu'en te parlant, j'ai échappé la pomme que tu voulais acheter ?

— Oui.

— Eh bien ! J'ai fait exprès pour voir ce que tu ferais. Tu t'es empressée de la ramasser. Je me suis fait la réflexion :

“Cette fille-là ne calcule pas ses pas et elle est certainement capable de rendre service.” Si tu ne t’étais pas donné cette peine, je ne t’aurais pas engagée.

— Vraiment ? Eh bien ! C’est un petit geste qui m’a porté chance.

— J’ai vu tout de suite que tu étais serviable. À mes yeux, il n’y a dans la vie que des gens comme ça qui méritent qu’on leur donne une chance. Ne me parle pas des calculateurs : “Tu me rends un service, je t’en rends un.” Eux, on ne devrait même pas s’intéresser à leur sort.

Je me plaisais à l’entendre raisonner de la sorte. En quelques mois, grâce à cette femme énergique, j’avais appris plus de choses qu’au cours de toutes les années antérieures. Je me disais qu’il me faudrait bien un jour gagner ma vie autrement, mais pour lors je ne me plaignais pas de mon sort. Je pensais m’en être assez bien tirée depuis mon départ de chez les bonnes sœurs.

Chapitre 21

Des temps difficiles

Je continuais à accompagner la vieille au marché où nous nous rendions toutes les deux depuis près de six mois. Le printemps s'était fait attendre. La fin d'avril approchait et les érables commençaient à s'habiller de fleurs. Les feuilles allaient bientôt pointer. Les trembles produisaient déjà leurs chatons.

Un matin, alors que nous étions en route, nous remarquâmes que des gens discutaient ferme tout au long du chemin et, au marché, nous constatâmes qu'il régnait une fébrilité inhabituelle à pareille heure. J'en déduisis qu'un événement majeur s'était produit. Curieuse comme une pie, la mère Petit-Jean n'avait pas aussitôt mis pied à terre en bas de la charrette qu'elle s'informait déjà de ce qui se passait. Elle obtint sa réponse par la voix d'un jeune vendeur de journaux.

— Oyez ! Oyez ! Dans *Le Canadien* de ce matin, tout ce que vous voulez savoir sur l'incendie du parlement survenu hier soir.

La mère Petit-Jean lisait rarement les journaux. Là, la nouvelle en valait la peine. Elle me tendit quelques sous.

— Va en acheter un ! Tu me liras de quoi ça retourne.

Quand je revins, elle voulut tout savoir sur l'événement.

— Le parlement en feu, ce n'est pas croyable !

Je parcourus rapidement la une et choisis le passage suivant:

À la suite d'une assemblée monstre de mille cinq cents personnes à la Place d'Armes hier soir, convoquées là par le journal The Gazette, *des émeutiers se sont dirigés vers le parlement où les députés étaient assemblés. Ils ont commencé par briser les fenêtres, après quoi ils se sont servis d'un bélier appartenant aux pompiers pour forcer la porte principale et ont ensuite incendié le parlement qui est une perte totale.*

Un homme passait près de nous. Il s'arrêta, tendant l'oreille à ma lecture.

— C'était marqué dans le ciel, lança-t-il dès que j'eus cessé de lire. Si vous suivez la politique, vous devez savoir comme moi que c'était à prévoir.

— Comment ça?

— Vous avez certainement entendu parler de l'attentat dont a été victime notre gouverneur hier soir. Vous savez qu'il a sanctionné plusieurs projets de loi, dont celui qui indemnise les personnes ayant subi des pertes lors des troubles de 37-38. Ça n'a pas fait l'affaire des royalistes anglais, ceux qu'on appelle les tories ou les orangistes. J'étais là quand lord Elgin est sorti du parlement. Ils l'ont bombardé d'œufs pourris et de boue. C'était quelque chose à voir! Son carrosse en était jaune. Ses aides de camp lui ont prêté main-forte pour y monter. Quand ces forcenés ont manqué d'œufs, ils ont lancé des cailloux. Une vraie bande d'enragés. Ils ont même poursuivi sa voiture à travers les rues de la ville. Après, ils ont fait sonner du tocsin et invité les gens à une assemblée de protestation sur la Place d'Armes à huit heures. Le journal *The Gazette* a fait paraître une édition spéciale. Je l'ai ici. Ça vaut la peine, mesdames, que je vous traduise ce qu'ils ont écrit. C'est titré: *LA FIN A COMMENCÉ.*

Il lut lentement en traduisant au fur et à mesure :

Anglo-Saxons, vous devez vivre pour l'avenir ; votre sang et votre race seront désormais votre loi suprême, si vous êtes vrais à vous-mêmes. Vous serez Anglais, « dussiez-vous n'être plus Britanniques ». À qui, et quelle est votre allégeance, maintenant ? Que chaque homme réponde pour lui-même. La poupée du spectacle doit être rappelée, ou repoussée par le mépris universel du peuple. Dans le langage de Guillaume IV : « LE CANADA EST PERDU ET LIVRÉ. » LA FOULE DOIT S'ASSEMBLER SUR LA PLACE D'ARMES, CE SOIR, À HUIT HEURES. AU COMBAT, C'EST LE MOMENT !

— Qu'est-ce qui leur a pris de s'enrager de même ?

— Ils n'admettent pas que le Parlement du Canada-Uni soit à Montréal et ils ne veulent surtout pas qu'on verse de l'argent aux pauvres Canadiens français à qui l'armée a fait du tort en 37-38. Voilà pourquoi ils ont mis le feu au parlement.

— Plus de parlement, déplora la mère Petit-Jean, et la chapelle Notre-Dame-de-Bon-Secours qui va être démolie ! Où est-ce qu'on s'en va ? Qui va nous apporter son bon secours ?

— Certainement pas les tories en tous les cas, ajouta l'homme avant de poursuivre son chemin.

Quelques jours plus tard, on procédait au transfert du gouvernement dans les locaux du marché Bonsecours. Je m'y rendais à reculons tant j'étais intimidée par les militaires chargés d'en défendre l'entrée, baïonnette au canon.

Chapitre 22

Une commission bien spéciale

Depuis des mois, je venais au marché pratiquement tous les jours. Pourtant, je ne l'avais pas encore arpenté complètement. L'occasion se présenta un matin. La clientèle se faisant rare, la mère Petit-Jean me demanda :

— Irais-tu me chercher du sucre, de la mélasse et de la cassonade pour refaire mes provisions ?

— Où ça ?

— Dans le marché, c't'affaire ! À l'autre bout par rapport à icitte. Prends-en deux livres de chaque.

Elle me donna quelques sous.

— N'oublie pas de rapporter la monnaie.

Je souris et fis la remarque :

— Est-ce que ça m'arrive d'oublier ?

— Non, mais vaut mieux prévenir que guérir.

Je me dirigeai vers le secteur qu'elle m'avait indiqué. Je n'y avais jamais mis les pieds. Tout au long du trajet, je m'arrêtai ici et là, admirant tout ce qui me tombait sous les yeux et m'amusant à deviner les odeurs. « Tiens, de la muscade ! du pain d'épice ! du sang de mouton ! Beurk, du purin de porc ! » J'avais le nez fin et comptais sur mon odorat pour me conduire à la mélasse et à la cassonade. Ce matin-là, le destin allait guider mes pas vers quelque chose d'encore plus doux que ces denrées sucrées.

Même si la plupart des étals se retrouvaient du côté de la rue Saint-Paul, je m'aventurai plus loin vers la rue de la Commune et je finis par dénicher ce que j'étais venue chercher. Le marchand, un petit homme costaud et nerveux, était accompagné d'un jeune homme qui lui ressemblait. J'en déduisis que ce devait être son fils. Comme l'homme allait me répondre, une femme l'interpella :

— Comment va mon cher Joseph ?

— Très bien, madame Hurtubise. Ce sera la même quantité que d'habitude ?

Le marchand se tourna vers son fils :

— Valois, sers donc la demoiselle !

Sourire aux lèvres, le jeune homme s'avança d'un pas vif.

— Que puis-je faire pour votre bonheur, mademoiselle ?

— Tout ce coin, dis-je, dégage des arômes sucrés. J'en déduis que vous devez sans doute avoir ce que je cherche.

— Et qu'est-ce que c'est ?

— Deux livres de sucre, autant de cassonade et de mélasse.

— D'après ce que je vois, vous avez le bec sucré.

Je lui souris. Il s'apprêtait à me tourner le dos quand, se ravisant, il se retourna vers moi et, à voix basse pour éviter d'être entendu par son père, il dit en me regardant droit dans les yeux :

— Ça ne devrait pas être permis d'être belle de même !

Il vit que ses paroles avaient fait mouche, car je devins rouge comme un coquelicot. Voulant éviter d'accentuer mon malaise, il s'affaira à la balance et je remarquai qu'il prenait bien son temps. Quand, enfin, il eut rassemblé sucre, cassonade et mélasse, il apporta le tout au comptoir et me chuchota avec un clin d'œil :

— Si j'étais le patron, je ne vous ferais pas payer. Comme ça, je garderais espoir de vous revoir. Pour vous gâter un peu, j'ai mis un petit surplus.

Je le trouvais si charmant que je murmurai :

— Vous avez raison d'espérer. Je suis ici presque tous les jours à l'étal de la mère Petit-Jean, de l'autre côté du marché.

— La mère Petit-Jean ?

— Celle au grand fichu rouge et à la verrue sur le menton.

— Ah ! Je vois. Je ne devrais pas avoir de misère à vous retracer. Comptez sur moi pour y faire un tour et pas plus tard que demain, ne serait-ce que pour revoir vos beaux yeux. Au cas où vous auriez porté votre jolie personne ailleurs quand je passerai, qui devrais-je demander ?

— Henriette !

Voyant que son fils prolongeait la conversation, le marchand le réprimanda :

— Grouille-toi, Valois, d'autres clientes attendent.

Il allait servir quelqu'un d'autre quand je lui rappelai :

— Je vais vraiment partir sans payer.

— Oh ! fit-il. Voilà ce qui arrive quand le ciel nous comble trop. Ce sera quatorze sous pour le sucre, dix pour la cassonade et huit pour la mélasse.

Je lui tendis les pièces.

— À demain, chuchota-t-il en s'assurant que j'avais bien compris.

— À demain !

Je m'en allai doucement en serrant sur mon cœur mes denrées comme si je portais un trésor. Sur le chemin du retour, je flottais, incapable de fixer mon attention sur ce qui se produisait autour de moi. Sans me l'avouer tout à fait, je savais qu'il m'arrivait quelque chose d'important. Se pouvait-il que ce que j'attendais au fond de moi-même depuis si longtemps soit en train de survenir ? Encore absorbée dans mes pensées, j'arrivai au comptoir de la mère Petit-Jean où je déposai mes sacs, lorsqu'elle me lança tout de go :

— Qu'est-ce qui t'arrive, ma fille ? Es-tu malade ?

Comme si je sortais de la lune, je répondis :

— Non, juste un peu fatiguée.

— Ce n'est tout de même pas cette petite marche jusqu'à l'autre bout du marché qui peut t'avoir rendue de même ?

Puisque je ne répondais pas, elle me conseilla :

— Va t'asseoir un peu, ça te fera du bien. Si je comprends bien, tu es dans tes mauvais jours.

Je lui souris.

— C'est à peu près ça, acquiesçai-je, à moins que ce soit plutôt un très bon jour.

La mère Petit-Jean me regarda et à la grimace qu'elle fit, je sus qu'elle avait tout saisi.

Chapitre 23

Premières confidences

Le lendemain, j'étais distraite. J'espérais anxieusement la visite de Valois. « Pour faire de si beaux compliments, me rassurai-je, il ne s'agit pas du premier venu. Il travaille avec son père, mais il doit aspirer à autre chose, j'en suis certaine. »

Valois se pointa vers midi trente puisqu'en raison du dîner, les clients se faisaient plus rares. Comme il me l'avoua, il espérait que je n'aurais pas mangé et que ma patronne me laisserait m'évader quelques minutes. Il avait vu juste. Même qu'en l'apercevant, je m'étais tournée vers la mère Petit-Jean pour demander :

— Il fait tellement beau. Je peux dîner dehors ?

— D'accord, sauf que je te veux ici à une heure sans faute.

Mine de rien, je partis avec un croûton et du fromage. Valois me rejoignit et, lorsque nous fûmes hors de la vue de ma patronne, il me dit :

— Hier, je n'ai pu apprendre quoi que ce soit sur vous, sinon votre nom. J'espère que ce midi, vous pourrez me révéler qui vous êtes vraiment.

— Qui je suis ? Oh ! Une pauvre orpheline en quête de nourriture et d'un toit. Nous ne faisons que cela tous les jours, tenter de gagner notre pain. Là-dessus au moins, il y a une justice pour tout le monde. Toutefois, il faut bien avouer que le souci du pain quotidien n'effleure même pas l'esprit de certains privilégiés.

— La vie est faite ainsi et de bien d'autres choses encore, les unes fort tristes et les autres fort belles, acquiesça-t-il. Vous avoir rencontré hier, cela a mis du soleil dans ma vie. Depuis, vous occupez passablement de place dans mes pensées et, à cause de vous, ma nuit a été particulièrement courte. Trêve de grandes réflexions. Qui êtes-vous, Henriette ?

— Si je vous demandais, moi, qui vous êtes, Valois ? Valois qui, d'abord ?

— Ducharme.

— Vous faites honneur à votre nom, car vous n'en manquez pas, de charme.

Le compliment parut porter :

— Ah ! Quelles magnifiques paroles viennent de sortir d'une aussi belle bouche ! Bon, j'attends toujours vos confidences et ce n'est certes pas ce midi que je les entendrai, car vous n'avez même pas mangé, et dans cinq minutes, il vous faudra retourner auprès de votre grand-mère ou de votre patronne.

— Ma patronne. Et tout ce que vous apprendrez de moi ce midi, c'est que je suis sortie depuis quelques mois à peine de chez les sœurs.

Cet aveu ne l'ébranla pas.

— C'est que vous n'aviez sans doute pas la vocation. Quelle chance pour moi, alors !

— Je ne me plaisais pas en communauté. Si vous le voulez bien, je me tais maintenant, le temps que je grignote mon pain et mon fromage.

— Fort bien ! Pendant que vous mangez, je pourrai à tout le moins vous esquisser ce qu'est un peu ma vie. Et si vous pouvez vous échapper ainsi chaque midi, il ne nous faudra guère de temps pour faire le tour de nos jardins.

Il m'apprit qu'il vivait avec son père et aspirait à devenir enseignant. Pour l'heure, son paternel avait besoin de ses services, alors il lui venait en aide avec joie, d'autant plus que le pauvre homme commençait à souffrir d'une mystérieuse maladie qui lui enlevait beaucoup de son énergie.

Il fut alors temps pour moi de retourner travailler. Du haut du quai, nous nous attardâmes un peu à regarder le fleuve qui grouillait de vie. Des vaisseaux s'y croisaient pendant que les traversiers se faufilaient jusqu'au quai où des dizaines d'hommes s'affairaient au déchargement des navires. À travers ce va-et-vient, des dizaines de goélands cherchaient leur pitance, tandis que des pigeons se déplaçaient le long de la berge au gré de leur fantaisie, faisant claquer leurs ailes quand ils se posaient. Je m'exclamai :

— Comme c'est beau ! Il faudra que nous nous trouvions quelque part un petit coin tranquille où causer tout en admirant le fleuve. Je ne me lasse pas de me remplir les yeux et le cœur de tant de beautés.

— Eh bien, nous avons un point en commun. J'adore le fleuve. Il m'a vu naître et sans doute a-t-il encore beaucoup à m'apprendre.

En me laissant, il me demanda :

— Demain, même place, même heure ? Si vous ne venez pas, je comprendrai, mais ne me laissez pas languir trop longtemps, sinon j'irai fureter aux alentours de votre étal, votre patronne ne manquera pas de me remarquer et qui sait, peut-être serez-vous toujours tenue de dîner à votre comptoir ?

Je lui assurai que je ferais tout pour le revoir le lendemain.

— Nous avons encore beaucoup à nous dire.

Il me quitta et, avant que je ne rejoigne la mère Petit-Jean, il me souffla un baiser.

Chapitre 24

Déjà une absence

Pour notre malheur, le lendemain, il pleuvait des seaux. Il n'était donc pas question de manger sur les quais. Sans nous être concertés, nous nous retrouvâmes au beau milieu du marché et nous fûmes contraints de nous tenir éloignés l'un de l'autre pour éviter les commérages. Mais les regards et les sourires disent beaucoup et ceux que nous échangeâmes en faisant mine de nous intéresser aux viandes sur les étals, aux poulets sur les tables et aux poissons dans les bacs parlaient plus fort que les mots.

Le jour suivant, le bon soleil du mois de mai était de la partie et c'est sur un banc à proximité du fleuve qu'un observateur attentif aurait pu nous surprendre, alors que nous échangions quelques propos entre de longs regards et plusieurs soupirs. D'emblée, Valois commença la conversation en proposant:

— Ne soyons pas ridicules. Nous avons à peu près le même âge. Pourquoi nous vouvoyer?

Je fus du même avis. Il commençait à se sentir plus à l'aise avec moi et tentait de réduire l'écart entre nous, mais chaque fois, je m'arrangeais pour le maintenir. Il voulut me prendre la main, je la retirai vivement. Dérouté, il demanda:

— Aurais-tu peur de moi?

— Il faut que tu saches, Valois, que je suis un peu sauvage et qu'il te faudra beaucoup de patience pour m'apprivoiser. Tu ne dois pas aller trop vite.

— C'est donc que tu ne m'apprécies pas vraiment?

— Au contraire! J'aime beaucoup être avec toi, mais donnons-nous le temps de faire plus ample connaissance. Fais-moi confiance. L'oie blessée que je suis saura s'ouvrir à toi en temps et lieu. Pour l'instant, sa peine est encore trop profonde.

— Je ne raffole pas des mystères que tu me fais, mais je t'aime déjà trop pour te perdre et je saurai attendre le temps qu'il faudra.

— Voilà les paroles que je voulais entendre. Elles parlent en ta faveur.

Tous les deux jours ou presque, nous nous retrouvions de la sorte le midi. Valois tenait à ce que je me livre, ce que je faisais volontiers, car jamais je n'avais vraiment eu l'occasion de parler de ce que je vivais. Je tenais toutefois à en apprendre plus sur lui qui, curieusement, évitait de se raconter. Je finis par le questionner.

— Tu me sembles bien cachottier. Aurais-tu une si grosse faute à avouer que tu ne veuilles pas m'en parler?

— Ne te tracasse pas pour ça, ma chère, chaque chose en son temps. Je n'ai rien de grave sur la conscience et quand je vais commencer à te dire qui je suis, tu risques bien de finir par demander grâce. Pour l'instant, je me plais tellement à apprendre tout de toi et à découvrir quelle magnifique jeune femme tu es que je ne veux pas rompre le charme. Bientôt je me mettrai à table à mon tour, je te le promets.

— Comme j'ai hâte que tu le fasses!

— Ça ne sera malheureusement pas avant quelques semaines, sinon un mois.

— Pourquoi donc ?

— Dès que les routes sont praticables, mon père part avec cheval et chariot pour faire la cueillette des antiquités qui encombrent les maisons.

— Et tu l'accompagnes ?

— Il le faut bien. Je l'aide à manœuvrer les meubles les plus lourds : commode, table, buffet, armoire, etc.

Je me tus. Il put lire la déception sur mon visage.

— Ne te fais pas de bile ! Dans un mois ou moins, nous serons de retour. Nous rapportons la marchandise quand le chariot déborde. Nous aurons encore plus de plaisir à nous revoir.

Cette nouvelle me bouleversait.

— Et quand partez-vous ainsi ?

— Demain matin.

Je m'efforçai de ne pas pleurer. Sensible à mon chagrin, Valois promit de m'écrire.

— Si tu veux, je t'écrirai un peu tous les jours. Je te raconterai où nous sommes rendus, ce que nous faisons, comment va notre cueillette et tu sauras, selon qu'elle est plus ou moins abondante, combien de jours nous séparent. Il faudrait que tu me donnes ton adresse.

Je tirai de mon réticule un crayon et un bout de papier, m'appliquant à y inscrire mes coordonnées.

— Ne les perds surtout pas. Tous les jours, j'attendrai anxieusement de tes nouvelles et je m'inquiéterai tant que tu ne seras pas de retour.

— Pourquoi t'alarmer ? Il ne m'arrivera rien. Je ne suis pas encore parti et je rêve déjà du grand bonheur qui sera mien quand, chaque journée me rapprochant un peu plus de toi, je pourrai enfin te tenir dans mes bras.

— Tout cela, ce sont de beaux mots. Je sais fort bien que les hommes ne sont guère fidèles à écrire. Ils ont toujours une bonne raison qui les en empêche.

— Sache bien que Valois Ducharme est une exception !

Il s'approcha et je ne le repoussai pas. Il me vola un baiser sur la joue, puis il perçut sur ses lèvres le goût salé de mes larmes et en parut profondément ému.

— Tu connais bien celle qui occupe tout mon cœur, toutes mes pensées et tous mes rêves, m'avoua-t-il comme pour me rassurer. Sois certaine qu'elle va continuer à vivre longtemps en moi ! Aussi longtemps qu'elle voudra bien de moi. Je vais revenir avec tout plein de choses à lui raconter, même si elle en saura déjà un peu par les lettres que je lui ferai suivre. Ne pleure pas, demain déjà, un jour sera passé.

Il me quitta là-dessus et je commençai à compter les jours qui me séparaient de son retour. Parce qu'il ne s'y trouvait plus, le marché me semblait avoir perdu de son attrait. Seul le fleuve que je contemplais tous les jours continua à me parler de lui.

Chapitre 25

Des nouvelles

La mère Petit-Jean s'était bien rendu compte que depuis quelque temps je semblais moins patiente, moi qui d'ordinaire n'élevais jamais la voix et ne me montrais jamais brusque.

— Qu'est-ce qui ne va pas, ma fille ? Serais-tu plus fatiguée que d'habitude ?

Je secouai la tête.

— Non pas. Je suis tout simplement moins dans mon assiette.

— Tu n'aimes pas ce que tu fais ?

— Au contraire, j'adore ce travail qui nous permet de jaser avec beaucoup de gens, un peu toujours les mêmes, qui finissent par nous faire des confidences et qui nous apprennent parfois leurs bonheurs, et trop souvent leurs malheurs.

— La vie est faite de même, ma fille, et ce n'est pas nous qui allons la changer. Tu sais, tu as raison. Depuis toutes ces années passées au marché, j'ai appris bien des secrets et vu disparaître bon nombre de clients et clientes.

À ces mots, mon cœur se serra. « Il avait promis de m'écrire tous les jours, pensai-je. Ça fait presque une semaine qu'il est parti et je n'ai pas reçu de ses nouvelles. Est-ce qu'il lui serait arrivé malheur ? »

Je m'inquiétais pour rien, car à notre retour à la maison, la mère Petit-Jean s'arrêta à la poste. Quand elle en revint une lettre à la main, elle me demanda :

— Aurais-tu un amoureux ?

Ne voulant pas mentir, je lui répondis :

— On a toujours un amoureux quelque part...

— Je sais bien, ma petite, qu'à ton âge et belle comme tu es, tu dois faire tourner bien des têtes, mais j'ignorais qu'il y avait quelqu'un dans ta vie.

— Je peux vous le dire à présent. Je l'ai rencontré au marché quand vous m'avez envoyé chercher du sucre. On s'est vus depuis presque tous les midis.

— Ah ! Ma coquine ! C'était donc ça, les dîners dehors ?

— En effet. Oh, rassurez-vous ! Il ne s'est rien passé à part des échanges de belles paroles. Il est parti pour plusieurs semaines et il avait promis de m'écrire tous les jours. Voici sa première lettre. Elle a mis bien du temps à me parvenir. Les autres suivront, j'imagine.

— Je ne te retiens pas plus longtemps, ma petite. Va la lire en paix et si tu m'aimes un peu, tu sauras bien me la faire partager un brin.

Je ne me fis pas prier pour me retirer dans l'étroit espace me servant de chambre. Je fis sauter fébrilement le cachet et me laissai bercer par les mots de Valois.

Chère Henriette,

Si je ne t'écris pas tous les jours ce n'est pas par mauvaise volonté. Je pense à toi constamment, me demandant ce que tu es en train de faire pendant que je me fais secouer dans les ornières des routes de campagne. Même si je désirais t'écrire tout au long du trajet, je n'y parviendrais pas tellement les routes sont mauvaises. Tout ce que je réussirais à faire, ce sont des barbots.

Après des heures de route et de tractations pour des meubles antiques, quand nous parvenons à notre destination, je suis si fatigué que j'ai peine à trouver un coin pour dormir dans le chariot à travers tout le bric-à-brac que nous transportons. Je m'étends le plus souvent sur une table lorsque je ne m'assois pas tout simplement dans un fauteuil tout défoncé pendant que mon père gagne son lit à l'arrière de la voiture.

Je passe ainsi de longues minutes avant de m'endormir, le cœur rempli de toi. Je revois tes yeux et ton sourire, et il me semble entendre ta charmante voix parmi les bruits du soir. C'est ainsi que je m'endors avec, dans la tête, le plus beau portrait qui soit : ton visage. Je te vois dans mes rêves et j'ai parfois l'impression que je marche avec toi en te tenant la main.

Sois assurée, ma chérie, de tout mon amour. Tu me manques et j'ai réellement hâte de reprendre la route qui me mènera jusqu'à toi. Loin de tes yeux, le temps me paraît tellement long. Je me console en lisant des poèmes et je me désole de ne pas être poète pour t'écrire en vers à quel point je t'aime.

J'espère pouvoir un jour te tenir dans mes bras ! Je prends la liberté de t'embrasser sur papier. J'ai posé mes lèvres au bas de cette lettre.

Ton Valois

P.-S. J'ai transcrit pour toi des vers que j'aurais aimé t'écrire. Chacun de ces mots, je les fais miens. Ils sont de Théodore de Banville. Mais j'ai triché puisque j'ai changé le titre du poème et la destinataire.

Ô jeune Henriette
Ô jeune Henriette à la prunelle noire,
Beauté dont je voudrais éterniser la gloire,
Vous qui d'un blond sourire éclairez toutes choses

Et dont les pieds polis sont pleins de reflets roses,
Si j'étais Raphaël ou Dante Alighieri
Je mettrais des clartés sur votre front chéri,
Et des enfants riants, fous de joie et d'ivresse,
Planeraient, éblouis, dans l'air qui vous caresse…

À peine avais-je terminé ma lecture que je la repris en m'attardant aux passages où il était question d'amour. Puis, je relus le poème, poussai un long soupir avant de poser mes lèvres là où je pensais que Valois avait appliqué les siennes.

Le lendemain, j'en rapportai le contenu à la mère Petit-Jean qui ne manqua pas de me confier :

— Profites-en, ma fille, c'est à leur début que les amours sont les plus belles.

DEUXIÈME PARTIE

VALOIS

(1849-1850)

Chapitre 26

Les retrouvailles

Deux semaines à peine s'étaient écoulées depuis ma dernière rencontre avec Henriette. Je ne lui avais écrit qu'une seule fois et je savais qu'elle devait espérer chaque jour une nouvelle lettre. Mais je lui fis plutôt la surprise d'apparaître un bon midi devant son étal. Elle me présenta à la mère Petit-Jean qui, visiblement, avait appris mon existence. Elle donna congé à Henriette et nous pûmes nous retrouver à notre cachette préférée.

Cette fois, je pus l'approcher et me permis même de la serrer contre moi en lui donnant un baiser furtif sur la joue. Je la sentis se contracter sous mon étreinte. Elle en fut tout émue, mais elle me reprocha en rougissant :

— Tu en profites parce qu'on ne s'est pas vus depuis longtemps.

— Avoue que ça te fait plaisir !

Elle me supplia de lui raconter les moindres péripéties de notre voyage. Je m'attendais à ce qu'elle me reproche de ne pas lui avoir écrit plus souvent. Elle n'en fit rien. Assis sur le banc témoin de tous nos secrets, je commençai :

— D'abord, je m'excuse si je ne t'ai pas écrit tous les jours comme promis. Je sais que j'ai dû te faire languir comme je me languissais moi-même.

— Inutile de te justifier puisque tu es là, maintenant. Raconte-moi plutôt ton aventure.

— D'accord. Laisse-moi te dire que mon père est un fort bon marchand. À peine avons-nous quitté Longueuil pour suivre la route des seigneuries le long du fleuve que nous nous sommes arrêtés à Boucherville à l'enseigne d'un monsieur Ladéroute, antiquaire. Mon père y a négocié l'achat de deux commodes anciennes qu'il a obtenu, en fin de compte, pour une bouchée de pain. Notre voyage s'est poursuivi, toujours par le même chemin, jusqu'à la seigneurie de Varennes où, en s'informant ici et là, il a récupéré dans une vieille demeure du village un lit, quelques chaises et une très belle table. À ce que j'ai su, les héritiers ne voulaient pas conserver ces vieilleries. De Varennes, nous sommes passés à Verchères. Cette fois encore, la chance nous a souri. Dans une grange, nous avons pu mettre la main sur un vieux buffet, une huche ainsi qu'un fauteuil passablement écréanché que mon père, fort habile de ses mains, aura tôt fait de remettre à neuf.

« Notre chargement commençait à être presque complet. Nous avons quand même poussé plus loin jusqu'aux environs de Sorel où nous avons mis la main sur un secrétaire ayant appartenu jadis, disait-on là-bas, à un notaire. Jugeant qu'on était suffisamment chargé, nous avons entreposé les meubles à cet endroit et poursuivi notre route. Nous avons frappé le gros lot dans la seigneurie de Deschaillons où une famille de bourgeois se défaisait de ses biens avant de passer aux États-Unis. Mon père a marchandé et fait l'acquisition de presque tout le lot de fauteuils, petites tables, bahuts, etc., qu'il a fait entreposer avec l'idée de revenir les chercher plus tard. Il doit d'ailleurs aller récupérer tout ça bientôt. »

Henriette m'avait écouté sans mot dire. Puis elle demanda :

— Vous êtes-vous arrêtés à Sainte-Angèle et à Bécancour ?

— Malheureusement non. J'aurais tellement aimé le faire afin de connaître un peu les endroits où tu as grandi. Toutefois, en traversant le village de Bécancour et en apercevant des jeunes filles en route pour le couvent, je me suis figuré que tu étais l'une d'elles, la plus belle de toutes, et tu n'as plus quitté mes pensées par la suite. En repassant à Sorel, nous avons chargé le chariot de tous les meubles que nous avions entreposés là, et nous sommes revenus sans plus tarder.

Le banc où nous étions assis fut encore longtemps témoin de nos soupirs, à tel point qu'Henriette en avait même oublié la mère Petit-Jean au marché. Quand nous retournâmes à l'étal, avec une heure de retard, nous nous attendions à ce qu'elle se fasse rabrouer de verte façon, mais la vieille femme nous étonna en avouant :

— J'ai connu ça autrefois, l'amour à n'en plus finir. Voilà pourquoi je passerai l'éponge.

Regardant Henriette avec beaucoup de bonté, elle ajouta :

— De voir ainsi briller tes yeux me ramène loin en arrière, quand j'avais la beauté, la santé, et tout l'avenir devant moi. Aujourd'hui, tout ça m'a quitté, graduellement usé par les années. Profite bien, ma fille, de ce temps de bonheur, car, hélas ! il ne reviendra pas.

Henriette prêtait toujours une oreille attentive aux sages paroles de la mère Petit-Jean, qu'elle me répétait souvent. Elle lui fit remarquer :

— À vous entendre, on dirait que l'amour s'use à la longue.

— Oui, ma fille, il se rétrécit comme un vêtement de laine passé à l'eau, mais il demeure toujours, et persiste un peu comme une fleur qui, malgré la neige, refuse de mourir.

— Comme ça, commenta Henriette, l'amour ne meurt pas.

— Il vit si on l'entretient, comme un feu de braises avec des poussées de grande chaleur quand on y ajoute des morceaux de bois. Si on y fait attention, l'amour ne meurt pas. On en a une réserve infinie et de différentes qualités. Il y a des amours passagères, des amours d'un jour, des impossibles et d'autres qui partent en fumée comme nos rêves. Mais l'amour vrai demeure toujours, oui, même s'il perd un peu de sa force avec le temps. Tu vois, celui que j'éprouve pour mon homme a bien changé. Il a diminué au fur et à mesure que son amour pour la bouteille a grandi. Rien n'empêche qu'à mon âge, je pourrais encore tomber en amour un peu comme vous deux. Sais-tu pourquoi ?

— J'avoue que non, fit Henriette.

— C'est bien simple, l'amour n'a pas d'âge. C'est seulement notre corps qui vieillit et dépérit tranquillement, alors qu'en dedans, tout reste bien jeune, y compris notre cœur et sa capacité d'aimer. Tu vois, j'ai peut-être l'air d'une vieille bonne femme toute ratatinée comme une pomme plissée, mais j'ai longtemps jonglé avec tout ça et ce ne sont pas des menteries que je te raconte. C'est la vérité toute crue. Tu pourras dire, quand je ne serai plus là, que la mère Petit-Jean n'était pas folle et tu verras que la vie me donnera raison. Bon, en attendant, au travail, ma fille !

Je les quittai presque sur la pointe des pieds tellement j'appréciais ce que cette vieille femme venait de dire.

Chapitre 27

Une dure épreuve

Depuis près d'une semaine et pour une raison inconnue d'Henriette, je n'étais pas revenu au marché. Elle devait se faire du mauvais sang et s'interroger sur la raison de mon absence : comment se faisait-il que je ne donnais pas de nouvelles ? Elle devait penser que j'avais été obligé d'accompagner mon père jusqu'à Sorel ou que j'étais contraint de garder le magasin pendant son absence. Voilà ce qui trottait sûrement dans la tête de ma bien-aimée.

Au bout de six jours, je vins enfin lui rendre visite. Tout en émoi, elle ne sut quel comportement adopter. Allait-elle me faire des reproches ?

— Que se passe-t-il ? Tu as une tête d'enterrement.

— C'est qu'il va y en avoir un.

— Un enterrement ?

— Tandis que je le remplaçais à la boutique, mon père est mort subitement à Deschaillons pendant qu'il chargeait les meubles qu'il avait fait entreposer. Je comptais venir te voir à l'heure du dîner quand la mauvaise nouvelle m'est tombée dessus. J'ai eu le cœur si chaviré qu'il m'a fallu des heures à m'en remettre, puis j'ai dû voir à préparer ses funérailles, ce qui m'a volé tout mon temps. Je me rends là-bas demain pour faire rapatrier sa dépouille par bateau.

Henriette connaissait à peine mon père. Elle l'avait entrevu au marché. Cependant, elle trouva les paroles appropriées pour compatir à ma peine.

— Pauvre toi ! Je comprends ce que tu vis puisque j'ai perdu ma mère il y a quelques années. J'étais toute jeune encore, mais peu importe l'âge que nous avons : la perte d'un être cher est toujours déchirante. Si je peux t'aider de quelque façon que ce soit, dis-le-moi.

— J'aurai beaucoup à faire, chérie, et ton aide me sera précieuse, surtout quand il me faudra répartir les biens de mon père entre mon frère et ma sœur. La maison me revient par testament ainsi que toute la marchandise du magasin. Mon père espérait que je lui succède. Tu sais comme moi à quel point les questions d'héritage provoquent parfois de la bisbille dans les familles. Je crains que ce partage ne provoque de la chicane.

— Je t'aiderai de mon mieux, en évitant toutefois de trop me montrer. Habituellement, les gens n'aiment pas que des étrangers se mettent le nez dans leurs affaires de famille.

Il y avait déjà dix jours que mon père était décédé quand je revins de Deschaillons. Le cercueil ne put être ouvert pour permettre aux parents et amis de lui rendre un dernier hommage. Le lendemain, les funérailles eurent lieu par une journée maussade. Comme beaucoup de monde le connaissait, il y avait foule dans l'église pour le service. Henriette, sa cousine Eulalie et Hubert Lapointe escortèrent le corbillard jusqu'au cimetière, ce qui me toucha beaucoup.

Comme mon frère et ma sœur n'habitaient pas Montréal et devaient retourner rapidement dans leur famille, il fallut procéder immédiatement au partage. Fort heureusement, j'avais eu le temps de regrouper dans une grande pièce tous les biens à partager. J'en avais même présenté la liste à Henriette en lui demandant son avis.

— Pauvre toi ! Comment veux-tu que mes conseils soient pertinents ? Je ne connais pas les goûts de ta sœur ni ceux de ton frère. Aimerais-tu conserver beaucoup de choses ayant appartenu à ton père ?

— Quelques outils, peut-être ?

— Je ne crois pas qu'ils intéresseront ta sœur, à moins que son mari y tienne. Et si ton frère les veut, cède-les-lui. Tu possèdes déjà la maison et le magasin. En leur laissant le choix des effets personnels de ton père, ils se sentiront davantage concernés et oublieront peut-être que tu es son principal héritier. S'ils se chicanent entre eux, ne t'en mêle surtout pas.

— Tes paroles, Henriette, sont pleines de sagesse.

— Ce doit être attribuable à mon séjour au couvent.

Je la regardai avec une profonde tendresse.

Le partage ne se fit pas sans peine. Je pus mesurer à quel point chacun veut tirer la couverte de son bord quand il s'agit de mettre la main sur un héritage. Si ma sœur voulait un objet, mon frère disait aussitôt qu'il lui revenait. Après une journée de discussion, voyant que tout cela ne finirait jamais et sentant que la tension entre mon frère et ma sœur s'accentuait, je leur suggérai :

— Nous n'avançons à rien. Je propose que nous allions nous reposer. La nuit nous portera peut-être conseil.

Le lendemain matin, Henriette vint me trouver dès qu'elle fut en ville. Je lui en fus reconnaissant, mais la priai de partir avant que mon frère et ma sœur n'arrivent.

— Je vois, constata-t-elle, que vous n'êtes pas plus avancés qu'hier. Sais-tu à quoi j'ai pensé ?

— Non, dis-moi, car je ne sais vraiment pas comment faire progresser les choses.

— Voici ce que je te suggère : divise tout en deux gros lots, puis fais tirer à pile ou face deux objets de même valeur. Le gagnant choisit celui qui lui plaît et l'autre hérite du second objet. Le partage devrait progresser très vite.

— Ta proposition est astucieuse. Je savais que tu étais une personne exceptionnelle et tu me le démontres une fois de plus. Je t'aime encore davantage.

Je suivis son conseil à la lettre. Au début, je pensais que ça ne fonctionnerait pas. Pourtant, mon frère et ma sœur acceptèrent le tirage. Ils firent le tour des lots avec circonspection et repérèrent dans chacun ce qu'ils espéraient gagner. Le midi même, l'héritage était entièrement partagé. Quand je revis Henriette, je lui racontai comment le tout s'était déroulé.

— Ce fut fantastique.

— Je le savais.

— Comme les estimations de l'un n'étaient pas celles de l'autre, à chaque tirage, le gagnant pensait avoir mis la main sur l'objet de plus grande valeur. Cette façon de procéder les a contentés tous les deux.

Elle me regarda avec un sourire taquin et murmura :

— J'espère que tu sais maintenant de quel côté se tient la sagesse et que tu viendras me voir dans les cas difficiles. Je ne m'appelle pas Salomon, mais n'oublie pas, Valois Ducharme, que la méditation rend sage. Tu n'as qu'à me regarder pour le savoir.

Je m'approchai d'elle :

— Viens ici que je te remercie pour ton bon conseil.

Je l'attirai à moi et lui plaquai deux becs sonores sur les joues, ce qui nous fit éclater de rire. Ainsi furent chassées toutes les tensions des derniers jours.

Chapitre 28

Le voyage

Je ne pus me rendre au marché pendant plusieurs jours parce que j'avais beaucoup à faire au magasin et que je me démenais pour fermer la succession. Au bout d'une semaine, je rendis enfin visite à Henriette pour la prévenir que je devais aller chercher le cheval et la voiture de mon père, restés là où il était décédé.

— Je pars demain en goélette pour Deschaillons.

— Tu pars encore ! se désola-t-elle, de la déception plein la voix.

Ne me laissant pas émouvoir, je lui dis :

— Tu m'as raconté les principaux épisodes de ta vie, mais que sais-tu de la mienne ? J'ai une proposition à te faire. Accepterais-tu de m'accompagner ? Ce sera l'occasion pour toi d'apprendre qui je suis vraiment.

Mon offre la déconcerta.

— Ai-je bien entendu ?

— Tu as parfaitement saisi.

— Et si jamais quelqu'un découvre que nous ne sommes pas mariés ? rétorqua-t-elle.

— Ce seront toutes des personnes qui ne nous connaissent pas. Comment pourraient-elles le savoir ? Nous ferons comme si.

— Comme si…

— … nous étions mariés.

Ma proposition pouvait paraître équivoque, mais Henriette comprit qu'elle était honnête. Elle hésita longtemps toutefois. Quel risque prenait-elle en m'accompagnant ? Seraitelle capable de se trouver seule en compagnie d'un homme sans paniquer ? Après avoir pesé le pour et le contre, elle se décida d'un coup, non sans poser ses exigences.

— J'irai avec toi à certaines conditions. Tout au long du voyage, tu ne me toucheras pas, tu ne tenteras pas de m'embrasser, nous ne coucherons pas ensemble. Si jamais tu manques à l'une ou l'autre de ces recommandations, je te quitterai et tu ne me reverras jamais.

— Hum ! La sauvagesse en toi refait surface.

— C'est ça ou rien ! clama-t-elle.

Je l'apaisai :

— Je ne te toucherai pas, je ne t'embrasserai pas et nous ne coucherons pas dans le même lit. Tu me demandes là quelque chose de très difficile, mais je te donne quand même ma parole, et c'est celle d'un amoureux.

Comme elle me le raconta ensuite, elle discuta de ma demande avec la mère Petit-Jean dès le lendemain, lui précisant à quelles conditions elle avait accepté de m'accompagner. La vieille n'émit aucune objection. Toutefois, elle y alla d'un conseil.

— Il faut ce qu'il faut, mais gare à toi !

— Ne craignez rien, la rassura Henriette, je me garderai bien de tout faux pas.

— Quand on joue avec le feu, rappela la vieille, on finit par se brûler.

Puis, lui signifiant son accord de façon plus tangible, elle leva les yeux au ciel et se signa avant de conclure :

— On ne doit jamais se mettre en travers de la route de deux amoureux ni contrarier leurs désirs.

Le lendemain soir, nous nous retrouvâmes au bateau devant nous conduire à Deschaillons. Tout au long du trajet, parce que je ne pouvais guère m'agiter, je songeai à la disparition de mon père. J'étais profondément bouleversé et n'avais pas le cœur à causer. Henriette respecta mon silence.

Le temps était beau, comme si la vie venait de tourner la page et chasser du ciel les nuages gris. C'est alors qu'Henriette me confia qu'elle imaginait notre avenir en édifiant divers scénarios dans lesquels le bonheur tenait le premier rôle.

Quand notre navire toucha enfin le quai de Deschaillons, nous descendîmes sans tarder, croyant pouvoir récupérer le chariot le soir même et nous y installer pour la nuit. Or, l'homme qui s'était occupé du cheval et avait fait ranger chariot et marchandises dans sa cour ne l'entendait pas ainsi.

— Monsieur Valois, j'ai fait affaire avec votre père. Je pense même que j'étais un de ses bons clients. Je vous laisserai le cheval et le chariot demain, à condition que vous me remboursiez pour les marchandises que votre père n'a malheureusement pas eu le temps de me payer. Voyez, je n'ai pas forcé les portes du chariot et je ne l'ai pas fait sceller, mais si vous voulez bien, nous réglerons le tout demain à tête reposée.

Je n'étais pas d'accord.

— Nous pourrions fort bien le faire ce soir.

— Oui, si vous savez où votre père cachait les clés du chariot, car je ne les ai pas trouvées. J'attendais votre arrivée pour appeler un serrurier, et vous comprendrez qu'à l'heure qu'il est, nous ne pouvons mander personne.

L'argument porta.

— Dans ce cas, nous prendrons une chambre à l'auberge et demain matin nous le ferons ouvrir. Par la même occasion, je me ferai confectionner une clé et je vous rembourserai votre dû.

Sans plus tarder, nous gagnâmes l'auberge. Pour ne pas attirer l'attention, je ne louai qu'une chambre.

— Après tout, nous sommes censés être mariés, chuchotai-je à l'oreille d'Henriette.

Elle me jeta un coup d'œil qui voulait tout dire. Et pour la première fois depuis le décès de mon père, je fus pris d'un fou rire. Elle ne put s'empêcher de lancer :

— À ce que je vois, la vie est en train de reprendre ses droits.

La chambre ne comptait qu'un lit et un fauteuil. Henriette offrit de dormir dans le fauteuil.

— Ça ne me fait pas peur. J'ai connu pire chez les sœurs.

Je m'y opposai vivement.

— Puisque je t'ai entraînée dans cette aventure, si quelqu'un doit en souffrir, ce sera moi. Tu dormiras dans le lit.

Elle s'y glissa tout habillée. Une fois sous les draps, elle s'affaira à enlever sa robe. Les contorsions auxquelles elle se soumit pour y parvenir m'arrachèrent une autre cascade de rires. Mais je me gardai bien d'émettre un quelconque commentaire. Je pris place dans le fauteuil et soufflai la lampe. Henriette laissa échapper quelques ricanements à son tour, sûrement en raison de notre situation on ne peut plus équivoque. Constatant qu'elle mettait beaucoup de temps à s'endormir, je la rassurai :

— Henriette Vachon, tu n'as rien à craindre de moi. Ferme les yeux et dors en paix.

— Un jour, Valois Ducharme, je te dirai pourquoi je me méfie tellement des hommes et tu me féliciteras d'avoir eu le courage de coucher dans la même chambre que toi.

Je ne sus que répondre. Elle ajouta comme pour elle-même :

— Vraiment, oui vraiment, seul l'amour peut être à l'origine d'un pareil miracle.

Quelques minutes plus tard, je m'aperçus qu'elle venait de sombrer dans un profond sommeil.

Chapitre 29

Le rebelle

Le soleil du matin incendiait le ciel et le jour pointait, encore tout rempli des fraîcheurs de la nuit. Henriette ouvrit grand la fenêtre de la chambre. Elle jeta un coup d'œil du côté du fleuve avant de dire d'une voix éraillée :

— Nous aurons une belle journée.

— Elle sera doublement belle, ajoutai-je.

— Pourquoi donc ?

— Parce que je vais la passer en ta compagnie.

À voir briller ses yeux, je sus que mon compliment avait fait son petit effet. Je sortis de la chambre pour lui donner une chance de s'habiller en paix et elle vint me rejoindre pour déjeuner. L'aubergiste faillit nous avaler d'un long bâillement. Nous n'eûmes pas de peine à deviner qu'il venait tout juste de se lever.

— Qu'y a-t-il pour déjeuner ?

— Un peu de pain et du fromage, et un bon thé si vous en désirez.

Ce repas frugal à peine terminé, je comptais bien récupérer cheval, meubles et chariot. Le serrurier s'exécuta et le véhicule livra son contenu. Je ne savais pas si tous les meubles achetés par mon père s'y trouvaient, toutefois le marchand se présenta avec sa liste et, après inventaire, je lui payai son dû. Sans plus tarder, nous nous mîmes en route pour Montréal et je m'empressai de tenir ma promesse.

— Si je t'ai invitée à m'accompagner, commençai-je, c'est que je mourais d'envie de t'avoir près de moi durant quelques jours. Et comme je te l'ai promis, je voulais aussi te dire qui je suis vraiment. Le jour où j'ai fait ta connaissance, ma vie a totalement changé. Une rencontre peut déterminer tout un avenir. C'est ce qui s'est passé pour moi.

— Ce fut la même chose de mon côté, avoua Henriette. Depuis que je t'ai vu au marché, tu n'as jamais quitté mes pensées.

— C'est un plaisir de l'entendre, chérie, mais tu me vois meilleur que je ne suis en réalité. Attends de connaître mon histoire pour te faire une idée plus précise de moi.

Elle sourit et promit en me regardant avec des yeux pleins de tendresse :

— Je saurai t'écouter très attentivement. Ce n'est pas tous les jours qu'un homme livre ses secrets.

J'engageai le cheval sur le chemin du Roy. Dès que l'animal eut pris son rythme de marche, j'entrepris mon récit.

— Te dire en long et en large qui sont les Ducharme, la famille de mon père, ne saurait que t'ennuyer. Aussi, je me contenterai d'une brève présentation. Je suis issu de huit générations de Ducharme, depuis l'arrivée du premier au pays. J'ai toujours été étonné de constater que mon père était le seul de sa lignée à avoir exercé ce métier. Avant lui, il y a eu un charpentier, un meunier, un charretier, un cultivateur, un jardinier et un prospecteur. Mon père fut vendeur d'antiquités et moi, je serai professeur de sciences si jamais la chance me sourit. C'est dire que question hérédité, du côté paternel, il y a beaucoup de variété.

«Par contre, du côté maternel, c'est tout le contraire. Ma mère était issue d'une lignée d'agriculteurs extrêmement attachés à leur terre et à leurs traditions, à l'exception de mon grand-père, qui fut le fromager du village.

«Mais pourquoi t'ennuyer avec tout ça? Après tout, qu'est-ce que ça peut bien changer à ce que je suis au fond? Et puisque c'est mon histoire que je veux te raconter, à quoi bon te parler de mes grands-parents et de mes arrière-grands-parents? Laissons-les dormir en paix et que les morts restent avec les morts. Moi, je vais tâcher de m'occuper des vivants.

«Tout a vraiment commencé pour moi le jour où Joseph Ducharme a croisé Suzanne Boileau par hasard. Deux yeux en croisent deux autres, une étincelle jaillit et il en résulte une union qui fait naître trois enfants. C'est dire à quel point nous ne tenons vraiment pas à grand-chose.

«Ce que je te rapporte là, je l'ai appris bien des années plus tard, de la bouche même de ma mère à qui j'avais posé la question. Nous ne savons rien des amours de nos parents tant que nous n'osons pas leur en parler.

«Sais-tu que le Valois Ducharme présentement avec toi, issu de l'union de ce Joseph Ducharme et de cette Suzanne Boileau, est au fond un rebelle et qu'il n'apprécie pas se faire dicter sa façon de vivre par qui que ce soit?»

—Je n'ai pas peur des rebelles, me coupa Henriette, d'un air moqueur.

— Rien n'empêche, j'en suis un. Je me suis réveillé un beau matin avec ceci en tête qui me paraît l'évidence même: depuis toujours, des hommes se servent de leur autorité et de leur notoriété pour dominer les autres. Ils repoussent tous les arguments de ceux qui s'opposent à eux, se déclarant possesseurs de la seule vérité. En conséquence, tous doivent se soumettre à leur doctrine. Ils refusent catégoriquement de remettre leurs idées en cause et se montrent d'une intolérance crasse envers leurs détracteurs.

— Ouf ! s'exclama Henriette. Ce que tu dis là est vraiment sérieux.

— Je ne m'en laisse imposer par personne et il faut que tu saches exactement à qui tu as affaire. Voici donc l'histoire du rebelle Valois Ducharme.

Je me tournai vers elle. Devais-je lui exposer mes pensées les plus profondes ? Avant de poursuivre, je la prévins :

— Peut-être m'aimeras-tu moins après ce que je m'apprête à te raconter.

— Parle toujours, je saurai juger par moi-même. Tu sais, habituellement, on n'en aime que plus ceux qui révèlent le fond de leur cœur.

— C'était un jour de fin d'hiver comme seul l'hiver de chez nous sait en concocter, avec des vents glacials à couper le souffle, des rafales de neige sournoises comme des lynx, des coups de chaleur aussi trompeurs que des mirages et des changements de température aussi brusques et inattendus qu'une fièvre en plein mois de juillet.

« Le beau comme le mauvais temps ne constituaient jamais un obstacle quand il s'agissait de nous rendre à l'école. Aucune tempête ne nous aurait valu un congé. Nos maîtres nous disaient : "Vous n'êtes pas faits en chocolat ; ni le froid ni la chaleur ne doivent vous rebuter." Ce jour d'avril pourtant, dès mon lever, je me mis en tête de ne pas affronter inutilement le nordet pour me rendre en classe. N'y avait-il pas un trajet beaucoup plus court que de traverser le pont pour gagner l'école ?

« Aussitôt dans la rue, sac au dos, j'attendis que se pointe mon ami Hubert et lui proposai de filer par la rivière. "Mon père m'a dit que la glace n'est plus assez solide, m'a-t-il répondu. — Elle l'est encore en masse. Viens voir!"

«Il me suivit jusque sur la berge derrière le quai des Pomerleau. Le sentier emprunté par les plus vieux pour traverser la rivière à cet endroit paraissait encore praticable. Bien entendu, personne ne le prenait depuis le redoux survenu deux semaines auparavant. "Tu me suis? dis-je à Hubert. Si ça craque, on s'en retourne. — Et de même, on sera en retard à l'école. — T'es donc ben devenu peureux! Avant tu ne te faisais par prier. T'étais toujours prêt. Astheure, il faut presque se mettre à genoux pour te demander quelque chose."

«Ma remarque le contraria si bien qu'il me planta là et partit en direction du pont sans m'attendre. Je n'allais pas me dégonfler au moment même où il ne le fallait pas. Je m'engageai sur la glace de la rivière sans plus réfléchir. Je courais presque pour me donner du courage et, par miracle, je parvins de l'autre côté du cours d'eau sans le moindre incident. Imagine ma fierté quand, dix minutes plus tard, je vis arriver mon ami Hubert, gelé comme un creton, un peu honteux d'avoir refusé de me suivre. "Je te l'avais dit qu'il n'y avait pas de danger", furent mes premières paroles. "Pis après! — Pis après quoi? — Quand la glace va casser, ça sera plus le temps de revenir en arrière. T'aurais pu te noyer, maudite tête dure de Ducharme, et j'aurais perdu mon meilleur ami. — Tu ne m'as pas perdu puisque je suis encore là. — Un jour..., commença-t-il, avant de s'arrêter net sur ces mots. — Un jour quoi?"

«Il ne répondit pas. J'eus beau lui poser la question à plusieurs reprises, il resta muet comme une pierre. Je le lui reprochai: "Je n'aime pas ceux qui ne finissent pas leurs phrases." Il me regarda sans mot dire avec ses grands yeux noirs et tristes des jours de tempête. Puis, il déclara soudainement : "Y a des choses qu'il ne faut jamais dire, car elles portent malheur. — C'est pour ça que t'as pas fini ta phrase ? — C'est pour ça. — Toi pis tes superstitions !"

« Il ne réagit pas plus à ma réflexion qu'aux questions précédentes. Je me rendis compte que ça ne valait pas la peine d'insister. Au fond, je savais bien ce qu'il avait voulu dire : "Un jour, avec ta tête dure de Ducharme, il va finir par t'arriver malheur."

« Je n'aimais guère l'école. Je l'acceptais comme un mal nécessaire. Elle avait toutefois le bon côté de me faire retrouver mon ami tous les jours. Comme de raison, à la fin de la classe l'après-midi, je décidai de rentrer à la maison par le sentier que j'avais emprunté le matin. J'invitai Hubert à me suivre. Il ne voulut rien savoir. Je m'aventurai donc seul sur la rivière. J'avais à peine parcouru le tiers du trajet quand la glace céda sous mes pas. Je me retrouvai dans l'eau glacée jusqu'au cou et je ne serais pas là pour te raconter tout ça si mon ami Hubert n'avait pas décidé de me suivre de loin. C'est lui qui, en se couchant sur la surface encore ferme et en me lançant son sac d'école qu'il tenait par une courroie, me sauva la vie. Je m'accrochai à l'autre courroie et, ne me demande pas comment, il a réussi à me sortir de ce mauvais pas. Il ne me fit pas de reproches. Il me dit seulement : "Grouille-toi, tête de cochon, sinon tu vas geler comme un glaçon."

« Sur ce, il me donna une poussée dans le dos. Nous revînmes sur nos pas et c'est à la course que nous traversâmes le pont. Rendu chez moi, quand ma mère et surtout mon père apprirent ce qui m'était arrivé, je gagnai ma chambre sans souper et il fallut certainement une semaine avant que mon père m'adresse de nouveau la parole. »

Henriette n'avait pas soufflé mot tout au long de mon récit.

— À ce que je vois, je suis en présence d'une vraie tête dure.

— Eh oui ! Par contre, il n'y a pas que du mauvais à être obstiné. L'avenir n'est-il pas à ceux qui osent ?

— Peut-être bien. Mais pas au point de risquer leur vie.

— Il faut me pardonner, Henriette. J'étais encore très jeune à cette époque.

— Bien sûr, et te voilà un vieillard, maintenant.

Sa réflexion parvint à détendre l'atmosphère. Je me sentis soulagé qu'elle m'accepte déjà comme j'étais.

Chapitre 30

Les Ducharme

Nous dûmes voyager une journée sous la pluie. Le chariot que je menais avec assurance malgré les ornières et la route boueuse demeurait bien étanche. Le toit s'avançait au-dessus de nous, nous gardant à l'abri de la pluie. Par contre, les rafales de vent rabattaient parfois les ondées, qui nous claquaient au visage comme des gifles. Henriette aimait la pluie et ne se plaignait pas. Moi, ce temps maussade m'enlevait l'envie de raconter mon passé. J'attendis au soir avant de poursuivre mon récit, après que nous nous fûmes régalés de pain, de pâtés et de fromage achetés à l'épicerie d'un village.

— Cette fois, commençai-je, je veux t'en apprendre un peu sur ma famille.

Henriette sourit:

— Je ne demande pas mieux, se réjouit-elle. Ne dit-on pas: "Tel père, tel fils!"

— On dit aussi: "Telle mère, telle fille!", répliquai-je pour ne pas être en reste.

Sur ce, je me lançai:

— Mon père, Joseph Ducharme, est né en Beauce. Il était le fils du prospecteur et chercheur d'or Pantaléon Ducharme, mon grand-père. Il s'agissait que quelqu'un prononce le mot “or” pour que mon grand-père s’emballe. Quelqu’un avait dû laisser courir le bruit qu’on avait trouvé de l’or quelque part en Beauce, comme ça s’est produit à Saint-Simon-les-Mines, il y a quelques années à peine.

« Il échoua donc là-bas et, en fait de fortune, tout ce qu’il réussit à faire, ce fut de plonger sa famille dans une pauvreté extrême. Toute sa vie, il s’est débattu pour tenter de gagner suffisamment d’argent pour nourrir ses enfants qu’il a vus mourir ou disparaître les uns après les autres, comme il arrive à des plantes de s’étioler sans qu’on puisse expliquer pourquoi. »

— Il a eu plusieurs enfants ?

— Oui ! Prends l’aîné, Eugène. Il a disparu un beau matin alors qu’il se baignait dans la rivière Famine. Tout le monde a cru qu’il s’était noyé. Comme son corps n’a jamais été retrouvé, mon père a toujours prétendu que son frère aîné avait choisi cette façon de quitter la maison, où il ne se plaisait pas. Tu vois, je ne suis pas le seul de la famille à être buté.

— La belle excuse ! me taquina Henriette en esquissant son plus beau sourire.

— Toi, ma coquine ! répliquai-je, sans insister davantage, mais en la gratifiant d’un regard plein d’affection avant de poursuivre où je venais de laisser : Maria, l’aînée des filles, s’est empressée de marier un soûlon qui, un jour de beuverie, l’a battue à mort alors qu’elle portait leur premier enfant. Les deux suivantes sont mortes d’une maladie contagieuse dont j’ai oublié le nom.

— Ton grand-père a donc perdu tous ses enfants sauf ton père ?

— Exactement ! Mon père, Joseph, dernier-né de la famille et seul enfant survivant, dut s’occuper de ses parents vieillissants. Heureusement, il n'eut pas à le faire très longtemps, car ils sont morts tous les deux de la grippe au cours du même hiver. Mon père a hérité de la maison, ou plutôt de la cabane de son prospecteur de père, au bord de cette fameuse rivière Famine qui porte si bien son nom. Grand-père avait vécu toute sa vie d'espoir et d'eau frette, mon père n'allait pas suivre ses traces. Il avait connu la misère héritée de son rêveur de père, il ne voulait pas mourir de la fièvre de l'or à son tour. Sans réel métier, il savait pourtant tout faire. Il décida de vendre la maison paternelle et, après une année d'errance à travers la Beauce et les comtés voisins où il vécut toutes les privations, la chance lui sourit enfin quand il croisa sur sa route Gédéon Rinfrette, un marchand ambulant.

Je m'arrêtai là-dessus :

— C'est tout pour aujourd'hui. J'ai sommeil.

Comme une petite fille privée de la fin d'une histoire, Henriette eut beau me supplier de continuer, je ne voulus rien entendre.

— C'est mon côté Ducharme, expliquai-je en bâillant.

— J'espère, reprit Henriette, que le côté de ta mère est plus accommodant.

— C'est ce que nous verrons demain, mademoiselle. Bonsoir et bonne nuit !

Je me laissai choir sur une paillasse pendant qu'Henriette s'étendait sur un divan à l'autre bout de la voiture.

Chapitre 31

Gédéon Rinfrette

Contrairement à la veille, le soleil était déjà bien présent à notre lever. Nous avions passé la nuit à l'embouchure de la rivière Bécancour ; Henriette, sur son vieux divan, et moi, tout au fond du chariot sur ma paillasse. En me levant, je me sentais courbaturé, mais quand même bien, et j'amorçai la journée par ces mots :

— Nous voilà au pied de la Bécancour, là où, après un saut, elle se presse vers le fleuve comme une fiancée vers son futur époux.

—Holà ! Te voilà poète, ce matin, s'amusa Henriette. J'aime vraiment t'entendre quand tu parles comme un grand livre.

Je me demandai si elle se moquait de moi.

— N'est-ce pas le rôle d'un futur professeur de parler comme un livre ouvert et de connaître par cœur les matières qu'il enseigne ?

— Et celui du bon et docile élève d'écouter attentivement l'enseignement du maître, répliqua-t-elle. Vas-y, je suis tout oreilles !

Je n'avais pas perdu le fil de mon récit et je le repris précisément où je l'avais interrompu la veille, quand il avait été question d'un certain Gédéon Rinfrette.

— Le bonhomme se faisait vieux et avait la mort écrite dans le visage. Voyant que mon père pourrait lui être fort utile, il décida de l'embaucher pour accomplir tout ce qu'il n'était plus en mesure de faire vu son âge et ses infirmités.

«Mais le vieux Rinfrette n'était pas seulement commerçant. Il avait été auparavant prestidigitateur. Toutefois, il n'avait plus la dextérité nécessaire pour exécuter ses tours de passe-passe et il décida donc de les montrer à mon père. Un jour, il lui dit: "Jos, je suis ben satisfait du travail que tu fais pour moi. J'ai pas l'argent pour te payer comme il faut, mais je vas te rembourser à ma façon. Assis-toi là et regarde-moi faire!"

«Le vieux avait à la main un jeu de cartes. Il l'avança vers mon père: "Choisis-en une dans le tas et cache-la." Mon père tomba sur le deux de cœur. Le bonhomme étala les cinquante et une autres cartes sous leurs yeux et sans hésiter, il affirma: "Ta carte, c'est le deux de cœur." Mon père écarquilla les yeux. "Comment le savez-vous? — Comment je le sais? Brasse les cartes!" Mon père s'exécuta et après avoir conservé une carte, la dame de pique, il remit le jeu au bonhomme. "Tu as dans les mains la dame de pique." Mon père était subjugué. Comment le bonhomme parvenait-il à savoir si vite quelle carte manquait? Il le lui demanda. L'autre, trop heureux de pouvoir faire part de ses connaissances, répondit: "Tu veux que je te le montre?" Qui aurait décliné une telle offre? Et de la même manière qu'en une année, le bonhomme lui avait appris son métier de commerçant, il lui transmit tout son savoir de prestidigitateur. Grâce aux connaissances de Gédéon Rinfrette, mon père possédait désormais deux métiers. Le vieil homme n'avait pas d'héritier, il venait d'en trouver un. Il légua à mon père tout ce qu'il avait: son cheval, le chariot qui lui servait de maison et de moyen de transport pour ses marchandises et ce qui allait avec. Mon père m'a raconté à plusieurs reprises la fin de ce vieil original.»

Je me tus afin de voir comment Henriette réagirait. Je la savais anxieuse de m'entendre terminer mon histoire, mais je voulais savoir jusqu'à quel point. Elle patienta quelques minutes, respectant mon silence, puis soudain, d'une voix douce, bien que décidée, elle insista:

— J'attends la suite. Je ne suis pas venue jusqu'ici pour m'ennuyer.

— J'y viens, j'y viens, dès que nous aurons laissé derrière nous ce mauvais bout de chemin.

Tout en parlant, je dirigeais le cheval en évitant les cahots et ornières. Malgré tous mes efforts, le chariot était passablement secoué de temps à autre. Nous fîmes encore quelques centaines de pieds et, la route devenant moins cahoteuse, je poursuivis:

— Là, c'est mon père qui parle:

«Nous nous étions arrêtés pour la nuit au bord d'un champ, près d'un petit ruisseau où j'étais allé puiser de l'eau. Revenu au chariot, je trouvai Gédéon déjà étendu sur sa paillasse. Je n'osai pas le déranger et je me mis en frais de préparer la soupe. Il lui arrivait assez souvent de s'étendre comme ça. Habituellement, les bonnes odeurs dégagées par le potage ou un autre mets le mettaient en appétit. Il s'assoyait lentement et disait: "J'vas ben manger si je veux pas rester fluette." Je lui apportais la soupe à son lit et il avalait lentement avec l'air d'apprécier tout ce qu'il goûtait. Mais ce soir-là, il ne bougea pas, ce qui m'inquiéta un peu. Je m'approchai de sa couche pour voir s'il dormait et constatai tout de suite qu'il ne respirait plus. Pendant mon absence, il avait sorti un jeu de cartes. Toutes les cartes étaient répandues près de lui sur le plancher et sur la paillasse. Il tenait dans sa main la dame de cœur. Je l'ai fait enterrer au cimetière du village le plus proche et je lui ai succédé comme marchand ambulant. »

— Chaque fois qu'il me parlait de ce vieil homme, mon père avait ce commentaire : "Nous ne tenons pas à grand-chose dans la vie : une rencontre, une personne peut carrément changer notre destin. Tu vois, sans Gédéon Rinfrette, qu'est-ce que je serais devenu ?" Mon père croyait réellement au destin. Combien de fois ne m'a-t-il pas dit : "On n'y échappe pas, tu sais ! Notre destinée, ce n'est pas nous qui la faisons, le hasard s'en charge."

Je restai silencieux quelques instants.

— Toi, Henriette, crois-tu au hasard ?

— Je ne sais pas trop. J'ai de la difficulté à penser que nous pouvons être les proies du hasard et que notre vie est toute tracée d'avance. Bon, pour tout de suite, j'ai grandement soif.

Puisque nous passions sur un petit pont enjambant un ruisseau, j'arrêtai le cheval.

— Tu vois ! Comme par hasard, nous avons réponse à notre soif.

Après nous être désaltérés, je repris les cordeaux, poursuivant inlassablement notre route. Je fis alors la réflexion suivante :

— Ne trouves-tu pas que notre vie ressemble à un long voyage fait de toutes sortes de rencontres ? Je ne crois pas qu'elles sont toutes planifiées d'avance. Elles sont le fruit du hasard. Pour ma part, je penche de plus en plus vers cette explication de la vie. À preuve, nous aurons beau tout faire, nous ne pourrons pas échapper à notre mort.

— Bien entendu, approuva Henriette, la vie mène vers la mort, quoique la mort ne soit rien d'autre que la fin de notre vie sur terre.

— Ou de notre vie tout court. Je ne suis pas sûr que la vie après la mort existe bel et bien, car ceux qui en parlent n'en savent pas plus que nous là-dessus. Pour ça, il faudrait qu'ils l'aient expérimentée. En connais-tu beaucoup qui sont morts et sont revenus nous en parler ?

— Jésus-Christ est l'un d'eux.

— À ce que certains ont raconté. Mais qu'avons-nous appris de plus sur ce qui se passait après notre mort ?

— Le ciel, l'enfer, l'éternité.

— Tout cela, quelqu'un l'avait inventé bien avant lui.

Ces réflexions nous laissèrent perplexes.

— J'ai souvent constaté que mon père avait un peu raison à propos du destin. Pourquoi croisons-nous quelqu'un qui, soudain, chambarde notre vie alors que tant d'autres personnes se sont trouvées sur notre chemin auparavant sans qu'elles nous influencent pour autant ? Pourquoi cette rencontre et pourquoi à ce moment précis de notre vie ? Deux minutes plus tôt ou deux minutes plus tard, le destin aurait été déjoué. Comment expliquer que des personnes se retrouvent constamment dans nos vies alors que nous en perdons définitivement d'autres de vue ?

— C'est la vie ! souffla-t-elle en souriant. Comment se fait-il que nous nous soyons rencontrés ?

— N'était-ce pas notre destin ?

Elle me décocha un regard espiègle.

— Peut-être ! Alors nous pouvons dire jusqu'ici que ce fut un heureux hasard.

Chapitre 32

Au fil des souvenirs

C'est ainsi qu'en évoquant mon passé nous pénétrâmes dans celui d'Henriette puisque nous traversions Bécancour. Elle m'indiqua la demeure de sa grand-mère et je la taquinai en lui proposant de nous y arrêter.

— Tu n'y penses pas ! Que dirait-elle de me voir toute seule en compagnie d'un homme ?

— Tu es certaine de ne pas vouloir la saluer en passant ? Je pourrais me cacher plus loin et t'attendre.

— Ne parle donc pas pour ne rien dire, Valois Ducharme !

Je fis la moue comme un enfant qu'on vient de punir et elle éclata de rire en même temps que moi, ce qui nous mit de bonne humeur pour la journée entière.

En passant à Sainte-Angèle, les souvenirs d'Henriette remontèrent à la surface comme des objets longtemps oubliés que nous redécouvrons en visitant les lieux qui les abritent. Puis, en quittant ces endroits si chers, Henriette me somma :

— Allons, je t'écoute. Qu'as-tu à me raconter de plus aujourd'hui ?

— Les événements qui nous marquent profondément dans la vie sont la perte d'êtres chers. Mon père vient de nous quitter et c'est précisément son départ qui est à l'origine de notre rapprochement. Te rends-tu compte? S'il avait toujours été avec nous, nous n'aurions peut-être jamais eu le bonheur d'échanger ainsi. Dans la vie, il n'y a rien pour rien.

Elle commenta:

— Ça m'a permis en tous cas de me rendre compte de ta grande sagesse.

— Jusqu'à présent, je t'ai beaucoup parlé de mon père. Je veux maintenant te dire un mot au sujet de ma mère que, comme toi, je n'ai malheureusement pas eu le bonheur de connaître vraiment. Elle est morte en couches en donnant naissance à ma sœur Hélène, qui elle n'a vécu que quelques semaines. Tout ce dont je me souviens, c'est de sa douceur et de sa petite voix. J'avais le goût de me coller contre elle parce que j'étais sûr d'être cajolé, comme si cette femme n'était faite que pour la tendresse. Elle ne jouissait pas d'une bonne santé, aussi il fallait éviter de crier et d'être turbulent autour d'elle. Mais même lorsque nous nous laissions aller, jamais elle n'élevait la voix. Voilà le peu que je me rappelle d'elle. Le reste m'a été raconté par d'autres.

— Comme quoi?

— Ses dons pour la cuisine. Elle était une cuisinière hors pair. Durant le temps des fêtes, elle commençait très tôt à faire à manger. Personne, à ce qu'on m'a dit, ne cuisait d'aussi bonnes tourtières ni ne parvenait à égaler ses beignes, un vrai régal, paraît-il. Je me souviens vaguement de ses desserts et c'est peut-être pourquoi aujourd'hui j'ai la dent sucrée. À part ça, elle avait un don particulier pour le jardinage et elle produisait des légumes dont tous les voisins rêvaient.

— Tu avais la mère idéale.

— Je crois. Mais j'avais à peine quatre ans quand elle est morte. Je me souviens vaguement du service. Avec ma sœur d'un an plus vieille que moi, n'étant pas vraiment conscients de ce qui se passait, nous nous sommes amusés à faire des grimaces en suivant le corbillard dont un renflement bombé à l'arrière nous renvoyait notre image déformée. Je me souviens qu'on ressemblait à des nains dont le corps grossissait ou s'amincissait selon la distance nous séparant du fourgon mortuaire. Ensuite, tout ce qui me revient c'est la fosse et les poignées de terre que chacun jetait sur le cercueil. Voilà les seuls souvenirs que j'ai de celle qui m'a donné le jour.

— Dommage que le daguerréotype n'ait pas encore été inventé, car tu aurais peut-être un portrait de ta mère.

— Chose certaine, je me ferai tirer le portrait un jour. Je tiens à ce que mes enfants puissent avoir une idée de ce dont j'avais l'air dans ma jeunesse.

— Tu anticipes, mais je suis heureuse de t'entendre dire que tu veux avoir des enfants.

— Et s'ils ont une mère comme toi, ils seront certainement très beaux et fort heureux.

Pendant que nous roulions, sur l'autre rive du fleuve disparaissait de notre vue l'agglomération de Trois-Rivières dont les maisons devenaient de plus en plus clairsemées. Nous pénétrâmes bientôt sur le territoire de la seigneurie de Nicolet. Henriette était insatiable et je ne demandais pas mieux que de lui relater les épisodes les plus marquants de ma vie.

— J'avais le goût de te parler de spectres hier soir, seulement je n'ai pas osé par crainte de t'empêcher de dormir. Ça m'a rappelé comment un soir, dans une auberge où nous passions la nuit, un homme nous a rapporté une expérience vécue avec des revenants. Crois-tu aux revenants ?

— Je n'en sais rien. Plusieurs personnes prétendent être entrées en contact avec un ou des revenants.

— Quand cet homme en a parlé, certains lui ont dit que c'étaient là des histoires de bonnes femmes qui entendent des bruits et les prennent pour des voix, ou encore qui s'imaginent avoir vu quelqu'un de leur parenté venu les prévenir d'un quelconque danger. Mais cet homme jurait avoir réellement participé à plusieurs séances de spiritisme pendant lesquelles les participants avaient établi un contact avec un revenant.

— Les sœurs nous mettaient en garde à ce sujet, nous disant que si nous avions des apparitions, il fallait bien nous assurer qu'il ne s'agissait pas là du fruit de notre imagination. Tellement de saints et de saintes en ont eu dans le passé qu'il y a lieu de se demander pourquoi elles deviennent de plus en plus rares de nos jours. Mais continue donc le récit de cet homme.

— Tu as sans doute entendu parler des sœurs Fox aux États-Unis ou lu à leur sujet dans les journaux. Elles entendaient des bruits inexpliqués. Pensant que ces bruits avaient un sens, elles commencèrent à poser des questions sur leurs proches et obtinrent des réponses sensées qu'elles attribuèrent à un membre défunt de leur famille. Elles formèrent un groupe de sept personnes qui se réunissaient autour d'une table tous les jeudis soirs afin de tenter une expérience similaire. Après avoir fait converger leurs pensées vers le même but, c'est-à-dire celui d'intéresser un mort de leur connaissance à leurs questions, l'un d'entre eux l'interrogeait. Aussitôt la table se soulevait et l'une des pattes frappait le sol à quelques reprises. Il leur fallait quelques contacts avec le défunt pour décoder la signification des coups. Par la suite, ils pouvaient facilement déchiffrer les réponses du revenant. Tant qu'ils s'en tinrent à des questions vagues et sans conséquence comme : "Quelle sorte de récoltes aurons-nous cette année ?", tout alla bien. Le revenant répondait. Mais quand ils risquèrent la question : "Qui d'entre nous mourra le premier ?", la réponse tarda, puis l'un d'entre eux se fit annoncer qu'il n'en avait plus que pour quelques jours à vivre.

— La prédiction s'est-elle révélée juste ?

— En effet. Quatre jours plus tard, cet homme se noyait. Les autres cessèrent immédiatement de contacter cet esprit. S'agissait-il d'une coïncidence ? Le hasard était-il en cause ? Je ne saurais le dire. Par contre, et j'ignore si tu seras de mon avis, j'ai bien de la misère à me rentrer dans la tête que les revenants, s'ils existent, ne sont pas assez brillants pour se servir d'autre chose que d'une table pour communiquer leurs messages. Par exemple, cogner contre une porte ou un mur leur demanderait certainement moins d'énergie.

— Tu as bien raison.

— N'empêche que tout ça démontre bien comment les gens sont désireux d'en savoir plus sur leur avenir. Si on pouvait contacter à notre guise les esprits, je crois que les hommes auraient trouvé des moyens plus simples de le faire.

— Je n'avais jamais songé à ce que tu viens de dire. En y réfléchissant bien, ça me semble avoir beaucoup de sens.

— En tous les cas, tout ça demeure très mystérieux.

Je me tus. Nous fîmes le reste du trajet en silence. Nous étions tous les deux pensifs en entrant dans Nicolet, où nous passâmes la nuit. Le bon souper dégusté à l'auberge nous redonna notre bonne humeur et chassa les fantômes de nos esprits.

Chapitre 33

Un voyage

Nous poursuivions notre périple au rythme de mes confidences. Le temps demeurait ensoleillé, à l'image de notre bonheur d'être ensemble. Quand, ce jour-là, nous traversâmes le village de Baie-du-Febvre, j'en étais à mes voyages avec mon père.

— J'ai commencé tout jeune à l'accompagner dans ses expéditions. Un été, mon père fit monter cheval et chariot sur une goélette en partance pour aussi loin que la Côte-Nord, Anticosti et la Gaspésie. Nous en avions pour des semaines à nous faire brasser sur l'eau, mais ça en valait le coup. Même si j'étais jeune, je m'en souviens encore très bien. Notre bateau descendit le Saint-Laurent sans faire escale avant les premiers villages de la Côte-Nord. J'avais de la difficulté à croire que mon père dénicherait là des antiquités de valeur. Pourtant, dans presque chaque village, il mit la main sur quelque chose de particulier, comme de vieilles horloges, des objets sculptés dans des défenses de morse, de magnifiques potiches des îles de Jersey et Guernesey, ou encore un encrier en bronze qu'il utilisa longtemps pour sa tenue de livres. Il rapporta aussi de ce voyage une balance à plateau, un coffre de cèdre, une roue de bateau, une baratte et des moules à beurre, un coq girouette, une boîte à sel, de la vaisselle et des livres parmi lesquels je dénichai *Le Dernier des Mohicans*, de Fenimore Cooper, que j'ai lu et relu.

« Bref, nous n'avions pas encore parcouru toute la Côte-Nord que nous avions rempli le chariot. Nous profitions de toutes les escales du navire pour écumer le village où nous nous trouvions. Quand il y avait suffisamment de bouts de route, nous faisions descendre cheval et chariot, ainsi nous pouvions rapporter de plus gros objets comme des meubles. Si bien que rendus à Anticosti, une bonne partie de notre butin dormait sous des bâches à l'arrière du navire. Notre cheval avait sa place avec les autres animaux, quelques vaches, deux cochons et une truie que le navire transportait pour des gens de la Gaspésie. C'est pendant notre escale à Anticosti qu'un homme relata un soir une histoire à nous faire dresser les cheveux sur la tête. »

Henriette me supplia :

— Oh ! Conte-la-moi !

— Je ne sais pas si je devrais. Peut-être qu'elle troublera ton sommeil et tu ne pourras pas te réfugier dans mes bras sans me faire briser ma promesse.

Elle insista si bien que je me rendis à sa volonté :

— C'était du côté des îles Mingan, un jour de septembre. Un habitant de l'endroit dont la femme était atteinte de convulsions partit en canot le long de la côte afin de quérir le seul médecin du coin, à quelques milles de là. Mais l'homme fut surpris par la noirceur avant d'arriver à la maison du docteur. Il n'y avait pas de lune et il faisait noir comme chez le loup. Il ne savait plus où se diriger. C'est alors qu'une lumière apparut au-dessus de lui. Elle se déplaçait lentement dans le ciel et notre homme, ne trouvant rien de mieux à faire, décida de la suivre. La première chose qu'il sut, c'est que son canot s'échouait sur une île. Il en descendit, toujours guidé par la lumière. Celle-ci le conduisit jusqu'à une maison semblable à la sienne. Il hésita d'abord, puis se décida à y entrer. Et que vit-il là ? Sa femme alitée, mais sous la forme d'un spectre. Elle le menaça : "Ne t'approche pas sinon je vais t'étouffer." Elle lui montra des mains énormes comme des griffes et des dents pointues comme celles des souris. "Si tu veux me retrouver vivante, ajouta-t-elle, tu devras faire trois fois le tour de cette île durant la nuit."

« Comme il avait beaucoup d'affection pour elle, il partit en suivant la lumière revenue pour le guider. L'homme n'avait aucune idée de quelle île il s'agissait. Il se croyait dans l'archipel de Mingan qui, comme chacun sait, compte une profusion de petites îles. Par contre, ce qu'il ignorait, c'est qu'il avait tellement dérivé qu'il longeait l'île d'Anticosti. Après avoir ramé pendant plusieurs heures, il ne voyait pas encore le bout de l'île et comprit qu'il ne pourrait jamais en faire trois fois le tour dans la nuit. Imagine, une île comme Anticosti avec ses trois cent trente milles de côte ! L'homme décida de faire demi-tour. À peine avait-il tourné la pince de son canot qu'il sentit des griffes pénétrer dans ses épaules et son canot virer dans la direction où il devait aller. Il n'eut donc pas d'autre choix que de continuer à suivre la lumière devant lui.

« N'en pouvant plus d'avironner, l'homme décida d'accoster. Il eut tout juste le temps de mettre un pied à terre que le spectre était encore sur lui. Cette fois cependant, il tira son batte-feu à silex de sa poche et en fit jaillir des étincelles. Le spectre disparut aussitôt. Voyant que la façon de s'en débarrasser consistait à faire de la lumière, l'homme chercha à tâtons sur le sol quelques morceaux de bois sec et alluma un feu. De cette façon, il eut la paix pour le reste de la nuit. Au matin, profitant de la clarté du jour, il parvint à s'orienter et regagna Mingan. Quelle ne fut pas sa surprise en revenant chez lui de trouver sa femme remise, grâce aux bons soins du docteur qui prétendait avoir entendu sa voix l'appeler dans la nuit afin qu'il lui porte secours. C'est depuis ce temps-là que la petite île la plus proche de chez lui a été baptisée l'île du Spectre. »

Quand j'eus terminé mon récit, Henriette fit sa brave.

— Crois-tu vraiment que ton histoire va m'empêcher de dormir ce soir ? Tu as intérêt à m'en conter des plus horribles pour me faire peur.

— Attention, Henriette Vachon ! Ne me mets pas au défi, tu pourrais le regretter. Je pourrais bien t'apparaître un jour sous la forme d'un spectre.

— C'est bien correct, maintenant que je sais qu'il n'y a qu'à faire du feu pour l'éloigner, répliqua-t-elle dans un grand éclat de rire.

Nous nous arrêtâmes pour dîner dans une petite forêt de pins où je trouvai un énorme champignon dont je voulus faire goûter un petit morceau à Henriette. Elle s'écria :

— Tu veux donc m'empoisonner ?

— Allons, chérie ! Ce champignon a un goût merveilleux.

Et pour bien le lui démontrer, j'en avalai un morceau sous ses yeux.

— Tout dans la nature n'est pas dangereux, lui rappelai-je. Il y a de bons et de mauvais champignons, comme il y a de bons et de mauvais hommes. Il s'agit seulement d'apprendre à les reconnaître.

Nous reprîmes ensuite la route.

— D'Anticosti, nous avons gagné la Gaspésie, dis-je après un moment de silence. Et là, du côté de Gaspé, nous avons rencontré des Indiens occupés à pêcher au bord de la mer. Il y avait parmi eux une vieille squaw. Je ne te mens pas, c'était une véritable sorcière. Elle entretenait un feu sur lequel elle faisait bouillir une marmite d'eau. Quand nous nous sommes approchés, elle s'est mise à parler dans sa langue. Bien sûr, nous ne comprenions pas un mot de ce qu'elle disait. Nous avons voulu nous avancer plus près. Tu sais ce que font les chats lorsqu'ils sont surpris ?

— Ils se dressent sur leurs pattes. Leur poil devient droit sur leur dos et ils font shhhh !

— Eh bien ! C'est un cri semblable que cette sauvagesse a émis ! Elle a craché sur le feu qui est devenu bleu, vert et orange, puis rouge comme du sang. Je n'avais jamais rien vu de pareil. J'aurais donc aimé comprendre son langage ! Jamais je n'ai assisté à quelque chose d'aussi étrange. L'autre souvenir que je conserve de ces pauvres sauvages, c'est la crasse dont ils étaient couverts. Mon père, pensant trouver quelques objets intéressants chez eux, s'adressa à leur chef qui comprenait notre langue. Il nous fit entrer dans son tipi. Ça sentait tellement mauvais que ça nous prenait au cœur. C'était réellement malpropre, si bien que mon père refusa de marchander pour les quelques objets, dont un calumet, que le chef nous offrait.

— J'aurais fait la même chose, commenta Henriette.

— De là, notre navire mit le cap sur Montréal. Nous avons rempli le chariot jusqu'au bord pour rapporter les effets achetés au cours de notre aventure, et nous avons dû faire deux autres voyages au port afin de récupérer toute notre marchandise.

— Est-ce que ton père réussissait à tout vendre ?

— Tu ne le croiras pas, mais ces objets partaient comme des petits pains chauds à peine sortis du four. Il publiait une petite annonce comme on en voit tant dans les journaux :

« Monsieur l'antiquaire Joseph Ducharme de la rue Sainte-Élisabeth avise sa fidèle clientèle d'un récent arrivage de marchandises diverses rapaillées sur la Côte-Nord, à Anticosti et en Gaspésie. On y trouve des pièces aussi rares que des défenses de morse sculptées, de magnifiques potiches des îles de Jersey et Guernesey, des cadrans et horloges d'Angleterre, de la porcelaine allemande et également de la fine porcelaine de Sèvres et de Limoges, de superbes figurines animalières en cuivre, des angelots d'une rare beauté, des moules, une boîte à sel comme vous n'en avez jamais vu et un coq girouette dont vous ne pourrez pas vous passer, sans compter une multitude de bibelots qui feront à coup sûr votre bonheur. »

— Eh bien ! s'étonna Henriette.

— Son annonce était à peine parue que des acheteurs faisaient la queue à la porte de la boutique. Tout s'écoulait en quelques jours. Mon père avait vraiment un don particulier pour la vente. Dommage qu'il soit parti si jeune.

Me voyant ému au souvenir de mon père, Henriette conclut :

— Nos parents nous quittent toujours trop tôt.

Nous roulâmes encore quelque temps le long du fleuve puis, la fatigue se faisant sentir, nous nous arrêtâmes à proximité de Sorel.

— Il est grand temps d'arriver. Le cheval commence à se faire vieux et il se ressent de ce voyage. La nuit lui permettra de se reposer tout comme nous. Après tout, nous ne sommes pas si loin de Montréal, fis-je remarquer.

Chapitre 34

La médium

Le soir était doux. Nous mangeâmes dehors et notre repas se termina avec l'arrivée de la nuit, qui nous rappela notre petitesse.

— Quand je regarde ainsi les étoiles, commença Henriette, je me sens comme un brin de poussière dans l'immensité.

J'approuvai.

— N'est-ce pas ce que nous sommes en réalité ? Nous connaissons si peu cet univers qui nous entoure. Il était question, il y a deux ans à peine, d'une comète qui devait menacer la Terre. Nous ne l'avons jamais vue et tout le monde a cessé d'en parler pour passer à un autre phénomène menaçant comme les fantômes ou les esprits. Je crois que nous sommes obsédés par notre avenir. Parlant d'avenir, sais-tu que j'ai consulté une voyante récemment ?

— Tu es sérieux ?

— Évidemment. Un soir que nous étions en compagnie d'un groupe d'hommes à l'auberge où mon père et moi passions la nuit, un des voyageurs nous jura que tout ce qu'une voyante lui avait prédit s'était réalisé. Elle lui avait dit qu'il perdrait son cheval dans des circonstances tragiques. C'est en plein ce qui lui arriva quand l'animal, effrayé par un coup de tonnerre, prit le mors aux dents et renversa tout sur son passage avant de se jeter dans la rivière où il se noya, entraîné par le courant avec la charrette à laquelle il était attelé. Elle avait aussi dit qu'elle le voyait avec des jumeaux. Quelque temps plus tard, il s'est marié et les premiers enfants qu'ils eurent furent des jumeaux.

— Crois-tu vraiment que cet homme disait la vérité ?

— Je suis très sceptique, mais comme d'autres hommes du groupe rapportèrent des histoires de prédictions qui s'étaient également réalisées, je décidai d'aller moi aussi consulter une voyante par curiosité. Ne sommes-nous pas toujours un peu anxieux de savoir ce qui pourrait nous arriver ?

— C'est juste, mais la plupart du temps il vaut mieux l'ignorer, non ?

— Tu as raison, mais c'était plus fort que moi.

— Ce qu'elle t'a dévoilé s'est-il produit par la suite ?

— C'est en train de se réaliser.

— Vraiment ?

— Je ne voulais pas consulter la première personne qui prétend posséder le don particulier de prédire l'avenir. La majorité d'entre elles, à mon avis, ne sont pas mieux que des charlatans. Aussi je m'informai à l'un et à l'autre avant d'arrêter mon choix. Je décidai de consulter une voyante en exercice sur la Rive-Sud de Montréal, du côté de Longueuil. Celle-ci n'a pas besoin de faire étalage de ses dons dans les journaux. Elle est considérée comme exceptionnelle et elle très connue, en plus. J'ai donc pris rendez-vous il n'y a pas bien longtemps de cela. Cette voyante se prête à tout un rituel avant d'énoncer ses prédictions. Elle m'a fait asseoir sur un divan au fond d'une pièce qui baignait dans la pénombre. Je la voyais à peine. Après s'être approchée et avoir passé ses mains au-dessus de ma tête comme pour capter des ondes à l'intérieur de moi, elle a commencé à parler d'une voix basse, à la manière de quelqu'un qui récite un poème d'un ton monocorde et dénué d'émotion. J'avais l'impression que sa voix me parvenait d'un autre monde.

Henriette m'interrompit. Elle brûlait de savoir ce que la voyante avait pu me dire.

— Quelles ont été ses prédictions?

— J'y arrivais. Elle me dit: "Vous êtes né sous le signe de la rébellion. Vous devrez vous défendre tout au long de votre vie contre des forces contraires à vos convictions profondes. Heureusement, vous saurez combattre par des moyens fort efficaces. Vous croiserez en temps et lieu sur votre route des personnes à l'esprit ouvert qui sauront vous apporter une aide précieuse et un appui inconditionnel dans vos démarches. Vous exercerez pendant un temps un métier que vous aimez. Méfiez-vous de ceux qui vous entourent et rappelez-vous que trop parler pourrait causer votre perte."

«Je voulus savoir à quoi elle faisait allusion. Elle me fit signe de ne pas l'interrompre afin que le lien qu'elle avait créé avec les esprits ne se brise pas. Elle poursuivit, toujours sur le même ton: "Vous rencontrerez une femme tout juste sortie d'un endroit où elle n'avait pas choisi de vivre. Je la vois grande, les cheveux noirs, des yeux bruns chaleureux. Vous l'aimerez pour sa douceur et sa fidélité. Elle vous accompagnera tout au long de vos jours. Vous devrez être très patient et plein de délicatesse à son égard si vous ne voulez pas la perdre. Ensemble, vous subirez un grand malheur dont vous sortirez plus forts." Elle s'arrêta sur ces mots, ouvrit le rideau d'un coup et la pièce baigna soudain dans une telle clarté qu'il me fallut fermer les yeux pour éviter d'être aveuglé.

«Quand je pus les rouvrir, elle se tenait devant moi, souriante. Ce n'était plus du tout la même personne. Je la payai pour cette séance de spiritisme et elle me dit: "Revenez me voir si jamais le cœur vous en dit. Pour cette fois, c'est tout ce que les esprits avaient à vous révéler. N'oubliez pas que plus vous êtes réceptif à leurs paroles, plus vous avez des chances d'en connaître long sur ce qui vous attend. Ne me demandez pas d'éclaircissements sur ce que vous avez entendu. Je ne saurais pas vous en donner puisque la voix qui vous a parlé n'était pas la mienne. D'ailleurs, je ne me rappelle rien de ce qui a été dit par mon intermédiaire. À vous de l'interpréter au cours de votre vie."

«Je l'ai quittée là-dessus et, depuis, la plus belle partie de ses prédictions s'est accomplie. Je t'ai rencontrée. N'es-tu pas grande ? N'as-tu pas les cheveux noirs et des yeux bruns chaleureux qui m'ont conquis ? Et puis ne sortais-tu pas d'un endroit où tu n'avais pas choisi de vivre ?»

— En effet. Tout cela me paraît juste. Je te sais rebelle et je l'accepte. Par contre, je crains ce grand malheur qui doit s'abattre sur nous.

— Pourquoi s'en faire ? Si la prédiction est juste, nous n'y échapperons pas. Ne vaut-il pas mieux profiter de chaque instant de bonheur que nous offre la vie d'ici là ?

— Tu es sage, Valois, et je suis bien heureuse de t'avoir rencontré. Si on se fie à cette prédiction, nous sommes appelés à faire un long bout de chemin ensemble.

Je me levai et me dirigeai vers le chariot.

— Pour tout de suite, nous aurons le bonheur de passer encore une belle nuit l'un près de l'autre. Tu ne peux pas savoir ce qu'il m'en coûte de te côtoyer ainsi jour et nuit sans pouvoir te toucher et te serrer dans mes bras.

— Un jour pas si lointain, ta patience sera récompensée. Ta sauvagesse est maintenant bien apprivoisée. Notre épreuve tire donc à sa fin. Je suis heureuse de m'être gardée pour toi. Notre bonheur n'en sera que plus grand quand nous serons mariés.

— Si tu savais à quel point j'attends cet instant, ma coquine !

Et je me surpris à sauter comme un enfant à bout de patience.

La nuit était maintenant bien installée. Une fois couché, je me dis : « Nous sommes vraiment sages. » Une pensée envahissait mon cœur et ma tête. Je nous voyais dans les bras l'un de l'autre, et il me semblait que nous avions enfin trouvé la paix et le bonheur que nous cherchions.

Chapitre 35

Une expérience de vie

Par un jour de pluie et de brume, nous nous rendîmes de Sorel jusqu'à Varennes. En passant à Verchères, je rappelai à Henriette l'exploit de la jeune Madeleine quand les Iroquois avaient attaqué le fort où elle était pratiquement seule avec ses jeunes frères.

Notre cheval donnait de plus en plus de signes de fatigue, aussi je décidai de terminer le voyage à bord d'un vapeur sur lequel on accueillait cheval et chariot. J'en avais encore long à raconter. À peine étions-nous montés à bord que je faisais part à Henriette de l'expérience suivante :

— J'aidais mon père dans son travail, mais je n'avais jamais un sou vaillant. Je cherchais des moyens de m'en faire quand je rencontrai sur la place du marché d'un village un homme plutôt taciturne, mais drôlement efficace quand il s'agissait de vendre. Il se nommait Bertrand Loiseau. C'était sans doute un nom inventé, car il vendait des oiseaux. Mon père et moi nous étions arrêtés pour quelques jours dans ce village. Nous voulions bénéficier du savoir-faire du charron de la place afin de faire remettre en état notre chariot. Après un peu plus de deux mois de route, les roues commençaient à souffrir de tous les trous et bosses qui nous secouaient sans cesse.

« Cet oiseleur m'intéressait. J'en profitai pour causer avec lui et tâcher de lui soutirer le plus d'informations possible sur son métier. J'avais idée de gagner des sous en vendant comme lui des oiseaux. Encore fallait-il que j'apprenne comment m'y prendre pour les capturer vivants. Il me montra les pièges et les cages dont il se servait, ainsi qu'un instrument dont j'ignorais le nom et l'utilité. "Comment s'appelle cet appareil ? — Un miroir aux alouettes. — À quoi sert-il ? — À attirer les oiseaux." Voyant que je m'intéressais particulièrement à cet instrument, il me dit : "Tu me sembles curieux de comprendre comment ça marche. — Bien sûr !"

« Il m'expliqua alors comment on attire les oiseaux au moyen de cet appareil fait d'une planchette montée sur un pivot et sertie de morceaux de miroir : "Il suffit de faire tourner la planchette au soleil. Son miroitement fascine les alouettes et les autres passereaux qui viennent se poser tout près. Comme on a pris soin de répandre quelques graines aux alentours, ils s'empressent de les manger. Leurs pas les conduisent à l'entrée de la cage où les graines et les miettes abondent. Trop occupé à picorer, un de ces malheureux oiseaux entre dans la cage. Il se nourrit en se dirigeant vers une ouverture qui le mène à un autre compartiment où il pénètre. Son poids fait alors pivoter une porte qui se ferme. Il doit donc pénétrer plus avant dans la cage. Il s'en va d'un compartiment à l'autre, prisonnier, libérant l'espace qu'il quitte pour des congénères tout aussi étourdis que lui qui le suivent dans son malheur. Avec un peu de chance, ajouta-t-il, on a quelques douzaines d'oiseaux au bout d'une journée. Encore faut-il s'en départir rapidement en les vendant, sinon ils nous restent sur les bras et il vaut mieux leur redonner leur liberté."

«Je lui demandai naïvement si c'était intéressant de chasser ainsi. Il rit de bon cœur. "Bien sûr! confirma-t-il. Ce n'est pas la façon la plus orthodoxe d'attraper du gibier, mais ça ressemble tellement à ce qui se passe dans la vie!" Je voulus savoir en quel sens. Il réfléchit avant de répondre: "Tu connais la chanson *Alouette, gentille alouette, alouette je te plumerai*? As-tu pensé que nous sommes tous un peu des alouettes que les autres espèrent plumer un jour? Ils nous attirent avec leurs miroirs sans qu'on se méfie de leurs pièges."»

Henriette m'interrompit:

— Je n'avais jamais songé à ça.

— Moi non plus, avouai-je. Il me dit ensuite: "Eh bien, Bertrand Loiseau va t'expliquer. Prends pour exemple ce qui se passe présentement. Nous sommes en campagne électorale. — Je ne vois pas le rapport. — Pourtant c'est flagrant. Les pauvres alouettes que nous sommes se font bourrer de menteries. N'as-tu pas remarqué? Alors qu'en temps ordinaire, il y a tout plein de problèmes et aucune solution, tout à coup en période d'élections, il n'y a plus de problèmes, seulement des tas de solutions. À croire qu'il faudrait être toujours en campagne électorale pour que les choses tournent rond. Nous sommes de pauvres petites alouettes qui se font gaver de graines de promesses en attendant de se faire plumer au prochain budget. Je te le dis, remarque-le, c'est comme ça en tout et partout."

— Il n'avait pas tort, laissa tomber Henriette.

— En effet, c'était un homme qui avait beaucoup réfléchi et ça paraissait dans ses propos. Il poursuivit en disant: "Les marchands s'y prennent de la même façon pour nous vendre leurs babioles; les curés, pour remplir leurs églises; les politiciens, pour se faire élire; les prostituées, pour vendre leurs charmes ; les restaurateurs, pour attirer des clients ; les mendiants, pour remplir leur écuelle. Tous les moyens sont bons pour attirer l'attention afin d'attraper les oiseaux que nous sommes. Chacun se promène avec son miroir aux alouettes. Crois-moi, il n'y a rien de plus intéressant que d'observer le jeu des miroirs et des pièges."

«Sur ce, il éclata de rire en me regardant à la manière de celui qui vient de conter une bonne blague. "Si je comprends bien, commentai-je, ça semble être ce qui vous amuse le plus dans la vie ? — C'est mon bonheur quotidien. S'il y a du plaisir à voir les autres se faire prendre, il y a tout autant de satisfaction à déjouer les pièges qu'on nous tend." Je lui fis remarquer que tout ça, c'était bien beau, mais qu'on finissait tous un jour ou l'autre par se faire attraper. "Peut-être, convint-il, mais entre se faire prendre et se faire plumer, il y a toute une marge."

«Je réfléchis à ce qu'il venait de dire. Pendant ce temps, il s'empara de son miroir aux alouettes qu'il faisait tourner pour en vérifier le bon fonctionnement. Après un moment, il se mit à raisonner à voix haute. "Au fond, la vie est pleine de facettes attirantes, comme ce miroir, mais qu'est-ce qu'on trouve derrière ? Un leurre. Nous ne sommes jamais satisfaits de ce que nous avons. Nous cherchons chaque jour à avoir davantage et, pendant ce temps-là, nous oublions de vivre et d'être. Nous devrions pourtant savoir que tout est relatif et ne tient au fond qu'à un fil."

«J'avais un peu de difficulté à suivre son raisonnement. Je lui demandai : "Pourquoi dites-vous que tout est relatif ? — Parce qu'effectivement, tout est comme ça, reprit-il. Tu veux un exemple ? — Évidemment ! — Prends la religion. Après avoir mûrement réfléchi, j'en étais arrivé à la conclusion que la religion catholique était la seule vraie. Puis un jour, un de mes amis me posa tout bonnement la question suivante, la seule qui compte: pourquoi sommes-nous catholiques? J'allais lui répondre que notre religion était la meilleure et la seule vraie, quand il me dit sans sourciller que c'était tout simplement parce que nous sommes nés dans un pays catholique. Selon lui, les protestants sont protestants parce qu'ils grandissent dans un pays ou une famille protestante. Les bouddhistes, les shintoïstes, les juifs, les musulmans, les hindouistes pratiquent ces religions en raison du lieu de leur naissance. Leur religion est-elle pour autant moins bonne que la nôtre? Eh bien, sa réflexion a changé toute ma vie. J'ai cessé de me prendre trop au sérieux. J'ai commencé à profiter davantage de tout ce que la vie m'offrait et surtout, je me suis dit que mes idées valaient bien celles des autres. De toute façon, le monde entier n'est rien d'autre qu'un grand cirque. On y rencontre toutes sortes de monde, des jongleurs, des prestidigitateurs, des dompteurs, des acrobates, des clowns, des trapézistes, etc. Chacun à sa façon fait que la vie est belle." Sur ces mots, il ramassa sa cage, son miroir aux alouettes, et partit en sifflotant en direction des champs. La rencontre avec cet homme n'a fait que réveiller le rebelle qui habitait en moi.»

Henriette resta sans voix, profondément perplexe. Je finis par ajouter:

— Ce sera tout pour aujourd'hui. Mais comme je te le disais, tu vois comment une seule rencontre peut chambarder notre vie. Est-ce que notre rencontre, Henriette, nous transformera autant?

— Ça reste à voir, souffla-t-elle en fermant les yeux.

Esquissant un sourire, elle murmura:

— L'avenir saura bien nous le dire.

Lorsque nous arrivâmes à Montréal, je l'invitai à manger dans une petite auberge. Ce repas fut mémorable. En même temps que j'avalais ma nourriture, je dévorais Henriette des yeux. Comme elle était belle ! Nous nous étions permis une bouteille. Le vin aidant, je me sentais prêt à obtenir d'elle ce que je désirais tant depuis que je la connaissais. D'un seul regard, elle me tint à distance. Vraiment, Henriette Vachon n'était pas une fille facile, elle se laissait désirer. Je ne l'en aimai que plus.

Chapitre 36

Premier amour

Avant qu'il nous faille rentrer chacun chez nous, j'eus encore le temps de parler à Henriette de mon premier amour.

— J'ai remarqué qu'en général, l'une des choses dont les gens ont le plus hâte d'entendre parler, c'est la façon, souvent mystérieuse, dont un couple s'est formé. Parfois, ce sont des amis d'enfance. Souvent, il a fallu beaucoup de temps pour que ça clique entre deux personnes et que le feu finisse par s'allumer. Il y en a qui mettent bien des mois sinon des années à trouver l'âme sœur. Pour d'autres, un regard suffit et c'est le coup de foudre. Pour nous, je crois que ça s'est passé comme ça. Je t'ai vue et j'ai su que tu étais celle que je cherchais. Tu m'as vu et tu as pensé que tu avais enfin rencontré l'homme de ta vie. Ai-je raison ?

— Parfaitement.

— Tu vois, nous sommes ensemble, maintenant. Pourquoi ? Parce que quelque chose s'est passé entre nous et nous y avons tous les deux répondu. Peut-être seras-tu étonnée si je te dis qu'avant toi, j'ai fait une rencontre qui aurait pu tout aussi bien aboutir à quelque chose de beau et peut-être bien à un mariage.

— Vraiment ? Alors, raconte-moi vite, je suis curieuse.

— Nous étions à la fin du printemps, période où mon père multipliait les voyages. Je venais tout juste de rentrer chez moi, après une année scolaire passée au pensionnat, et j'avais décidé de l'accompagner pour cette tournée dans les beaux villages qui émaillent la rive sud du Saint-Laurent entre Québec et Montréal. Nous avions quitté Saint-Louis-de-Lotbinière et mon père décida de faire une pause dans le petit village de Deschaillons. J'en profitai pour me dégourdir les jambes à proximité du quai. L'endroit magnifique me donnait le vague à l'âme. Il y avait le fleuve majestueux, cette grande artère au milieu du pays avec ses marées, ses goélands, ses bateaux et ses vagues comme de longs soupirs sur les berges ensablées. Il y avait ce ciel fourmillant d'oiseaux, un appel à la détente.

« Après m'être rempli les yeux et le cœur de ce spectacle grandiose, comme je revenais au chariot paternel, une jeune femme y arrivait afin de s'enquérir si mon père vendait du parfum. Je ne lui ai pas parlé. Nous nous sommes simplement regardés et tout a été dit, un peu comme c'est arrivé entre nous. J'eus tout le loisir de l'admirer pendant que mon paternel déballait ses produits. Il faut dire qu'il vendait de tout et la jeune femme, après avoir humé les bouteilles qu'il lui présentait, s'écria : “Celle-là !” Je crois que ce qui m'a conquis, c'est le sourire qui, tel un lever de soleil, a illuminé son visage à cet instant-là.

« Elle a regardé dans ma direction. J'ai même cru – l'ai-je inventé ? – qu'elle m'avait décoché un clin d'œil. Je n'ai pas pu lui parler, car mon père m'interdisait tout contact avec ses clients, et surtout ses clientes. J'ai fait comme si je me désintéressais d'elle et j'en ai profité pour m'éloigner sans bruit du chariot et me diriger de l'autre côté de la maison voisine, espérant pouvoir l'intercepter dans la rue si jamais elle prenait ce chemin. Est-ce la chance ou le destin ? Elle est venue vers moi. Quand elle fut à ma hauteur, je sortis de ma cachette et je lui dis tout de go : “Mademoiselle, me feriez-vous l’honneur de me donner votre nom et votre adresse ? J’aimerais vous écrire.” Elle éclata de rire, me regarda avec des yeux moqueurs, puis sans hésiter elle me déclina son nom et son adresse. Je ne l’ai pas importunée davantage. Le merci que je prononçai alors devait renfermer dans ses plis tout l’émoi que m’avait causé sa présence. »

Le simple fait de me rappeler ce souvenir me troublait. Je m’arrêtai et poussai un long soupir.

— Je vois, dit Henriette, que ce ne fut pas une rencontre ordinaire.

— En effet, je dois l’admettre, mais le destin nous a seulement permis de nous croiser ce jour-là. Nous avons continué notre route, mon père et moi. Dès le lendemain, je lui ai écrit une lettre. Qu’est-ce que j’ai mis dedans ? Je ne me rappelle pas trop, mais me connaissant, je lui ai certainement parlé de ses yeux et de son rire. Je suis comme ça, je fonds devant de beaux yeux accompagnés d’un rire qui va droit au cœur. Les yeux sont le miroir de l’âme et le rire est le reflet du cœur. Tu vois, je te parle d’elle, mais c’est à toi que je devrais dire que tes yeux et ton rire ont fait ma conquête, même si bien d’autres choses aussi ont su me séduire. Tu as la démarche légère et gracieuse d’une ballerine. Tes cheveux noirs, ton petit nez coquin et ta bouche ronde aux lèvres minces n’ont plus quitté mon esprit depuis notre première rencontre.

Pendant que je parlais, Henriette rougissait de plaisir.

— Flatteur, va !

Je poursuivis :

— Pour en revenir à cette jeune demoiselle, je ne savais rien d'elle, et elle ignorait tout de moi. Je croyais que ma lettre allait l'émouvoir. J'attendis pendant des jours et des semaines un mot d'elle qui ne vint jamais. Nous n'étions sans doute pas destinés à vivre ensemble. Quand je te dis que nos lendemains sont tracés à l'avance, c'était vrai pour cette rencontre sans suite. La vie me voulait sûrement du bien puisqu'elle me réservait à toi, me préparant le grand bonheur qui m'habite en ce moment.

Henriette me regardait avec émoi. En la voyant si belle et si troublée, je fus tenté de la prendre dans mes bras et de l'embrasser sans retenue. De tout le voyage, cet instant fut celui où nous avons été le plus près de rompre notre promesse.

Chapitre 37

La maison

Pour la première fois, je décidai d'emmener Henriette à la maison qui maintenant m'appartenait, plutôt que de la reconduire tout de suite chez la mère Petit-Jean. Elle fut impressionnée par cette demeure de deux étages située non loin de la cathédrale Saint-Jacques, et dont tout le rez-de-chaussée était occupé par la boutique d'antiquités. Derrière, au fond de la cour, se dressait le hangar où mon père avait installé son atelier de menuiserie.

Je fus surtout des plus heureux de lui faire découvrir à l'étage la cuisine, la salle de séjour et les deux grandes chambres. J'étais ému de ne plus y voir mon père disparu depuis moins de trois semaines. D'être là me rappelait sans doute trop de choses et, pour meubler le silence accablant, je me mis à raconter d'autres souvenirs.

— J'ai passé mon enfance entre ces murs. Mon frère plus âgé et ma sœur ont quitté la maison assez tôt. Ma mère étant morte, je devins un peu le bras droit de mon père que j'aidais dans ses travaux et pour lequel j'ai tenu boutique à maintes reprises. J'ai appris beaucoup de la vie ainsi.

— Tu n'allais pas à l'école ?

— Il m'est arrivé de manquer des jours de classe quand mon père devait rencontrer des clients de passage à Montréal qui ne voulaient pas se rendre à la boutique. Toutefois, c'était exceptionnel, car il désirait me voir faire de bonnes études et, j'en suis certain, il s'est privé pour me le permettre.

— À quel endroit as-tu étudié ?

— D'abord ici dans la paroisse, à l'école tenue par des sulpiciens, puis à leur séminaire de la rue Saint-Paul. Mon père souhaitait vraiment que je devienne instituteur. C'est là que j'ai appris le latin et le grec et que je me suis intéressé aux sciences, mon plus grand désir étant de les enseigner un jour. Mais la disparition de mon père et ton arrivée dans ma vie viennent tout chambarder. Si je ne veux pas que le commerce de mon père périclite, il va falloir que je m'en occupe. Le problème, je te l'avoue, c'est que je ne sais pas trop par où commencer, et en plus, ce genre de travail ne m'attire guère. Je dois penser sérieusement à mon avenir.

— Et nous dans tout cela ?

— Ce voyage en ta compagnie m'a permis de me rendre compte que la Providence est bonne de t'avoir mis sur ma route. Si tu le désires, Henriette, je te marierais volontiers.

Je la vis réfléchir avant de répondre :

— Donne-moi encore un peu de temps. Tu sais que je t'aime, même si je ne me sens pas encore prête à me marier. Je veux auparavant être certaine de pouvoir bien remplir ma mission de mère de famille. Être une bonne ménagère, ça s'apprend et je veux me donner le temps de le devenir.

— Tu penses suivre des cours ?

— Peut-être bien. Je compte être digne de celui avec qui je partagerai ma vie. Je ne voudrais pas qu'il me reproche de ne pas savoir faire à manger ou de ne rien connaître de la façon de tenir une maison. N'oublie pas que je n'ai rien appris de ça chez les sœurs.

Les arguments qu'elle soulevait parvinrent à me convaincre et je conclus :

— Dans ce cas, j'en profiterai de mon côté pour me trouver un poste d'instituteur ou quelque chose d'autre en attendant.

Henriette manifesta alors le désir de retourner chez la mère Petit-Jean. Je décidai de l'y conduire. J'attelai le cheval et nous descendîmes jusqu'à la rue De La Gauchetière pour prendre la direction de l'ouest vers Saint-Henri. Nous avions eu passablement de temps pour discuter de notre situation. Je comprenais son désir de mieux connaître ses devoirs de bonne ménagère, mais j'étais impatient d'être fixé sur notre avenir. Je me rendais compte des hésitations d'Henriette et tout ça me tracassait. Je me demandais une fois de plus d'où lui venaient ses réticences. En étais-je la cause ?

Chapitre 38

Les fréquentations

Bien que nous nous aimions profondément, nous avions fait notre voyage sans nous toucher et comme nous avions pris la précaution de ne pas trop en parler, notre escapade passa inaperçue. Afin d'éviter les qu'en-dira-t-on, nous décidâmes d'un commun accord de nous rencontrer désormais chez la mère Petit-Jean qui, depuis les quelques mois que duraient nos fréquentations, ne demandait pas mieux que de nous servir de chaperon. Tricotant dans son coin, elle tendait l'oreille à tous nos propos, s'arrêtant de temps à autre pour nous surveiller et poussant souvent de longs soupirs. Pendant ce temps, son homme traînait quelque part dans un cabaret et rentrait tard sans jamais dire un mot, indifférent à tout.

Henriette se montrait aimante, mais toujours aussi hésitante.

— Il y a quelque chose, ma mie, que tu ne me dis pas.

— Tu te trompes. Tu me connais pratiquement mieux que je me connais moi-même tant je t'ai parlé de moi.

— Mon petit doigt me dit que tu as encore des secrets.

— Pas du tout.

— Pourquoi alors te fais-tu si fuyante dès qu'il est question de mariage ?

— C'est que je n'ai pas de trousseau. Je ne possède rien. Je veux me constituer un coffre d'espérance, et je n'ai même pas de coffre. Mais j'en aurai bientôt un puisque la mère Petit-Jean a promis de m'aider.

Se tournant vers la vieille femme, elle le lui fit confirmer:

— N'est-ce pas que vous m'avez assuré de me dénicher un coffre d'espérance?

— Bien sûr, ma belle, et nous allons y mettre quelque chose. Ça ne sera pas le coffre d'une princesse, mais pas celui d'une pauvresse non plus. J'ai bien des effets qui pourront t'être utiles.

— Comme quoi? demandai-je. Vous savez que trousseau ou pas, je suis bien prêt à me marier.

— Une fiancée doit apporter sa dot, reprit-elle, la tienne comme les autres. Henriette fait bien de vouloir arriver au mariage avec son trousseau. Il y aura des robes, bien sûr. On y mettra aussi des verres, des assiettes, des ustensiles, une soupière, différents plats, sans oublier une belle nappe, et aussi des draps et des taies d'oreiller.

Je protestai:

— J'ai déjà tout ça.

La vieille poussa un rire semblable à un roucoulement.

— Mais tu auras ce qui te manque et surtout celle qui vient avec, n'est-ce pas?

— J'ai mon honneur, ajouta Henriette. Penses-tu que je vais t'arriver toute nue?

Se rendant soudainement compte de l'équivoque, elle se reprit et déclara:

— Je vais m'unir à toi avec tout ce que doit posséder une épouse digne de ce nom.

Je ne pus retenir un soupir et marmonnai:

— Les femmes ! Comme vous êtes compliquées pour rien ! Pendant ce temps-là, nous restons à vous attendre en piaffant d'impatience. Il faut vraiment que nous vous aimions.

Henriette en profita pour me demander :

— Justement, m'aimes-tu vraiment ?

— Si je ne t'aimais pas, penses-tu que je serais ici ?

— Ce n'est pas la réponse que j'attendais, Valois Ducharme.

— Tu sais bien que je t'aime !

— Allons, mon chéri, contente-moi et dis-le-moi tout simplement.

Lui obéissant comme un enfant, je clamai :

— Henriette, non seulement je t'aime, mais je t'adore.

La vieille, qui suivait la conversation, ne put s'empêcher de reprendre :

— Voilà qu'il l'adore à présent, et dans un an ou deux, l'adoration aura perdu pas mal de sa dorure.

Je ne prisais guère d'être ainsi surveillé. Je me levai. La réflexion de la vieille venait de marquer la fin de la veillée. Henriette me raccompagna jusqu'à la porte. Je lui pris les mains, l'attirai contre moi et l'embrassai furtivement sur la joue. Elle sentit toutes les vibrations qui m'animaient.

— Heureusement que la mère Petit-Jean nous chaperonne, commenta-t-elle.

Chapitre 39

Le destin

J'avais décidé de me départir du commerce de mon père. Je me rendis au journal *L'Avenir* afin d'y faire insérer une annonce à ce sujet :

« À vendre. Maison à deux étages rue Sainte-Élisabeth, à deux pas de la cathédrale Saint-Jacques. Boutique d'antiquités au rez-de-chaussée. Vous adresser à Valois Ducharme. »

Sur le chemin du retour, je décidai de passer par le marché Bonsecours où je fus témoin d'une bien triste scène. Des gamins poursuivaient un vieillard passablement éméché en lui lançant des cailloux. Le vieil homme titubait, ne sachant à quel saint se vouer. J'étais trop loin pour intervenir et je risquais, en le faisant, de devenir moi-même la cible de ces voyous. D'autres, plus près, auraient pu s'interposer entre les agresseurs et sa victime. Mais personne ne semblait se soucier du sort de cet homme.

Je m'approchai de lui. L'homme bavait et ne comprenait pas ce qui lui valait pareil traitement. Un projectile faillit m'atteindre pendant qu'un autre frappait le vieillard à la tête ; celui-ci s'effondra en pleine figure sur la chaussée. Tout de suite, ses cheveux blancs se teignirent de rouge. J'étais si furieux que je fonçai en direction des gamins qui, me voyant venir si décidé, détalèrent. J'allai aider ce malheureux, assommé par la pierre qui l'avait atteint au-dessus d'une oreille.

Quelques personnes s'approchèrent. Je leur demandai de quérir un médecin. Un homme s'en alla au pas de course vers une des maisons qui bordent le marché. Une femme me donna un morceau d'étoffe que j'appuyai sur la plaie béante en espérant arrêter le sang. Il se fit un attroupement autour de nous. À ce moment-là, quelqu'un arriva du marché avec une charrette et nous hissâmes le malheureux à bord. Entre-temps, le quidam parti chercher un médecin revint accompagné d'un homme élégamment vêtu portant une trousse à la main. J'appris qu'il s'agissait du docteur Doyon. Il ne mit guère de temps à examiner le vieillard et déclara que s'il s'en tirait, il risquait de ne jamais récupérer tous ses moyens. Il nous demanda pourquoi ces gamins s'en étaient pris à lui. Personne ne le savait. Le docteur fit conduire le blessé à l'hôpital.

J'étais tellement bouleversé que je menai ma petite enquête auprès des badauds accourus sur les lieux. Un homme finit par me dire qu'il croyait savoir pourquoi les enfants l'avaient ainsi pourchassé.

— Ce vieillard, m'apprit-il, est un mendiant. Je l'ai souvent vu rôder autour du marché en espérant y trouver quelques restes à manger.

— Les marchands le laissent faire ?

— La plupart le chassent, mais quelques-uns le prennent en pitié. Il paraît qu'il avait des sous jadis, mais qu'il les a perdus au jeu. Pour payer ses dettes, il a dû se départir de son commerce.

— Que vendait-il ?

— Vous ne le croirez pas : des statues de sa fabrication.

Je me demandai comment un statuaire avait pu tomber dans une si profonde misère et une fois de plus, en me dirigeant vers l'étal où je comptais trouver Henriette, je tentai vainement de comprendre quelque chose à notre destin. Comment la vie pouvait-elle entraîner quelqu'un si bas?

J'étais à peine arrivé devant l'étal de madame Petit-Jean que ma chère Henriette, si sensible à tout ce qui m'arrivait, s'inquiéta:

— Qu'as-tu, Valois? Tu es blême comme un mort.

— Ça va. Je vais m'en remettre.

Je lui relatai la scène que je venais de vivre. Henriette, que ce genre d'événement bouleversait, se désola:

— C'est une bien triste histoire. La vie est assez difficile comme ça sans que des choses de ce genre ne se produisent.

— Ainsi sont faits les humains, déplorai-je. Le respect des autres ne fait pas partie des qualités du plus grand nombre. Encore une fois, je m'interroge sur le destin qui est le nôtre. Celui de cet homme est pour le moins particulier.

— Chacun a sa propre vie, murmura Henriette. Certains en ont une meilleure que d'autres et, Dieu merci, nous sommes de ce nombre.

— Parlant de la vie, repris-je, sais-tu que les habitants des Indes, ou si tu aimes mieux, les hindous, ont des croyances singulières à ce sujet? En plus d'avoir des milliers de dieux, ils sont persuadés que lorsqu'un être atteint le stade d'humain, il doit travailler au salut de son âme par toutes sortes de moyens afin d'éviter, après sa mort, de retomber dans le cycle de la réincarnation. Sinon, il pourrait devoir revenir au monde des milliers de fois sous d'autres formes avant de redevenir un humain. La plupart, paraît-il, renaissent sous la forme d'un animal. Si tu avais à choisir, en quel animal aimerais-tu te réincarner?

Henriette se détendit et se mit à rire. Pour se moquer de moi, elle me répondit en imitant l'animal qu'elle évoquait :

— Toi, je te verrais bien sous la forme d'un orang-outan.

J'entrai dans son jeu et me mis à la pourchasser en grognant comme le gorille du jardin Guilbault. Nous tournâmes autour de la table où étaient disposés les légumes à vendre, puis j'arrêtai et m'écriai :

— Quelle belle sirène tu ferais !

La mère Petit-Jean qui assistait, silencieuse, à ce jeu d'amoureux, poussa un long soupir avant de marmonner :

— C'est donc beau l'amour, mais mon Dieu que ça rend fou parfois !

Chapitre 40

Les fiançailles

Henriette finit un jour par se déclarer prête à assumer ses obligations de mère de famille.

—Je peux maintenant avancer que je serai une digne épouse et une bonne mère.

En réalité, ce n'était pas la crainte de ne pas être à la hauteur qui la rendait si réticente à se marier malgré l'amour qu'elle ressentait pour moi. Ses hésitations venaient plutôt du fait, comme elle me l'apprit, qu'elle ne connaissait rien de l'union charnelle. Ni sa mère ni sa grand-mère, pas plus que ses consœurs de couvent et encore moins les religieuses de la communauté où elle avait vécu, ne lui avaient appris quoi que ce soit sur cette question. C'était un sujet tabou. Or, le désir de plus en plus impérieux de se marier lui fit surmonter sa gêne et elle s'en ouvrit à la mère Petit-Jean. « Pauvre enfant! s'écria la vieille femme. Il n'y a rien de plus simple. Attendons que mon mari soit couché et je t'expliquerai tout ça. »

Le soir venu, elle entraîna Henriette à l'autre bout de la pièce où dormait son homme. À voix basse afin d'éviter d'être entendue, et dans des mots sortis d'un vocabulaire secret qu'Henriette n'aurait pas compris s'ils n'avaient pas été accompagnés de gestes précis, elle lui dit: « Ma fille, quand ton homme va te voir nue, son bataclan va grossir et durcir. Tu seras ben chanceuse si, avant de le mettre en toi, il prend la peine de te caresser les biscoguines. Il va introduire son bataclan dans ta bizorine et tu vas voir que ça va aller vite. Pas longtemps après, tu as de grosses chances d'être en dorouine. »

Henriette se contenta de ces explications en se disant : « C'est de même que ça se passe. » Le mystère ainsi levé, elle se sentait maintenant prête à se donner à moi. Je n'attendais que ce moment pour entreprendre les démarches en vue de notre mariage.

Je me rendis au presbytère de la paroisse Saint-Jacques avec l'intention bien arrêtée de fixer le jour et l'heure de la cérémonie. Je fus déçu d'apprendre de la bouche même du curé que si on célébrait les messes dominicales et celles des fêtes à Saint-Jacques, les baptêmes, les mariages et les funérailles n'avaient lieu qu'à Notre-Dame, l'église mère. Je voulus connaître la raison pour laquelle les paroissiens de Saint-Jacques ne pouvaient pas se marier dans leur paroisse.

— Après tout, monsieur le curé, nous payons la dîme ici, nous donnons à la quête. Pourquoi devons-nous nous rendre à Notre-Dame pour cette célébration si importante de notre vie ?

Voyant que j'insistais, le curé, qui ne demandait pas mieux que d'exprimer ses frustrations, m'expliqua :

— C'est une longue histoire, vous savez. En réalité, il s'agit d'une chicane de clocher. Vous n'ignorez pas que la paroisse Notre-Dame est la toute première de Montréal. Les marguilliers et la fabrique de cette paroisse n'ont jamais accepté que la cathédrale soit érigée à Saint-Jacques. Quand il a été question de construire celle-ci dès 1820, ils s'y sont opposés avec virulence. En fin de compte, elle a quand même été érigée en 1832, il y aura bientôt vingt ans. Vous serez d'accord pour dire que nous avons une belle et vaste cathédrale. Je vous apprendrai sans doute qu'elle mesure cent soixante pieds de longueur par soixante-six pieds de largeur et trente-six pieds de hauteur, ce qui n'est pas peu dire. En plus, comme vous l'aurez remarqué, elle est dotée de deux chapelles et de deux ordres de colonnes superposées, sans oublier son maître-autel et le fameux baldaquin qui le surplombe, lui-même soutenu par deux étages de colonnes géminées. Il y a de quoi rendre certaines personnes jalouses, vous savez. Nous avons amplement raison d'en être fiers.

Le curé parlait de la cathédrale comme s'il en avait été l'architecte. Je n'avais aucunement l'intention de le contredire.

— En effet, fis-je. J'aime beaucoup sa structure et quiconque y pénètre est sûrement ébloui. C'est mon cas. Voilà pourquoi je me faisais une joie de me marier ici, d'autant plus que c'est ma paroisse. Vous m'en voyez déçu. Je ne suis pas familier avec l'église Notre-Dame. Il me semble que j'aurai l'impression de me marier dans un endroit inconnu.

— Dans ce cas, ne manquez pas de le mentionner aux gens de cette fabrique, conseilla le curé. Après tout, ce sont eux qui, à force d'argumenter et de rouspéter, ont fini par contraindre notre évêque à leur consentir que les cérémonies de baptême, de mariage et de funérailles n'aient lieu qu'à Notre-Dame.

Je ne perdis pas de temps et me rendis dès le lendemain au presbytère de Notre-Dame. On me fit longuement attendre dans un petit parloir puisque monsieur le curé n'était pas disponible. Quand j'eus enfin la chance de lui communiquer la raison de ma visite, le prêtre me prévint que je devrais, tout comme Henriette, me confesser à lui avant la cérémonie et qu'auparavant, afin de préparer les registres, il me faudrait revenir lui communiquer les noms de nos témoins. Nous fixâmes le jour et l'heure de la cérémonie plusieurs semaines plus tard et, bien sûr, il y avait un prix à payer. Je lui promis qu'il recevrait en temps et lieu la somme nécessaire.

Quelques jours après, je me rendis en compagnie d'Henriette rue Panet, chez sa cousine Eulalie. Henriette désirait qu'Hubert et elle lui servent de témoins. Ils acceptèrent ce rôle avec d'autant plus d'enthousiasme qu'ils n'étaient eux-mêmes mariés que depuis quelques semaines. Eulalie s'excusa auprès d'Henriette de ne pas l'avoir invitée à leur mariage.

— Nous nous sommes mariés à Sainte-Angèle dans l'intimité, glissa-t-elle à l'oreille d'Henriette.

Voyant qu'Henriette ne saisissait pas, elle lui prit la main et la passa sur son ventre. Henriette ouvrit de grands yeux et porta la main à sa bouche.

— Tu es enceinte, se réjouit-elle. Chanceuse ! C'est merveilleux !

Je profitai de cette visite pour passer un anneau au doigt d'Henriette. Elle s'y attendait si peu qu'elle en devint tout émue et il fallut que sa cousine Eulalie la félicite pour la ramener sur terre.

Chapitre 41

L'appartement

Sachant où elle allait vivre après notre mariage, Henriette voulut mettre notre futur logis à sa main. Elle sut s'approprier les lieux en un rien de temps. À peine était-elle entrée dans l'appartement qu'elle le détailla en disant: «Ici, je mettrai ça, là ceci.» Mon père et moi avions habité là plusieurs années sans jamais nous soucier de le rendre attrayant. Aidée de sa cousine, Henriette entreprit de lui redonner vie. Elles commencèrent par faire disparaître les lourdes tentures masquant les fenêtres pour les remplacer par de jolis rideaux de taffetas laissant passer une douce clarté.

— J'ai besoin de lumière, expliqua Henriette. Parle-moi pas de vivre constamment dans la pénombre comme c'était le cas au couvent. On nous disait que ça favorisait le recueillement. Y a-t-il endroits plus tristes qu'une crypte ou un caveau? Là où je vais vivre, je tiens absolument à ce qu'il y ait beaucoup de soleil. La lumière n'est-elle pas synonyme de vie?

— Tu as bien raison. Le noir est fait pour les enterrements.

— Je mettrai des fleurs fraîches en saison et, en attendant, je saurai bien en confectionner des artificielles. Tu vas m'aider.

Elle avait récupéré des bouts de papier de couleur et, avec Eulalie, elles s'appliquèrent de leur mieux pour en faire un bouquet qu'elles déposèrent dans un vase. Henriette le plaça au milieu de la table.

— De la couleur, insista-t-elle. Il me faut de la couleur.

Puis, elle entraîna sa cousine jusque dans la boutique où je travaillais. J'étais heureux de leur présence, d'autant plus que je n'avais aucun client.

— Vous n'êtes que deux et je me sens envahi. Mais qui oserait se plaindre d'un aussi bel envahissement ?

— J'ai décidé de transformer l'appartement, me dit Henriette. Il y aura bien ici quelques vases, quelques meubles et une belle horloge qui feraient notre bonheur, n'est-ce pas ? Que dirais-tu, mon homme, de les retrouver là-haut ? Après tout, ne sont-ils pas à nous ?

— Tu peux prendre tout ce que tu veux, pourvu que ça te plaise. Je suis certain que tu sauras en faire notre profit. À propos, j'aurai besoin de toi pour m'aider à établir l'inventaire de tout ce bric-à-brac.

Henriette ne demandait pas mieux que de me rendre service.

— Tu n'auras pas plus à te plaindre de ta secrétaire que de ta femme, affirma-t-elle avec enthousiasme.

— J'en connais un qui peut se compter chanceux, remarqua Eulalie.

— On fait notre chance, cousine. Elle ne nous tombe pas tout cuit dans le bec.

— C'est toi qui le dis, se moqua Henriette.

Elle en profita pour m'embrasser.

— J'ai pris une résolution, révélai-je.

— Que tu ne tiendras pas, enchaîna Eulalie.

— Détrompe-toi ! Venez voir !

Dans un coin de la boutique, je leur montrai une pancarte dont la peinture était encore toute fraîche. Elles y lurent: «À vendre.»

— Mon chéri, s'écria Henriette. Tu veux vendre et tu ne m'en as rien dit?

— J'allais t'en parler. J'ai décidé de me départir de la boutique et de la maison.

— Pour aller où?

— Pas plus loin qu'ici, ma mie.

— Que dis-tu? Une fois la maison vendue, il faudra bien déguerpir.

— Non pas. Je vends maison et boutique, il est vrai, à condition que nous puissions habiter l'appartement du haut en payant un loyer au nouveau propriétaire.

— Si je comprends bien, tu le fais pour te débarrasser de la boutique?

— Tu as saisi. Je veux vraiment travailler comme instituteur. L'argent retiré de la vente nous aidera sans doute un jour à acheter une autre maison et le salaire reçu pour mon enseignement nous permettra largement de vivre, sans avoir le souci quotidien de tenir une boutique d'antiquités dont il faut refaire constamment les stocks. Je ne suis pas doué comme mon père pour le commerce. J'en profiterai également pour vendre cheval et voiture.

J'avais révélé mes plans. Henriette les approuva, bien que sa principale préoccupation fut d'agrémenter notre appartement. Sachant maintenant qu'elle pouvait continuer à le transformer à sa guise, elle se fit aider d'Eulalie dans le choix des objets qu'elle jugeait utiles à cette fin. Je leur prêtai main-forte pour transporter quelques potiches et divers petits meubles sélectionnés par Henriette.

Quand, à la fin de la journée, je fermai boutique et montai pour souper, j'eus peine à reconnaître le lieu où je vivais depuis toujours. Sur les murs, Henriette avait accroché des portraits, bien à l'abri sous leur paroi de verre. Au milieu de la table, le bouquet de fleurs rouges mettait de la vie, et la lumière filtrant à travers les rideaux faisait luire le plancher de bois fraîchement ciré. Je la complimentai :

— C'est donc bien beau !

— Tu n'as encore rien vu, soutint Henriette. Attends que je fleurisse les murs de tapisserie.

Je la serrai dans mes bras. Elle me repoussa doucement.

— Ce n'est pas encore le temps, protesta-t-elle. Nous ne sommes pas mariés.

Je me contentai de grogner. Henriette fut soudain prise d'un fou rire.

— Qu'y a-t-il de si drôle ?

— Heureusement, s'esclaffa-t-elle, que la mère supérieure ne nous voit pas.

— Voilà pour elle ! me contentai-je de répliquer.

Eulalie repartie chez elle, j'allai reconduire Henriette chez la mère Petit-Jean.

Chapitre 42

La vente

Un homme d'une cinquantaine d'années se présenta chez moi en réponse à mon annonce dans le journal.

— C'est bien icitte le commarce à vendre ?

— Oui ! Vous avez la bonne adresse.

— On peut voir ?

— Bien entendu.

Le bonhomme se promena dans la boutique, s'arrêtant devant chaque meuble et chaque antiquité, palpant l'un et frottant l'autre de sa manche, ouvrant et refermant tout ce qu'il y avait de tiroirs. Il hochait la tête de temps à autre et disait « ouais ! » comme s'il tentait de se persuader qu'il avait les moyens d'acheter. Après m'avoir accaparé près de deux heures, il déclara :

— C'est pas mal pantoute. Y a un problème parce que je ne suis pas venu voir pour moé, mais pour mon beau-frère.

— Pourquoi ne s'est-il pas déplacé lui-même ?

— Parce qu'il est présentement en taule.

— En prison ? Pourquoi ?

— Il a mouché quelqu'un trop fort. Par exemple, c'est un bon yable et capable à part ça. Et pour avoir les sous qu'il faut, il les a.

— Bon, quand comptez-vous me l'emmener ?

— Quand il sera sorti.

— Et c'est pour demain ?

— Ah, créié non ! Peut-être ben dans une semaine ou deux.

— Dans ce cas-là, vous reviendrez, et si la boutique n'est pas vendue on en reparlera.

Je ne revis jamais cet homme. Toutefois, sa visite brisa la glace, car en deux jours pas moins de trois autres hommes se montrèrent intéressés. Par contre, le prix ne leur convenait pas et quand j'expliquais que je tenais à garder l'appartement du deuxième, toutes les discussions prenaient fin.

Le temps filait et je désespérais de pouvoir vendre avant le mariage. J'en parlai à Henriette. Selon son habitude, elle demeura optimiste.

— Tout se vend. Tu vas voir, quand tu t'y attendras le moins, quelqu'un va te faire une offre.

Elle avait bien raison, car, un midi, un client se présenta à la boutique. Après avoir jeté son dévolu sur un bahut, il me demanda :

— Toutes ces antiquités sont à vendre ?

— Absolument, et la boutique avec si vous voulez.

— La boutique itou ? Eh bien ! Moi qui m'en cherche justement une pour me servir d'entrepôt dans le coin ! Je serais preneur, dépendant bien évidemment de votre prix.

— Je l'ai annoncé dans le journal et je ne le changerai pas : cinq cents dollars avec tout le stock. La boutique et toute la maison vous appartiennent et je garde l'appartement du haut à cinq piastres par mois tant que j'y resterai.

— Holà ! Vous n'y allez pas avec le dos de la cuillère.

— C'est à prendre ou à laisser. Je ne suis pas pressé, vous savez. Vous ne trouverez pas mieux dans les alentours.

L'homme laissa entendre en partant qu'il allait y repenser. Je me dis : « En voilà un autre que je ne reverrai pas » et me demandai si je ne serais pas mieux de baisser mon prix. Après tout, conserver l'appartement à soixante piastres par année constituait une aubaine. J'en glissai un mot à Henriette qui me conseilla d'être patient.

— Attends encore. La patience paye toujours. La preuve, nous allons nous marier. Lorsque je t'ai rencontré, je ne m'étais pas encore faite à l'idée de me marier. Quand nous avons voyagé ensemble – je peux bien te le dire à présent –, si tu avais seulement tenté de me toucher ou de m'embrasser, je t'aurais quitté et tu ne m'aurais jamais revue. Tu vois, ça a payé de t'abstenir, même si ça te tentait fort, tout comme moi d'ailleurs. Et ne va surtout pas croire que je n'ai pas hâte que nous vivions ensemble.

Ses paroles me rassurèrent. Ma sauvagesse s'apprivoisait. Elle avait également raison de m'inciter à être patient, car l'homme qui cherchait un entrepôt revint un midi :

— Je vous l'achète, monsieur, et à vos conditions. Dès que vous serez prêt, nous pourrons passer chez le notaire.

— En connaissez-vous un ?

— Non, mais ce n'est pas ça qui manque par icitte. L'affaire, c'est que quand on a besoin d'eux autres, ils sont occupés comme s'ils faisaient tous les contrats du bon Dieu.

Je le relançai en ajoutant :

— Et tous ceux du clergé et des institutions religieuses. Comme je ne connais pas de notaire non plus, je suis bien embêté d'en choisir un.

L'homme avait un exemplaire du journal passé sous le bras.

— C'est *La Minerve* que vous avez là ?

— Ouais !

— Il y a toujours un ou deux notaires qui passent une annonce, et habituellement, ceux-là manquent de clients.

Un coup d'œil aux petites annonces suffit pour que nous repérions le communiqué suivant :

« Adélard Plante, notaire

Prend la liberté d'annoncer aux habitants de Montréal qu'il vient d'ouvrir son étude au 75, rue Notre-Dame. Il exerçait sa profession depuis nombre d'années à Contrecœur. Soyez assurés de son entier dévouement à vous satisfaire en toute demande raisonnable. Prix compétitifs. »

Voulant détendre l'atmosphère, je formulai tout bonnement :

— Il exerçait autrefois à Contrecœur, espérons qu'il le fera de bon cœur à Montréal.

Mon acheteur s'esclaffa.

L'après-midi, à mon entière satisfaction, la maison était vendue.

Chapitre 43

Le mariage

Comme nous l'avait ordonné le curé de la paroisse Notre-Dame, nous allâmes nous confesser quelques jours avant notre mariage. Il voulait surtout vérifier si Henriette avait su garder sa virginité et si elle était bien informée de ses devoirs conjugaux de bonne catholique. Il ne manqua pas de rappeler que si le plaisir solitaire constituait un péché mortel, la faute n'était pas moins grave quand deux époux s'adonnaient au plaisir de la chair sans intention d'avoir des enfants. Il nous rabâcha le commandement de Dieu et dit qu'il bénirait notre mariage comme prévu le samedi suivant.

Eulalie et son mari agirent comme témoins pour Henriette. Quant à moi, je n'avais pas réellement d'amis et ne pouvais plus compter sur mon père pour remplir ce rôle. Je cherchai longtemps et finis par penser à Jonas Hébert, un veuf ami de mon père, lequel accepta avec grand plaisir.

Nous nous rendîmes ensuite chez la mère Petit-Jean pour lui porter une invitation toute spéciale. Elle refusa d'abord sous prétexte que son époux ne voudrait pas l'accompagner. Puis, se ravisant, elle déclara: «Celui-là, que Dieu le bénisse et que le diable le...» Elle ne termina pas sa phrase, se contentant d'ajouter: «Il ne me fera pas manquer ce grand bonheur.»

— Je n'inviterai personne de ma famille, décidai-je. Mes oncles et tantes vivent trop loin d'ici, et de mon frère et ma sœur, qui sont comme chien et chat, je n'entendrais que des bêtises.

— Ce n'est pas le nombre d'invités qui compte, rétorqua Henriette, mais bien leur qualité. Après tout, aurions-nous les moyens de nous payer une grande noce ?

— Nous les aurions à condition de flamber tous nos avoirs. Je te sais raisonnable, mais j'aurai quand même une surprise pour toi le lendemain. Ce sera notre cadeau de noces.

— Pourquoi le lendemain ?

J'affichai un large sourire.

— Parce que, le soir, nous serons certainement occupés à autre chose.

Le mariage eut lieu comme prévu à la mi-juillet 1850. Quelques inconnus assistèrent à la cérémonie. Jonas Hébert nous expliqua qu'il en allait de même à chaque célébration du genre. « Il y a des personnes qui courent les mariages, comme d'autres les processions, les enterrements ou les cabarets, assura-t-il. Elles n'en manquent pas un. Je crois fort qu'il s'agit là de célibataires venus vivre à travers le mariage des autres celui qu'ils ne connaîtront jamais. »

J'invitai nos témoins à partager un repas avec nous au restaurant Campain, situé Place d'Armes. À une heure, nous nous retrouvâmes tous les six autour d'une bonne table. J'y dépensai la fortune de trente sous par couvert, après quoi, saluant nos témoins, je conduisis Henriette directement rue Sainte-Élisabeth, et les explications de la mère Petit-Jean s'accomplirent à la lettre.

Le lendemain soir, à huit heures, j'amenai Henriette au Théâtre Royal assister au spectacle de la famille Ravel en guise de cadeau de noces. D'abord, nous eûmes droit à de grandes évolutions sur une corde tendue, suivies par le ballet *La Fête champêtre*, auquel succéda la pièce *Diane, ou Amour et Jalousie*. Le tout se termina par une démonstration intitulée : *Jocko, le singe du Brésil*.

Nous sortîmes enchantés de ce que nous venions de voir. Henriette, dont je connaissais bien le sens de l'humour, me demanda le plus sérieusement du monde :

— Nos places dans les premières loges, chéri, ont dû te coûter une fortune ?

— Dix sous en tout. Notre cadeau de noces valait bien ça.

— Surtout que le spectacle s'est terminé par cette démonstration du singe du Brésil qui m'a rappelé une certaine scène pas si lointaine chez la mère Petit-Jean, ajouta-t-elle pince-sans-rire. À mon avis, ce singe devait certainement se nommer Valois.

J'avais aussi le sens de l'humour. Elle pouvait bien se permettre pareille taquinerie. Je la serrai dans mes bras en lui murmurant à l'oreille :

— Filons vite à la maison, ma petite guenon préférée !

TROISIÈME PARTIE

UNE RENCONTRE

(1850-1857)

Chapitre 44

Le journal *L'Avenir*

En passant devant les locaux du journal *L'Avenir*, j'y pris un abonnement. J'en sortais à peine quand je fus interpellé par un passant :

— Pardonnez-moi, monsieur, d'intervenir de la sorte, mais mon devoir de catholique m'oblige à vous prévenir que vous ne devriez pas fréquenter cet endroit.

— Pourquoi donc ?

— Ne savez-vous pas que notre évêque et nos prêtres ont condamné ce journal ?

— Et pour quelle raison ?

— Pour ses idées subversives.

L'intervention de cet homme ne m'empêcha pas de lire *L'Avenir*, même si chaque fois que j'y mettais le nez, je me sentais un peu coupable. Je voulus en avoir le cœur net et décidai de m'en confesser afin de savoir ce que le curé en pensait. Je me présentai donc au confessionnal le dimanche suivant. À peine avais-je avoué être abonné à ce journal que le confesseur réagit :

— Vous lisez cette feuille de chou impie ?

— Oui.

— Vous savez, mon fils, que vous encourez les foudres de Dieu. Les rédacteurs de ces pages immondes osent prétendre que le gouvernement des hommes a préséance sur celui de Dieu. Ils méritent tous de brûler en enfer éternellement. Qui peut oser écrire que le pouvoir civil passe avant le pouvoir religieux? N'avez-vous pas entendu ce que notre évêque a dit à ce sujet? "Soyez fidèles à Dieu et respectez les autorités légitimement constituées. N'écoutez pas ceux qui vous adressent des discours séditieux. Ne lisez pas ces livres et ces papiers qui soufflent l'esprit de révolte, car ils véhiculent des doctrines empestées."

Je protestai:

— Je n'ai pourtant rien lu de tel dans ce journal.

— C'est que, mon ami, vous ne savez pas lire entre les lignes. Il y a présentement un mouvement pervers d'insubordination à notre Église et à la parole de Dieu. On se permet de dire publiquement des choses qu'on ne devrait jamais prononcer, même en privé. Un journal comme celui-là sème des idées de révolte. Vous savez, hélas, que notre bon et Saint-Père Pie IX a été obligé de quitter Rome pour se réfugier dans un pays étranger. Ce sont des idées comme celles véhiculées par ce journal immonde qui sont à l'origine de la révolution italienne. Où allons-nous? Dans quelle époque vivons-nous?

Attendant la fin de ce déluge de paroles, j'écoutais sans mot dire. Le curé m'ordonna:

— Vous vous rendrez à ce journal et y rapporterez tous les numéros encore en votre possession, puis vous annulerez votre abonnement. D'ici là, vous n'aurez pas l'absolution et j'aime mieux vous prévenir que si ce n'était que de moi, vous ne recevriez pas de sépulture religieuse si vous aviez le malheur de mourir d'ici là.

Quand je sortis du confessionnal, j'étais furieux. Henriette s'en rendit bien compte, surtout lorsque je refusai de m'avancer pour la communion. Au sortir de l'église, elle me demanda :

— Qu'as-tu ? Tu ne communies plus à présent ?

— Je ne peux pas.

— Pour quelle raison ?

— Parce que le curé m'a refusé l'absolution.

— Je peux en connaître la raison ?

— Je suis abonné au journal *L'Avenir*.

Avec moi, il fallait s'attendre à ce qu'un tel affront soit vengé. Je choisis de le faire dans les journaux et précisément dans *L'Avenir*. J'y fis paraître l'article suivant :

L'Avenir *dans la mire de notre évêque*

Pourquoi notre évêque s'en prend-il à ce journal ? Pour une seule et bonne raison : il veut l'empêcher de défendre les principes de la démocratie. L'Église et ses représentants s'opposent à ce que le pouvoir civil supplante le pouvoir religieux. Voilà pourquoi, après que j'eus avoué en confession être abonné au journal L'Avenir, *monsieur le curé m'a ordonné d'annuler mon abonnement et de retourner tous les numéros que je possède. D'ici là, il refuse de me donner l'absolution. Bien plus, il a ajouté que je n'aurais pas de sépulture chrétienne si je venais à mourir sans avoir renoncé à ce journal. Faut-il s'en étonner ? L'abbé Chiniquy n'est-il pas monté en chaire récemment en froissant un exemplaire de* L'Avenir *? N'a-t-il pas dit aux paroissiens de Longueuil de se départir de ce journal en faveur des* Mélanges religieux *? Qu'avait-il besoin d'ajouter : « Il faut choisir entre Dieu et le diable. Ceux qui reçoivent ce mauvais journal ne doivent plus se présenter à l'église. » Eh bien, je vous le dis : que nos prêtres le veuillent ou non, il y aura séparation du politique et du religieux, de l'Église et de l'État.*

Valois Ducharme

Quand je rapportai à Henriette ce que j'avais écrit, elle s'alarma.

— Toi qui veux obtenir une place d'instituteur, tu risques de te fermer toutes les portes des écoles catholiques.

— Les curés se servent de leur situation et de leur tribune pour prêcher contre le progrès. Pourquoi je me priverais d'utiliser les journaux pour le défendre ? Il n'y a pas que des écoles catholiques. J'enseignerai aux enfants des écoles publiques et s'il le faut aux protestants. La botanique et les sciences n'ont pas de religion.

— Il te faudrait apprendre à parler anglais.

— Je le ferai si ça s'avère nécessaire.

— Tiens, reprit-elle, le rebelle en toi montre le bout de son nez.

— Comme tu le sais, je ne suis pas du genre à me laisser piler sur les pieds. Je suis prêt à accepter bien des choses, mais pas l'intolérance. De quel droit ce curé et ses semblables nous dictent-ils ce que nous devons penser, lire et croire ?

— Ça se voit que tu es en beau fusil, commenta-t-elle en riant. Compte-toi chanceux, je t'aime aussi quand tu te rebelles.

— Heureusement que tu as l'esprit plus ouvert que nos ecclésiastiques. Tu sais à quel point j'abhorre les restrictions qui nous empêchent de vivre. J'ai l'impression que nous vivons dans un monde d'interdictions et il suffit qu'on veuille m'empêcher de faire quelque chose pour que j'aie envie de le faire. Je suis assez vieux pour savoir ce qui est bon pour moi sans que d'autres s'en mêlent.

Chapitre 45

La trouvaille d'Henriette

Alors qu'elle se rendait au marché Bonsecours, Henriette vit un portefeuille rouge au pied d'un arbuste, non loin de l'église. Elle le ramassa et vérifia autour si quelqu'un ne le cherchait pas. Elle décida de le rapporter à la maison. Rendue chez nous, elle l'ouvrit afin de voir si elle n'y trouverait pas le nom et l'adresse du propriétaire. Ils n'y étaient pas. Par ailleurs, le portefeuille contenait une somme importante.

J'avais à peine mis les pieds à la maison qu'elle me fit part de sa découverte.

— D'habitude, des pertes de ce genre sont signalées dans *La Minerve*. Le journal paraît demain. J'en achèterai un exemplaire et on verra bien.

Le lendemain, Henriette attendait mon retour, curieuse de savoir si le propriétaire se manifesterait.

— Tu as eu une bonne journée ?

— Oui, mais pas plus fructueuse que les précédentes, à croire qu'il n'y a pas une seule école de Montréal qui a besoin d'un professeur. Je crois qu'il nous faudra déménager à la campagne pour que je puisse enseigner.

— Tu as pensé à rapporter le journal ?

— Ah ! Flûte, j'ai oublié !

— P'tite mémoire, maugréa Henriette, contrariée. C'est bien un homme. Il faudrait tout lui écrire et encore, il perdrait le papier et oublierait qu'il a une commission à faire. Comment vais-je savoir si quelqu'un réclame le portefeuille ?

— Rien de plus simple, je vais emprunter le journal à notre voisin.

— Monsieur Carrier est abonné à *La Minerve* ?

— Je le crois. Je l'ai vu l'autre jour ce journal à la main. Au fait, pourquoi n'irais-tu pas le lui demander toi-même ?

— Est-ce bien convenable qu'une jeune femme nouvellement mariée aille quêter le journal d'un voisin qu'elle ne connaît pas ?

— Justement, ce sera pour toi l'occasion de faire sa connaissance.

Henriette hésitait, même si elle brûlait d'envie de savoir si on y signalait la perte du portefeuille. Elle finit tout de même par se rendre chez monsieur Carrier. Elle me raconta ensuite qu'une petite femme vive et enjouée vint lui répondre. Henriette se présenta :

— Je suis votre voisine. Je présume que vous êtes madame Carrier.

— En plein ça. Isabelle Carrier, que vous voyez curieuse de connaître le motif de votre visite.

— Auriez-vous le journal *La Minerve* ?

— Bien sûr ! Mon mari le dévore de la première à la dernière ligne.

Voulant savoir si cette femme avait le sens de l'humour, Henriette lança :

— S'il l'a dévoré, je ne risque pas de l'avoir.

La femme afficha un large sourire qui dessina des fossettes dans ses joues, puis elle laissa fuser de petits éclats de rire. Ses yeux brillaient.

— Je vois que vous avez l'esprit délié, commenta-t-elle. Ça doit être bon de vous avoir comme amie.

— Nous sommes voisines, nous pourrions bien trouver des moments pour nous voir.

— Ça serait agréable de jaser ailleurs que sur le seuil d'une porte. Mais pour l'instant, vous désirez mettre le nez dans ce journal, n'est-ce pas ?

— Il y a de quoi. Figurez-vous que j'ai trouvé un portefeuille passablement bien garni. J'ignore à qui il appartient. Paraît-il que de telles pertes sont ordinairement signalées dans le journal.

— Je vais vous le chercher.

Elle revint presque tout de suite, le journal à la main.

— Permettez que j'en lise les annonces ici. Je pourrai ainsi vous le rendre aussitôt.

— Tu peux le garder. Pardonne-moi si je me permets de te tutoyer. Après tout, nous avons à peu près le même âge.

— Dans ce cas-là, Isabelle, je l'apporte. Merci beaucoup.

— À la condition que je connaisse la suite de l'histoire.

— Pour ça, ne t'en fais pas, je te tiendrai au courant.

Henriette traversa chez nous et ne perdit pas une minute pour éplucher les petites annonces. Elle repéra bien vite celle qu'elle cherchait.

« **Perdu.** Au marché Bonsecours près de l'église, un portefeuille de cuir rouge fermé avec une bande de cuir et contenant un billet de cent dollars d'une banque de l'État de New York (on croit que c'est la City Bank), trois trente sous anglais et un douze sous. Si la personne qui l'aura trouvé veut bien en donner avis au bureau de *La Minerve*, elle sera généreusement récompensée. »

— Il n'y a qu'une chose à faire, avançai-je. Il faut signaler au bureau de *La Minerve* que tu l'as trouvé tout en mentionnant notre adresse et nous verrons bien quel riche marchand ou quel fortuné bourgeois viendra le réclamer.

Le lendemain, Henriette passa au journal en avant-midi afin de révéler sa trouvaille.

— Nous prévenons le propriétaire, lui assura-t-on.

En fin d'après-midi, un homme jovial et ventripotent frappait à notre porte. Il avait l'air d'un original avec sa canne et son chapeau haut de forme. Il se présenta à moi en esquissant de façon malhabile maintes courbettes :

— Eustache de Chantal, maître d'écriture.

Sans me laisser le temps de placer un mot, il ajouta :

— C'est donc vous qui avez fait l'heureuse découverte ?

— Non pas, monsieur, plutôt mon épouse.

— Oh ! Faites-la vite venir que je lui exprime ma plus vive reconnaissance.

J'allai à la cuisine chercher Henriette. Le maître d'écriture lui prit la main qu'il porta à ses lèvres. Il s'extasia :

— Quelle charmante enfant ! Le ciel est bon pour le maître que je suis de mettre sur ma route une si exquise créature. Me ferez-vous l'honneur de me dire votre nom ?

— Henriette Ducharme.

Il esquissa une grimace qui en disait long et se permit ce commentaire :

— Sans vouloir vous déplaire, ma chère dame, vous méritiez un plus beau prénom comme Aurore ou Angélique. Hélas ! nous ne choisissons pas nos noms et prénoms ! Moi, par exemple, je me prénomme Eustache. Est-ce vraiment digne ? Vous conviendrez qu'on ne devrait jamais prénommer un enfant ainsi. Car ses compagnons se moqueront de lui comme ils se sont moqués de moi en me répétant que c'est en sortant du cul de la poule que les œufs se tachent.

À la mimique que fit Henriette en l'entendant parler de la sorte, il éclata de rire en se tapant sur les cuisses.

— Excusez, madame, mon côté parfois quelque peu grivois. Vous savez, je crois que dans la vie, il ne faut jamais perdre une occasion de rire.

Sur ce, sans autre trait d'esprit, il enchaîna :

— C'est donc vous qui me permettrez de récupérer mon bien ?

Henriette lui remit le portefeuille qu'elle avait pris soin d'apporter.

— Je ne vous ferai pas l'affront, clama aussitôt le maître d'écriture, de vérifier si tout y est. J'en suis d'ores et déjà convaincu. J'avais promis, par l'intermédiaire du journal, une généreuse récompense et je tiendrai parole. Encore faudra-t-il que vous veniez la chercher chez moi, à la villa de Chantal, rue Sherbrooke. J'aurai alors un double bonheur : celui de vous revoir et celui de vous récompenser. Quant à vous, monsieur, me ferez-vous le plaisir d'accompagner votre digne épouse pas plus tard que demain à l'heure du souper, si ça vous convient ? Vous serez mes invités, bien entendu, et nous ferons plus ample connaissance.

Sur ce, il nous remit sa carte et nous salua d'un grand coup de chapeau. Nous le regardâmes s'éloigner en dodelinant de la tête. Il avait l'air d'un gros ourson.

Chapitre 46

Le souper

En pénétrant dans la maison du maître d'écriture, nous sûmes tout de suite que nous mettions les pieds chez un riche bourgeois. La maison de pierres à deux étages ressemblait à un manoir. Elle était entourée d'un jardin fort bien entretenu. La salle à manger où notre hôte nous reçut s'ornait de multiples tableaux représentant de la nourriture ou des gens en pique-nique.

Affichant une bonne humeur non feinte, monsieur de Chantal nous accueillit aimablement, nous priant dès notre arrivée de passer à table. Il y avait de tout au menu : jambon, saucisses, poulet, rôti de porc, légumes divers et surtout une multitude de desserts. J'en dénombrai une dizaine, allant du gâteau au chocolat au feuilleté aux fraises, en passant par quatre sortes de tartes.

Notre hôte ne se laissait pas mourir de faim, d'où son ventre proéminent, ses bajoues rondes et sa difficulté à déplacer son imposante carcasse. Il était par contre très sympathique, ce bon vivant ! Entre deux bouchées, il abordait en connaisseur une foule de sujets, du fait divers à la haute philosophie. Voulant récompenser Henriette de belle manière, il lui demanda :

— Vous aimez sans doute la musique ? Les femmes, en général, adorent les beaux airs. Si je payais votre entrée et celle de votre mari samedi soir au Théâtre Royal, pour le grand concert instrumental de la célèbre Société allemande composée de vingt-trois musiciens, est-ce que ça ferait votre bonheur ?

— C'est très généreux de votre part, le remercia Henriette. Savez-vous ce qu'on y jouera ?

Il sonna la domestique.

— Antoinette, apportez-moi le journal d'hier !

Dès qu'il l'eut en main, il s'empressa de lire :

— Les principales pièces au programme sont : *Le Songe d'une nuit d'été* de Mendelssohn ; l'ouverture de l'opéra *Oberon* de Weber ; *Le Carnaval de Venise* pour basse de monsieur Thiede ; les *Variations pour flûte* de Donizetti ; le *Grand Pot-pourri martial* de Massack ; *L'Écho des Alpes* de Lanner et le *Galop de Railroad* de Gungil.

— Nous irons avec plaisir, m'enthousiasmai-je, d'autant plus que cette soirée marquera l'anniversaire de nos trois premiers mois de mariage.

— Vous m'en voyez fort heureux, chers amis, et si vous aimez la nature et en particulier les oiseaux, je verrai plus tard à ce que vous assistiez à la présentation par le Signor Spinetto d'une centaine d'oiseaux dressés : des serins des Canaries et des moineaux de Java. Ils sont vraiment ineffables. Vous ne vous ennuierez pas. Oh ! Je suis un hôte impardonnable ! Je vous parle de divertissements et j'oublie de vous demander comment vous gagnez votre vie.

Je déclarai :

— Je suis un instituteur en attente d'emploi.

— Il n'y a pas là de quoi s'étonner. Tous les postes sont comblés par les religieux et les religieuses dont notre évêque inonde le pays. Remarquez que je n'ai rien contre eux dans la mesure où ils remplissent bien leur tâche. Et vous, chère madame ?

— J'essaie de m'acquitter de mes devoirs d'épouse en attendant d'avoir un enfant.

Le maître d'écriture ne put s'empêcher de la taquiner.

— Il n'y a rien de plus simple et de plus facile, n'est-ce pas, pour une femme, que de remplir ses devoirs d'épouse, puisqu'ils se réalisent alors qu'elle est allongée.

Pendant qu'il parlait, il observait Henriette afin de voir de quelle façon elle réagirait. Elle ne put s'empêcher de rougir et ne sut quoi répondre, ce qui l'amusa beaucoup.

— Allons donc ! Ma petite dame, ne vous alarmez pas, vous voyez bien que je badine. C'est là le moindre de mes défauts. Je sais fort bien que les femmes n'ont pas la vie facile. L'entretien d'une maison et l'éducation des enfants ne sont pas une sinécure. Bon, assez de plaisanteries ! Pour me faire pardonner, venons-en aux choses sérieuses. Que diriez-vous de travailler chez moi comme femme de chambre ? Et vous, monsieur Valois, si vous avez une bonne main d'écriture, vous pourriez certainement me seconder dans mon travail.

Ses propositions nous laissèrent sans voix. Il ne nous donna pas la chance de réfléchir longtemps puisqu'il enchaîna aussitôt :

— “Qui ne dit mot consent !” Vous n'aurez pas à vous plaindre. Vous serez équitablement rétribués. Vous, madame Henriette, vous viendrez tous les jours avec votre mari et, pendant qu'il me secondera et que je lui apprendrai à rendre sa main d'écriture parfaite, vous verrez à l'entretien de ma chambre et de celles de mes invités. Vous, monsieur

Valois, dès la fin des classes, soit de la mi-juillet jusqu'à la mi-septembre – période où je reçois les instituteurs dont l'écriture est si mauvaise que leurs élèves ne peuvent la lire –, vous travaillerez à transcrire les nombreux documents qu'on me confie afin d'en rendre la lecture aisée. Au besoin, je vous donnerai la formation appropriée pour accomplir votre tâche.

Il nous avait versé du vin et leva son verre à notre entente. Nous l'imitâmes et trinquâmes à la bonne réussite de notre association. Notre hôte insista pour que nous goûtions à tous les desserts.

— Un p'tit morceau? suggérait-il. Tenez, il vous faut manger de la tarte à l'affaire louche.

Voyant que son jeu de mots m'avait fait sourire, il expliqua :

— Vous savez, certains l'appellent la tarte à la farlouche, alors qu'en réalité, le vrai terme est "ferlouche", d'où la tarte à l'affaire louche. Enlevez-lui les raisins, à cette fameuse tarte, et elle devient une tarte à la pichoune comme celle-ci. Elle perd alors du galon. N'est-ce pas un peu louche? Ha! Il n'y a pas que la tarte. Goûtez-moi ces croquignoles, vous en redemanderez. Vous me direz si ces œufs à la neige ne sont pas une merveille, et ce sirop d'érable? Que la vie est bonne, n'est-ce pas? Profitez-en! À ma connaissance, nous n'en avons qu'une. Au diable la gourmandise!

Pendant qu'il parlait, il se servit un morceau de toutes ces pâtisseries, se désolant de constater que nous n'osions pas en faire autant.

— Vous avez de bien minces appétits. Je me réjouis déjà que vous ne me coûtiez pas cher, car, bien entendu, vous mangerez à ma table.

Nous le quittâmes, médusés. Ce qui nous arrivait n'était-il qu'un rêve ? Ce songe devint pourtant notre réalité, puisque dès la semaine suivante, nous entrions au service d'Eustache de Chantal.

Chapitre 47

Eustache de Chantal

Sans l'avoir cherché, nous avions vu entrer dans notre vie, pour notre plus grand bonheur, le maître d'écriture Eustache de Chantal, richissime héritier d'un armateur passé de vie à trépas plusieurs années auparavant. Nous allions maintenant travailler dans sa maison et apprendre à le connaître.

Ce jour-là, il nous accueillit aussi affablement qu'il l'avait fait lors de notre souper en sa compagnie et nous demanda si nous avions bien apprécié notre concert au Théâtre Royal, de même que notre visite au Signor Spinetto et à ses oiseaux savants. Satisfait de nos réponses enthousiastes, il pria Antoinette, la responsable des domestiques, de bien vouloir montrer à Henriette quel travail serait le sien.

— Ce n'est pas que je sois pressé de me priver de votre agréable compagnie, ma chère dame, mais il faut bien abattre notre besogne, vous en conviendrez. Et maintenant, ajouta-t-il d'un air moqueur, les hommes vont passer aux choses sérieuses.

Henriette lui jeta un coup d'œil qui le fit s'esclaffer, puis il me dit:

— Votre épouse est très éveillée et je vois bien qu'elle est une femme de caractère. Elle ira loin.

Il me pria de le suivre à son bureau et me demanda ensuite de transcrire un texte extrait d'un journal où il était question des misères du pape Pie IX, car il voulait se faire une idée de mon écriture.

— Vous savez, m'expliqua-t-il, que les troubles en Italie motivent notre évêque à expédier de jeunes Canadiens français à la défense du souverain pontife. Accepteriez-vous de sacrifier votre vie pour le Saint-Père ?

Je mis du temps à répondre.

— Je crois bien que non.

— Vous avez entièrement raison. Si le pape se mêlait de ses oignons et ne s'en tenait qu'à ses platebandes, il n'aurait pas besoin d'armée et ne serait pas en péril comme il l'est présentement. De plus, nos pauvres zouaves n'iraient pas risquer leur vie pour sa défense.

Il me fit asseoir, me donna plume, papier et encrier, et pendant que je m'efforçais d'écrire, il continua à discourir de tout et de rien. C'était un vrai moulin à paroles. Quand j'eus terminé ma transcription, il prit la copie et la commenta en ces termes :

— Je vois, cher ami, que j'aurai du travail à faire avec vous. Soit dit en passant, si je ne me permets pas de vous tutoyer, c'est que je respecte la distance qui doit toujours exister entre le maître et l'élève. Vous manifestez tout le talent nécessaire pour devenir un excellent maître d'écriture, mais il vous faudra mettre en pratique mes conseils. Aussi, permettez-moi quelques remarques. Voyons cela ! Dans la toute première phrase où il est question du pape Pie IX, vous avez écrit son nom de façon beaucoup trop discrète. Votre écriture doit faire ressortir l'importance du personnage. Il faut donc mettre plus d'emphase sur son nom de façon à ce que le texte parle de lui-même. Je vous montrerai. À propos, savez-vous que j'ai une théorie au sujet de l'Église catholique et de ce pape en particulier?

Je m'empressai de dire:

— Je suis curieux de la connaître!

— Vous admettrez avec moi que l'Église est la mère de tous les croyants?

— Ça va de soi.

— Si vous suivez bien mon raisonnement, vous reconnaîtrez que si l'Église est une mère, c'est elle qui nourrit ses enfants de son lait.

— L'image est juste.

— Eh bien! Nous pouvons dire que notre mère la sainte Église catholique, apostolique et romaine s'est beaucoup améliorée pour alimenter les croyants du lait de la foi!

— Dans quel sens?

— Elle s'est munie d'un pis neuf!

Devant mon air ahuri, il se mit à rire aux éclats en s'amusant comme un enfant qui vient de jouer un bon tour. À le voir s'esclaffer de la sorte, je me permis de rire pendant que le bourgeois commentait:

— Je vous ai bien eu, hein? Vous ne vous attendiez pas à celle-là? Sachez qu'il me faut chaque jour ma pinte de rire. Vous devriez prendre exemple sur moi. Le rire est la meilleure des médecines. Il détend à la fois les personnes et l'atmosphère. Celui qui fait rire attire la sympathie, ce qui rend les autres plus réceptifs à ses idées. Et si une de mes idées vous fait sourire, vous avez de fortes chances de la faire vôtre. Entre nous, vous ne pensez pas que nos curés devraient apprendre les vertus du rire?

Il termina sa phrase en pouffant, ce qui le fit s'étouffer. Quand il eut repris son souffle, il proposa:

— Je vais vous faire passer un test qui me dira de quel bois vous vous chauffez.

Il me glissa sous le nez un parchemin dont je ne pus lire un traître mot, ce qui déclencha de nouveau son hilarité.

— Je vois que j'aurai même à vous apprendre à lire, se moqua-t-il.

Le verbiage et les rires du gros homme commençaient à m'exaspérer. Je me dis : « Il faut croire qu'on ne choisit pas ses amis. » Sur ce, le maître commença son enseignement :

— Ce qu'il faut savoir avant tout de ces griffonnages anciens, c'est qu'ils sont bel et bien écrits en français. Ce n'est pas le contenu qui fait défaut, c'est la manière de le coucher sur le papier.

À la fin de la journée, j'avais la tête lourde. En retournant chez moi en compagnie d'Henriette, je me demandai si je fréquenterais Eustache de Chantal encore longtemps. Henriette m'encouragea :

— Ce n'est que ta première journée. Donne-toi du temps. Il t'apprendra à lire les documents anciens tout en te payant. Tu pourras ensuite en faire l'affaire de ta vie, si nécessaire. Transcrire des textes n'est pas un sot métier.

— Et toi, quelle sorte de journée as-tu vécue ?

— Ma foi, je la qualifierais d'excellente. Ce n'est pas un travail très exigeant que de faire un lit et d'épousseter un peu. J'ai eu beaucoup de temps pour causer avec Antoinette, Ariane et Eugénie.

— Qui sont-elles ?

— Antoinette est cette servante que nous avons vue durant le souper, l'autre soir. Ariane est la cuisinière. Sa nourriture est bonne, mais c'est une personne renfrognée à laquelle il est difficile d'arracher un sourire.

— Et l'autre ?

— Eugénie ? Je ne sais pas si je dois t'en parler... Je veux bien le faire, à la condition que ça reste strictement entre nous.

— Tu n'as rien à craindre, je suis un homme.

— Dis donc que les femmes ne savent pas tenir leur langue ! reprit vivement Henriette.

— Tu admettras que c'est fréquemment le cas. Alors, cette Eugénie ?

— Si j'accepte de révéler ce secret, c'est bien parce que c'est toi. Eustache de Chantal la cache chez lui. Elle aurait un certain lien de parenté avec le maître. Cette femme a quitté son mari qui la battait et, ne sachant où aller, elle a frappé à sa porte. Eustache de Chantal est un homme généreux, car il l'a accueillie sans rien exiger d'elle.

— Je commence à croire que cet homme aime être bien entouré. Au fond, il doit se sentir bien seul.

— Sais-tu qu'il risque gros en agissant de la sorte ? Le mari d'Eugénie a fait paraître une annonce dans *La Minerve* disant qu'il défend à quiconque de lui venir en aide et surtout de lui avancer de l'argent en son nom. Il paraît qu'Eustache de Chantal se moque de cet avertissement qu'il qualifie de chantage. Ça m'a fait prendre conscience à quel point nous, les femmes, sommes démunies dans la vie. Nous ne pouvons strictement rien faire sans l'approbation de notre mari et ça, je te l'avoue, je l'admettrai toujours difficilement. Ça me rappelle ma situation chez les religieuses...

Fidèle à sa promesse, Henriette alla raconter à sa voisine les suites de sa découverte du portefeuille dès qu'elle en eut la chance. Quand elle lui apprit que nous avions été engagés par Eustache de Chantal, Isabelle Carrier lui dit :

— Ce nom ne m'est pas inconnu. Je vais en parler à mon mari qui le connaît sûrement. Peut-être que je pourrai t'apprendre quelque chose à son sujet. Nous n'en savons jamais trop sur ceux pour qui nous travaillons.

Quand elles se revirent quelques jours plus tard, Isabelle affirma qu'elle en avait long à dire sur Eustache de Chantal. Tout d'abord, il était fils unique et héritier d'une grosse fortune – ce que nous savions déjà – qui lui permettait de vivre aisément sans travailler. Puis, Isabelle chuchota en levant les yeux au ciel :

— Est-ce qu'il vit avec une femme ?

— Pas à ma connaissance, répondit Henriette.

— Mon mari est à peu près certain qu'il est à voile et à vapeur.

Henriette, qui entendait cette expression pour la première fois, voulut en connaître la signification. Sa nouvelle amie s'exclama :

— Tu ne sais vraiment pas ce que ça signifie ? Eustache de Chantal serait à la fois aux hommes et aux femmes.

La stupeur passée, Henriette jugea :

— Ça n'en fait pas pour autant un méchant homme.

De retour à la maison, elle s'empressa de me répéter les propos d'Isabelle.

— Cela explique peut-être la présence d'une certaine Eugénie chez lui, dis-je. Qu'importe, il vaut mieux ne pas trop mettre le nez dans le jardin des autres. Nous risquons d'avoir parfois de mauvaises surprises. Quant à moi, peu importe ce qu'on en dit, ça ne changera pas l'idée que je me suis faite de lui : ce n'est pas un mauvais homme.

— C'est curieux, lança Henriette, j'ai eu exactement la même réaction que toi en l'apprenant.

— Qui sommes-nous pour nous permettre de juger les autres? Cet homme est généreux et nous l'a largement démontré. Il aurait pu se contenter de te donner quelques sous pour te remercier de lui avoir rapporté son portefeuille. Non seulement il nous a offert un magnifique souper et deux divertissements, mais il nous a même procuré un emploi à tous les deux. Il aime la vie, ça se voit. Il est riche, il aime rire et n'est pas du tout mesquin. Sans doute le trouve-t-on original, ce qui fait qu'on le juge sévèrement. Mais va savoir les vrais motifs qui font parler les gens à son sujet.

— Tu as raison, convint Henriette. Nous sommes bien chanceux d'être devenus ses amis.

— Et qu'est-ce qui nous l'a permis?

Henriette me regarda avec des yeux interrogateurs.

— Le hasard, ma chérie, le hasard.

Chapitre 48

Le jardin Guilbault

Il y avait près de deux ans que nous étions au service d'Eustache de Chantal et nous n'avions toujours pas d'enfants. Nous avions l'habitude de ses facéties qui ne nous offusquaient pas. En réalité, il avait un grand cœur. Il était riche, certes, mais solitaire. Ayant très peu d'amis, probablement en raison de ses idées trop libérales, il compensait en s'entourant de domestiques. Si quelqu'un savait se taire et l'écouter jacasser comme une pie, il le considérait comme un ami et se montrait très généreux à son égard. Ainsi, il nous gâtait en nous payant à l'occasion des divertissements, ce qui cadrait bien avec sa philosophie. « Nous ne sommes pas sur terre pour nous ennuyer en attendant une vie meilleure comme le soutiennent nos curés, répétait-il. Nous devons prendre tout ce qui passe, car ordinairement cela ne revient pas. Et je crois qu'il en va ainsi de la vie elle-même. » Aussi il s'empiffrait, riait et participait à tout ce qui avait l'heur de lui plaire.

À la mi-juin de cette année 1852, il nous dit :

— À mon avis, nous sommes choyés. Jamais nous n'avons eu autant de divertissements. Nous pouvons assister à des concerts, des expositions, des panoramas, du vaudeville, aller au cirque et à des ménageries, bref ce n'est pas le choix qui manque. Il est vrai qu'au début du mois, notre ville a déploré de graves incendies. D'aucuns, qui voient du mal partout, ont laissé entendre que le ciel nous punit parce que nous prenons trop de plaisir à nous divertir. C'est du moins l'opinion de notre saint évêque. Que Dieu le bénisse. Laissons-le mijoter dans son triste jus et profitons du beau temps et de la vie.

Je le complimentai :

— Je ne déteste pas votre philosophie.

— Justement, cher ami, vous aurez sans doute entendu dire, tout comme moi, que monsieur Guilbault tire parti de la Saint-Jean-Baptiste pour inaugurer son incomparable jardin à une nouvelle adresse, soit au 100, rue Sherbrooke. Il nous invite à nous réjouir avec lui en pique-niquant à cet endroit magnifique. J'ai pensé m'y rendre en votre bonne compagnie. Vous n'aurez pas à vous préoccuper du prix d'entrée, je m'en charge. Quant à la nourriture, Ariane et Antoinette prépareront de bons paniers de pique-nique que nous apporterons quand vous viendrez me chercher. Norbert nous conduira au jardin avec la voiture, nous y passerons la journée et il reviendra nous prendre après les feux d'artifice.

— C'est très généreux de votre part, se réjouit Henriette. Nous nous ferons un plaisir de vous accompagner.

— Vous m'en voyez ravi.

À l'heure dite, nous rejoignîmes le maître d'écriture et nous arrivâmes au jardin vers les deux heures. Norbert nous fit descendre à la porte. Nous nous chargeâmes des paniers et Eustache de Chantal paya l'entrée. Comme il ne marchait pas longtemps sans se mettre à souffler comme un phoque, à peine étions-nous entrés dans le jardin que je m'empressai de lui dénicher un banc à l'ombre. Le maître fut tout heureux de s'y installer en compagnie d'Henriette.

— Voyez comme l'endroit est beau, observa-t-il. Je ne vous retiendrai pas auprès de moi. Le simple fait d'être ici en pleine nature et d'assister dans l'ombre au défilé des jolies créatures de notre cité me comble. Vous êtes jeunes. Profitez-en pour visiter ce beau jardin, dont vous me décrirez les merveilles à votre retour. Je prendrai ici mes aises tout en veillant sur les trésors qui garantissent notre subsistance.

Nous le laissâmes en lui promettant de le retrouver bientôt. Je rêvais depuis longtemps de visiter ce jardin renommé pour ses nombreuses espèces d'arbres et de fleurs. J'entraînai Henriette vers un petit monticule d'où j'espérais découvrir les alentours avec plus de facilité. La moitié du jardin, m'avait-on dit, était formé d'un bocage et le terrain était entrecoupé d'un ravin que j'aperçus non loin de l'endroit où nous nous trouvions.

— Tu sais, Henriette, qu'au fond de ce ravin coule un ruisseau qui n'est jamais à sec? Est-ce que ça te plairait d'y aller?

— Je te suivrai où tu veux. Quelle chance de pouvoir profiter ainsi d'une si belle journée!

Nous empruntâmes un sentier passablement fréquenté. Des familles entières étaient installées sur l'herbe où des nappes avaient été déployées. Les gens causaient paisiblement. De temps à autre jaillissaient des rires d'un groupe plus animé.

— Le bonheur, c'est ça, laissa tomber Henriette. Avons-nous besoin de plus?

— Voilà que tu t'exprimes comme le grand philosophe Rousseau. Il prônait le retour à la nature, et Dieu sait que je serais bien porté à lui donner raison. Il n'y a rien comme un ciel bleu, du calme et du bon air pour avoir les idées claires et sentir la joie nous envahir. Nous ne sommes pas faits pour la pierre, le béton et la poussière. Des jardins comme celui-ci, en pleine ville, n'est-ce pas un peu le paradis terrestre ?

— Surtout s'il n'y a pas de pommier, rétorqua Henriette d'un air moqueur.

— Ni d'Ève pour nous tenter, repris-je, en l'attirant à moi.

Nous descendîmes paisiblement jusqu'au ruisseau. Des gens en arpentaient les rives. Quelques escaliers en terre permettaient d'en gravir les pentes et des sentiers menaient vers les ponts jetés çà et là sur le ruisseau. Les bancs disposés le long de la berge et sur le gazon autour étaient tous occupés. Tout au long de notre parcours, je m'ingéniai à identifier les arbres. Je m'arrêtai à un endroit où des oiseaux colorés animaient d'immenses volières. Plus loin, des animaux de différentes espèces s'offraient à la curiosité des gens.

— Tu sais qu'on peut se procurer ici à peu près tout ce qui existe d'oiseaux d'utilité ou d'agrément ?

— Oh ! J'aimerais tellement avoir un serin ! Je crois que je ne me lasserais pas de l'entendre chanter.

— Vos désirs sont des ordres, madame.

Je l'emmenai sur-le-champ se choisir un canari et une cage.

Quand nous retrouvâmes le maître d'écriture étendu sur son banc, occupé à profiter pleinement du bon air, il se montra heureux de nous voir, comme si nous l'avions quitté depuis des semaines.

— Oh ! Quel plaisir de vous retrouver, mes bons amis ! La nature nous gratifie d'une magnifique journée. Je suis comblé que vous ayez accepté de m'accompagner en ce lieu enchanteur. Et voilà un jour comme je les aime, sans compter que le meilleur est encore à venir, n'est-ce pas ? Je crois qu'Ariane et Antoinette auront préparé de quoi nous régaler. Rassurez-vous, je n'y ai pas encore mis le nez, précisa-t-il en désignant les paniers. Ce n'est pourtant pas le désir qui m'a manqué.

— Vous êtes demeuré tout ce temps sans boire ? m'inquiétai-je.

— Non point, car j'avais pris soin de demander à Antoinette de glisser un petit alcarazas sur le dessus d'un des paniers.

— Un alcarazas ?

— Oui, monsieur Valois, ou si vous aimez mieux une gargoulette.

— Ah bon !

— Je crois que voilà la plus belle invention des Arabes. C'est pourtant bien simple : un petit vase en terre cuite muni d'un bec très pratique dans lequel l'eau se conserve toujours fraîche.

— Oui, je connais. C'était le mot qui m'était inconnu.

— Eh bien, vous serez plus savant en vous couchant ce soir.

— Et l'eau est restée bien fraîche ?

Il répondit d'un air moqueur :

— Si c'était bien de l'eau qui s'y trouvait.

Il nous égaya ensuite de son rire. Puis, sans transition, il s'adressa à Henriette :

— Je vois que votre mari vous gâte. Il a ajouté un membre de plus à votre famille !

— Ah oui, un beau canari. Tout ce que je demande, c'est qu'il veuille bien chanter.

— Ne vous inquiétez pas, madame. S'il est tout aussi heureux que moi en votre compagnie, et je sais qu'il le sera, il vous divertira de ses meilleurs trilles, si on peut appeler ainsi le chant d'un canari. Dites-moi, lui avez-vous déjà donné un nom ?

— Pas encore, répondis-je, et vous m'en voyez surpris, car en ce domaine, Henriette ne manque pas d'imagination.

— Serait-ce que vous m'en auriez trouvé un ? enchaîna le maître d'écriture à l'intention d'Henriette pour la taquiner ou l'embarrasser.

Il rit de la voir rougir avant qu'elle ne réponde.

— Je n'aurais jamais osé. Mais ce serin, je ne sais pas trop quel nom lui donner.

— C'est certainement un mâle. Enfin, qu'importe ! Vous me permettez une suggestion ?

— Évidemment !

— Alegria !

— Qui veut dire ?

— "Joie" ou "allégresse". N'est-ce pas ce que vous espérez qu'il vous apporte ? De plus, vous l'aurez reçu un jour de grande joie.

— En effet ! Va pour Alegria.

L'heure de manger était maintenant arrivée. Henriette étala une nappe sur le gazon et se mit en frais d'y déposer les mets de notre souper. Il y avait d'appétissantes cuisses de poulet accompagnées de tomates fraîches, des fromages, des pâtés et une quantité appréciable de desserts dont du blanc-manger comme l'aimait tant le maître d'écriture. Et le vin coulerait à flots. Tout cela avait été parfaitement conservé au frais grâce à des sacs de glace.

Nous mangeâmes de bon appétit, après quoi j'aidai Eustache de Chantal à se dégourdir en faisant quelques pas.

À sa demande, je le soutins pour qu'il puisse se rendre aux latrines. Il en ressortit en ronchonnant.

— Quand les hommes apprendront-ils à rendre salubres ces endroits indispensables, mais si dégoûtants ? Vous ne pensez pas, Valois, qu'il y aurait une petite fortune à faire pour celui qui nous inventerait des latrines où ça ne sentirait que la rose ? Par ce que nous y faisons, il y aurait pourtant là de quoi engraisser toute une roseraie.

Puis, se reprenant, il ajouta :

— Ne laissons pas gâter notre journée par ce mal nécessaire et allons nous régaler les yeux et le cœur.

Nous regagnâmes le banc où nous attendait Henriette. Ce fut alors à son tour de se rendre au petit coin. Pendant son absence, le maître d'écriture commenta :

— Le Créateur, si c'est bien lui qui nous a inventés, n'avait guère l'esprit pratique. Il aurait pu penser à quelque chose de mieux touchant notre moyen d'évacuation. Bah ! Pourquoi me plaindre ? Peut-être aurait-il alors oublié d'inventer la nourriture et il manquerait l'essentiel à la vie. Manger, n'est-ce pas le premier des besoins fondamentaux qu'il nous faut absolument satisfaire ? Ce n'est que lorsque nous sommes certains d'être bien rassasiés que nous pouvons songer au deuxième bien le plus indispensable à notre vie. Vous savez lequel, mon cher Valois ?

Je croyais qu'il allait, comme à son habitude, faire une plaisanterie. Là, il était sérieux. Je ne me creusai pas les méninges longtemps, car il enchaîna :

— Vous donnez votre langue au chat ?

Avant que je puisse répondre, il commenta :

— Quelle belle expression que celle-là ! Quand nous restons bouche bée devant une question, à quoi nous sert notre langue ? Elle n'est plus bonne qu'à être donnée au chat.

Il s'interrompit.

— Où en étais-je ?

— Au deuxième besoin le plus fondamental de la vie. Je crois bien avoir trouvé. C'est d'être mieux demain qu'aujourd'hui.

— Être heureux ! En effet, le bonheur est ce vers quoi nous tendons toute notre vie, après nous être assuré de manger. À moins que la Faucheuse ne vienne nous foudroyer subitement, c'est lorsque nous sommes certains de ne plus être heureux que nous nous laissons aller. Bon, trêve de propos de ce genre, profitons justement de notre bonheur.

La noirceur venait de tomber. Nous assistâmes, en les ponctuant de « oh ! » et de « ah ! », aux feux d'artifice. Nous n'avions jamais vu un spectacle aussi relevé. Le ciel s'illuminait de gerbes, de cascades, d'embrasements, de soleils accompagnés de sifflements et d'éclatements de bombes que commentait le maître d'écriture avec beaucoup de pertinence. Il en connaissait long sur ces pièces pyrotechniques. Ne voulant pas gâcher notre plaisir par trop de commentaires, il précisa seulement :

— Il faut remercier les Chinois, car nous leur devons les feux d'artifice. Le bon Marco Polo a su rapporter d'un de ses voyages la poudre noire nécessaire à leur production. De tous, ce sont les bombes que je préfère, et bien entendu nous en aurons plusieurs dans le bouquet final. Et puis, ce qui est merveilleux avec les feux d'artifice, c'est que les riches comme les pauvres peuvent les admirer.

Norbert vint nous chercher au terme de cette journée mémorable et, à la demande de son maître, après avoir laissé celui-ci à sa villa, il poussa l'amabilité jusqu'à nous reconduire chez nous.

Chapitre 49

La grande épreuve

Nous habitions toujours rue Sainte-Élisabeth, dans l'appartement au-dessus de ce qui avait été le commerce de mon père. J'étais encore à la recherche d'un emploi d'instituteur pour l'année scolaire qui allait débuter.

Il y avait tout juste deux semaines que nous avions eu le bonheur de visiter le jardin Guilbault. La semaine suivante, nous avions profité du samedi après-midi où nous étions tous les deux en congé pour nous rendre dans un quartier incendié trois semaines auparavant. Il était difficile de nous faire à l'idée d'une si grande dévastation par le feu. Des dizaines de maisons avaient brûlé et, là où se dressait autrefois un quartier florissant, il n'y avait plus que des ruines.

J'eus la réflexion suivante :

— Pauvres gens ! Il y en a qui ont perdu en quelques minutes les économies de toute une vie.

Henriette enchaîna :

— Je les plains. S'il fallait que ça nous arrive ! Je ne sais vraiment pas ce que je ferais.

— Allons, ma mie. Pourquoi ces idées sombres ?

Notre marche nous conduisit jusqu'à la Côte-à-Baron. Je tenais à montrer à Henriette le vaste réservoir d'eau à ciel ouvert entretenu par l'administration municipale.

— Tu sais, ma chérie, qu'on conserve ici les réserves d'eau pour toute la ville de Montréal ?

— Vraiment ? Pourquoi alors ces réservoirs sont-ils à sec ?

— Parce que depuis le mois de juin, on procède à leur nettoyage.

Des ouvriers y étaient justement au travail. Nous les regardâmes un moment balayer le fond de ces grands bassins. Puis, heureux de notre balade, nous regagnâmes tranquillement la maison.

Le jeudi suivant, vers les dix heures, alors que nous étions à notre travail rue Sherbrooke, Norbert revint en vitesse du marché et prévint son maître que la ville était en feu du côté de la rue Saint-Laurent et vers la cathédrale Saint-Jacques. En apprenant cette terrible nouvelle, nous voulûmes nous précipiter chez nous. Eustache nous retint.

— Vous n'irez pas vous jeter en plein brasier et mettre ainsi vos vies en danger.

Je ne l'entendais pas de la sorte.

— Permettez au moins que j'aille voir si notre appartement risque d'y passer.

— Vous irez, cher ami, à condition que votre épouse reste avec nous.

Henriette s'objecta vivement :

— Je ne veux pas le laisser seul.

— Il le faudra bien, persista le maître. Votre époux saura sûrement fuir le danger au besoin. Toutefois, admettez qu'une telle conflagration n'est pas la place d'une dame.

Je n'attendis pas le reste pour détaler. Norbert décida de m'accompagner. Nous courions en direction de la rue Sainte-Élisabeth en nous rendant bien compte, au fur et à mesure de notre approche, que le feu se révélait très actif dans ce secteur. Parvenant tout de même à nous faufiler jusqu'à l'appartement, nous y arrivâmes au moment où les flammes s'attaquaient aux premières maisons de la rue. Je compris que nous n'aurions pas le temps de sauver nos meubles ni d'autres effets. Je fis sortir de l'écurie le cheval du propriétaire et commandai à Norbert de l'atteler au chariot rangé le long de la boutique. Pendant ce temps, je grimpai à l'appartement, m'emparai de la cage du serin et parvint, en soulevant le matelas, à mettre la main sur l'argent obtenu lors de la vente de notre propriété. Je dévalai l'escalier et déposai la cage du serin sur le banc du chariot. Comme le propriétaire de la maison n'était pas sur les lieux, je priai Norbert en lui indiquant la boutique :

— Aide-moi à récupérer quelques meubles.

Une fois la porte enfoncée, en moins de deux, nous balançâmes dans le chariot une table, trois chaises, une commode, un bahut, un lit et quelques lampes. Le cheval hennissait. Des tourbillons de fumée nous enveloppaient. Tout autour, c'était l'affolement. Des voisins qui tentaient de sauver leurs affaires laissèrent soudain tout sur place. On entendait dans l'air un grondement causé par le crépitement des flammes s'attaquant aux maisons voisines. Je sautai dans le chariot où Norbert prenait déjà place. Il s'empara des cordeaux et le cheval ne se fit pas prier pour se mettre au galop. Il enfila la rue Sainte-Élisabeth vers De La Gauchetière, mais la rue était obstruée par des meubles que des gens avaient essayé d'arracher aux flammes. Nous parvînmes à les repousser de telle sorte qu'ils ne gênent plus le passage. Plusieurs hommes en fuite, profitant du fait que la voie était libre, ne prirent même pas quelques secondes pour nous venir en aide.

Norbert conduisit le cheval en remontant la rue Saint-Laurent, de moins en moins encombrée au fur et à mesure que nous nous éloignions des lieux du sinistre. Nous longeâmes les maisons qui avaient été dévastées en premier par l'incendie. Puisque le vent soufflait vers l'est, le feu ne nous menaçait plus. Nous sachant hors de danger, Norbert remit la bête au pas.

— Merci de ton aide. Sans toi, je serais revenu bredouille.

— Y a pas de quoi. Ça valait le coup.

— N'empêche que nous l'avons échappé belle, ajoutai-je en poussant un profond soupir.

— À qui le dites-vous !

— Même si le chariot ne m'appartient plus, de même que les meubles et le cheval, je n'aurai pas tout perdu. Je crois que mon propriétaire saura apprécier de retrouver tout ça. Sans notre intervention, le pauvre animal y serait resté.

— Dans un incendie, monsieur Valois, c'est chacun pour soi.

— Tu as bien raison. Nous en avons eu une bonne preuve aujourd'hui.

Tout en parlant, nous remontâmes vers la rue Sherbrooke et regagnâmes la demeure du maître d'écriture. Quand Henriette m'aperçut, elle vint se jeter dans mes bras.

— Dieu soit loué, bredouilla-t-elle à travers ses larmes, tu es vivant.

— Et bien heureux de l'être. Nous avons vu l'enfer de près.

Je m'empressai d'ajouter :

— Nous n'aurons pas tout perdu. J'ai pu récupérer le magot et ceci.

Je lui tendis la cage du serin. Un large sourire se dessina sur le visage d'Henriette.

— Mon pauvre Alegria, nous avons bien failli te perdre.

Revenant tout à coup de ses émotions et affichant un visage troublé, elle s'inquiéta :

— Où coucherons-nous ce soir ?

Comme elle posait la question, Eustache de Chantal arrivait à nos côtés en quête de nouvelles.

— Veuillez, chers amis, pardonner mon indiscrétion. Si vous vous demandez où dormir ce soir, c'est donc que votre appartement est en cendres.

— Voilà la triste vérité, me désespérai-je. Nous avons tout perdu.

— Non pas tout, puisque vous resterez chez moi. Nous vous aménagerons une des chambres d'amis. Je serai fort heureux de vous avoir à mes côtés jour et nuit. Vous remplacerez ainsi les enfants que je n'ai pas eus et les amis qui ne me sont guère fidèles.

— C'est généreux de votre part, mais je vous promets que ça ne sera que pour une période limitée puisque je compte bien repartir à neuf sans tarder.

— Vous aurez au moins le temps nécessaire pour voir venir et je dormirai plus tranquille de ne pas vous savoir à la rue.

Deux jours plus tard, quand le maître d'écriture reçut son exemplaire de *La Minerve*, il s'empressa de lire ce qu'on y rapportait concernant l'incendie. Je lui demandai combien de personnes les flammes avaient mises sur la paille.

— Environ mille cinq cents familles, ce qui touche près de douze mille personnes. Vous rendez-vous compte que c'est le quart des habitants de la ville ? La cathédrale Saint-Jacques et le palais épiscopal y ont passé, de même que l'hôtel des Hays, l'église Molson ainsi que la brasserie et la fonderie. Les maisons ont pratiquement toutes disparu depuis la Côte-à-Baron jusqu'à la rue Vitré et la place Viger entre la rue Saint-Laurent et la rue Saint-Denis, et même au-delà. Il ne reste, hélas! rien de la rue Mignonne et de votre rue Sainte-Élisabeth.

« À ce qu'on dit, le feu aurait éclaté vers neuf heures, rue Sainte-Catherine, entre la rue Saint-Laurent et la rue Saint-Dominique, pour se propager vers l'est et engloutir tout ce qui était debout jusqu'au pied du courant, près de la prison. Par miracle, l'asile de la Providence, quoique entouré de flammes de trois côtés, a été sauvé. C'est le cas de le dire, la Providence n'a pas voulu de la Providence.

« Des milliers de personnes sont désormais, tout comme vous, sans toit. Je les plains. On leur offre, en attendant mieux, de s'empiler dans de vieux appentis de la Pointe-Saint-Charles. Vous ne pouvez pas savoir à quel point ça me chagrine. Je me console toutefois de pouvoir vous accueillir chez moi. Mais ce qui me révolte le plus dans tout cela, c'est ce que notre évêque a trouvé en guise d'explication. »

— Quoi donc?

— Il attribue cette tragédie à Dieu! Il prétend que c'est Dieu qui lui avait donné une cathédrale et un palais épiscopal, et que c'est encore Dieu qui les lui a repris. Il ne pense qu'à lui en sachant très bien qu'avec le produit de la quête, le tout sera reconstruit. N'est-ce pas que Dieu, avec un pareil serviteur, a vraiment le dos large?

Quand nous fûmes seuls ce même soir, je fis remarquer à Henriette:

— Te rends-tu compte, chérie, que les prédictions de la médium sont en train de se réaliser? N'est-ce pas la grande épreuve qui nous attendait?

— Dans ce cas, remercions le ciel de nous en être si bien sortis.

Quelques jours plus tard, Eustache de Chantal se rendit dans la partie de la ville qui avait brûlé. Il vit les camps de fortune dressés pour les gens sinistrés et en revint particulièrement secoué.

— J'ai de la difficulté à accepter pareille catastrophe. Pourquoi faut-il que dans la vie surviennent de tels malheurs ? Je ne sais pas trop de quelle façon je pourrais aider ces pauvres gens chassés de leurs demeures. Ils sont entassés dans des tentes et ne voient pas le jour où ils pourront se remettre de ce désastre. Si encore il ne s'agissait que de cela. Mais ce qui me dégoûte le plus, comme pour ajouter à tous ces maux, alors que nos gens ont tant besoin d'aide, c'est de constater, selon ce que m'a dit un ami, que notre évêque songe déjà à quêter pour faire reconstruire sa cathédrale. Si au moins il ne s'en tenait qu'à ça ! Non, il en rajoute, et le pire c'est qu'il continue d'attribuer ce cataclysme à Dieu. S'il est si convaincu que Dieu est la cause de cet incendie et s'il a tellement besoin d'argent, qu'il en réclame directement à Dieu et qu'il le fasse poursuivre par les compagnies d'assurances.

Je demandai :

— Notre évêque attribue vraiment ce feu à Dieu ? Je croyais qu'il avait dit ça sous le coup de l'émotion du moment.

— Absolument pas ! Il persiste et en voici la preuve. Il a pris le temps de le mettre par écrit afin sans doute de donner une leçon aux gens.

Il tira de sa manche une coupure de journal :

— Écoutez la voix de notre saint homme.

Qu'allons-nous devenir ? Comment soulager de si grandes misères ? Cela surpasse tout calcul humain. Tout ce que nous savons, c'est que c'est Dieu qui a soufflé, du souffle de sa colère, ce feu que la main de l'homme n'a pu maîtriser. Cela nous suffit. Il a choisi pour l'allumer, ce feu dévorant, le moment où nos réservoirs d'eau étaient à sec. Il a lui-même tracé à ce feu, devenu en quelque sorte intelligent, sa route, pour qu'il épargnât ceux qu'il voulait épargner, et qu'il ruinât ceux qu'il voulait ruiner. En tout cela, Il est adorable[1].

—Jamais, ajouta-t-il après cette lecture, je n'aurais cru qu'un homme puisse être à un tel point aveuglé par ses croyances qu'il ne soit pas assez intelligent pour comprendre que Dieu n'a rien à voir avec la catastrophe qui nous est tombée dessus. Le Dieu de cet évêque est un enragé toujours en colère contre les pauvres créatures que nous sommes. Au lieu d'écrire ces inepties, il ferait bien mieux de voir à ce que tous ses fidèles aient un bon toit au-dessus de leur tête avant l'hiver. Quant à sa cathédrale, si ce n'était que de moi, il pourrait toujours se la mettre là où je le pense. Avant qu'il reçoive des sous de moi pour satisfaire ses besoins de grandeur, il va couler beaucoup d'eau dans le Saint-Laurent. Ce n'est vraiment pas pensable qu'un évêque n'ait pas plus de jugement.

Nous fûmes déconcertés de le voir si bouleversé. Lui toujours calme et de belle humeur, et qui aimait tant rire, gagna ses appartements d'un pas traînant après nous avoir souhaité bonsoir d'une bien triste voix.

---

1. *Les paroles de monseigneur Bourget sont authentiques et relevées en toutes lettres de ses directives aux curés, de ses lettres pastorales et de citations des journaux de l'époque.*

Chapitre 50

Un poste d'enseignant pour Valois

Je m'étais fait au travail que me confiait le maître d'écriture. Je pouvais maintenant déchiffrer les documents anciens et les retranscrire de façon fort lisible. Je me plaisais dans ce travail tout en aspirant à plus. À la suggestion du maître, j'avais fait paraître dans le journal *La Minerve*, comme bien d'autres instituteurs le faisaient, une annonce par laquelle j'offrais mes services. Je n'avais pas manqué d'y donner des références, rappelant que j'avais fait mes études au Petit Séminaire.

Or, c'est précisément cet établissement qui me contacta en prévision de la nouvelle année scolaire. Le maître se montra enchanté de la nouvelle.

— Ne laissez pas passer cette occasion, m'encouragea-t-il. Vous ignorez quand une autre chance s'offrira à vous. Ne vous préoccupez surtout pas de votre travail de transcription. Je saurai bien me débrouiller. Et comptez sur moi, cher ami, pour vous entretenir de tout ce qui se passe d'intéressant dans notre vaste monde.

Je le remerciai vivement.

— C'est généreux à vous de me donner ainsi la possibilité d'expérimenter ce qui, je le sens, devrait me combler. J'ai toujours rêvé d'enseigner.

— Fort bien. Vous avez ma bénédiction.

De son côté, Henriette fut tout aussi heureuse.

— Tu me manqueras dans la journée, mais j'aurai bien du plaisir à te voir revenir chaque soir à la maison.

— Parlant de maison, tu sais que j'ai discuté avec notre ancien propriétaire du rachat du terrain où nous habitions, rue Sainte-Élisabeth. Non seulement il ne veut pas reconstruire à cet endroit, mais il n'est pas décidé à vendre. Il m'a remercié une fois de plus d'avoir sauvé son cheval, son chariot et quelques meubles, mais il a récupéré le tout sans m'offrir la moindre récompense. Il me paraît très près de ses sous, ou peut-être n'en a-t-il plus…

Henriette soupira :

— Il nous faudra être patients. Remercions le ciel et Eustache de Chantal de ne pas coucher, comme beaucoup d'autres, dans des appentis à Pointe-Saint-Charles et d'y geler en attendant d'y être inondé.

Lorsque je pris le chemin du Petit Séminaire, une foule de souvenirs surgirent dans ma mémoire. Je n'avais pas tellement apprécié ce temps où, par la force des choses, j'avais été pensionnaire. Toutefois, j'étais reconnaissant à mon père d'avoir tenu à me faire instruire et je me promettais d'être un instituteur attentif à ses élèves.

On me confia l'enseignement de la botanique en classe de syntaxe, ce qui me laissait pas mal de temps libre. C'était un bon commencement. Je m'en accommodai volontiers, d'autant plus que je pouvais travailler à mes transcriptions pour Eustache de Chantal. J'avais maintenant les pieds dans une institution d'enseignement et je me promettais, avec le temps et l'expérience, de progresser petit à petit dans l'échelle professorale et de dénicher un jour un poste de professeur de sciences auprès des étudiants de rhétorique.

Pour lors, j'accomplissais de mon mieux mon travail de professeur de botanique et espérais obtenir la permission des autorités du collège d'emmener mes élèves en pleine nature, par exemple au jardin Guilbault.

Quand je revenais à la maison, le maître d'écriture m'informait, comme il l'avait promis, de ce qui se passait dans la société et dans le monde. Un soir, il me dit :

— Aujourd'hui, j'ai pour vous deux nouvelles d'un genre différent, non moins importantes l'une que l'autre. La première : on parle très sérieusement de construire un pont de chemin de fer sur le Saint-Laurent entre la Rive-Sud et Montréal. N'est-ce pas merveilleux ?

— Ce n'est pas croyable !

— À première vue, ça semble impossible. Mais les promoteurs, tous Anglais soit dit en passant, sont très sérieux. Il paraît même que les plans en sont esquissés.

— Je n'en reviens pas encore.

— Il faut donner aux Anglais ce qui leur revient. Ils ont beaucoup plus d'audace que nous.

— Et beaucoup plus de moyens, fis-je remarquer en me levant de mon fauteuil pour jeter un coup d'œil au journal tenu par le maître d'écriture. Est-ce que les plans y sont reproduits ?

— Non, pas encore. Toutefois, on nous les promet pour bientôt.

— Je suis émerveillé de ce qu'on est en mesure de réaliser de nos jours. La science ne s'arrêtera donc jamais.

Voilà pourquoi j'ai tant d'admiration pour tous ces inventeurs. Pour eux, il n'y a pas d'obstacle au progrès. Un pont de cette envergure sur le fleuve, et pour y faire passer les trains ! Bientôt, nous pourrons quitter Montréal sans avoir à prendre le vapeur pour ensuite monter dans le train à Longueuil.

— En effet, nous sauverons un temps énorme. Aujourd'hui, quelqu'un qui désire prendre le train vers Saint-Hyacinthe doit d'abord traverser à Longueuil en vapeur. Là, il monte à bord du train et il lui faut compter encore une heure trente avant de se retrouver à Saint-Hyacinthe. En partant directement de Montréal, il devrait épargner facilement une demi-heure et bon nombre de démarches inutiles. Ce pont sera certainement une merveille.

Pendant qu'il me parlait, j'étais préoccupé.

— Je présume, fis-je, qu'il s'agit là de la nouvelle positive du jour, et derrière elle je vois déjà se profiler la négative, si je me fie à votre manière habituelle de procéder.

— Ah oui ! Disons qu'elle est à la fois positive et négative, selon le point de vue. À mon avis, c'est une nouvelle importante parce qu'elle fait éclater la vérité, ce qui évitera à maints de nos concitoyens trop naïfs de mordre à un hameçon.

— Vos propos me semblent fort mystérieux.

— Ils deviendront plus clairs si je vous dis qu'ils concernent un certain abbé Chiniquy et son paradis terrestre du côté de l'Illinois.

— Ne me dites pas que cet individu fait encore la manchette ?

— Si vous avez suivi sa carrière tout comme moi, vous savez qu'après avoir été le champion de la tempérance chez nous, il a gagné la confiance de notre évêque à tel point que celui-ci lui a donné rien de moins qu'un crucifix en or à son retour de Rome. Les paroissiens de Longueuil lui ont d'ailleurs fait cadeau de son portrait, peint par nul autre que le grand artiste Théophile Hamel. L'abbé Chiniquy a prêché la tempérance à Montréal et dans les environs avec, il faut l'admettre, un vif succès. Pour une raison que je m'explique encore mal, mais que je crois bien deviner, lui qui était comme cul et chemise avec monseigneur Bourget a dû quitter les lieux en vitesse pour se réfugier en Illinois, du côté de Chicago, où il a commencé à prêcher et à se faire de nouveau bon nombre de disciples.

— Tout cela me trouble. Comment expliquer que cet homme si populaire et qui sait si bien attirer les foules ait été contraint de partir précipitamment ?

Le maître d'écriture me regarda d'un air narquois.

— Cet homme au faîte de sa gloire à Beauport a dû délaisser sa cure pour se retrouver simple vicaire à Kamouraska. Là, il a senti un autre appel et a voulu se faire oblat, ce qu'il n'est pas demeuré très longtemps, avant de reprendre du galon dans la région de Montréal avec la bénédiction de notre saint évêque. Et subitement, il se découvre une vocation missionnaire du côté de Chicago. Comment expliquer cela ? Les tentations féminines sont fortes et la chair est faible. Mais le voilà surtout au cœur d'un autre scandale.

Sa réflexion me laissait sans voix.

— Vous vous souvenez qu'il a fait paraître dans nos journaux de nombreux articles décrivant la région de Bourbonnais et ses environs comme étant le paradis terrestre ?

— En effet, je me rappelle très bien avoir lu quelque chose à ce sujet, dis-je.

— Eh bien ! Figurez-vous que, se fiant à sa parole, plusieurs habitants de nos paroisses ont vendu tous leurs biens pour aller vivre à cet endroit. Leur déception fut si grande qu'un bon nombre sont revenus et racontent leur mésaventure dans le journal de ce jour.

Il me le tendit.

— Pour votre édification, précisa-t-il en affichant un petit sourire matois, je vous invite à lire ces passages édifiants. Vous me permettrez cependant de me retirer, je commence à avoir sommeil.

Je lus le journal en me promettant d'en faire part le lendemain à Henriette, qui était déjà au lit.

Chapitre 51

Les mensonges de Chiniquy

Le lendemain, comme je n'avais que des cours en après-midi, Henriette et moi pûmes discuter de sa journée de la veille.

— Tu étais déjà au lit avant mon retour. Il est vrai qu'une réunion d'instituteurs m'a retenu assez tard au collège, mais ordinairement tu es encore debout à huit heures.

— Nous avons eu une journée plus harassante que d'habitude. Nous avons lavé toutes les fenêtres avant que les neiges ne prennent. J'étais vraiment fatiguée.

Je la regardai droit dans les yeux.

— Ne serais-tu pas, par hasard...

— En famille ? Malheureusement non. Cet enfant que nous espérons tant tous les deux se laisse vraiment désirer.

— Tu conviendras, chérie, que ce n'est pas trop désagréable qu'il se fasse attendre.

— Vu de cette façon, peut-être bien, mais autrement, ça ne manque pas de m'inquiéter un peu.

— Allons ! Donnons-nous encore du temps. Cet enfant n'en sera que plus beau pour avoir été autant espéré.

Incapable de rester assise, Henriette se leva pour donner à manger au serin.

— Celui-là aussi, dit-elle, a mis pas mal de temps à se faire valoir. Et voilà maintenant qu'il chante presque jour et nuit. Heureusement que nous mettons un drap sur sa cage, sinon nous dormirions au son de ses trilles. Mais je ne m'en passerais plus, tant il met de la gaieté dans notre chambre.

— Changement de propos, Eustache m'a fait lire hier soir, avant de me coucher, la dernière nouvelle d'importance. Je ne sais pas si elle peut t'intéresser.

— Tu sais, moi et les nouvelles…

— Je voudrais bien t'en faire part tout de même. Imagine-toi que l'abbé Chiniquy…

La réaction d'Henriette fut si vive que je m'arrêtai au milieu de ma phrase.

— Qu'as-tu, ma chérie, te voilà toute pâle ?

Elle tenta de sourire.

— Ce n'est rien, un malaise subit.

— Comme je te le disais, l'abbé Chiniquy…

Le trouble d'Henriette s'accentuant, je voulus en savoir plus long.

— Le nom de Chiniquy te vire à l'envers. Aurais-tu l'obligeance de m'expliquer pourquoi ?

— Je veux bien te faire part d'un secret, concéda-t-elle, le seul dont je ne t'ai jamais parlé. Tu te souviens, aux premiers temps de nos amours, à quel point il t'a fallu de la patience avant de m'approcher ? Tu m'as même demandé si j'avais peur de toi. Je n'étais pas capable de te parler ouvertement d'un pénible épisode de ma vie. Jamais d'ailleurs je n'ai pu m'en ouvrir à quiconque. Eh bien, ce matin, Valois, tu seras le premier à l'apprendre.

Voyant que l'heure était grave, je m'approchai d'elle. Henriette me raconta sa mésaventure avec l'abbé Chiniquy dans les moindres détails. Sans se l'avouer, même si elle avait entièrement confiance en moi, elle appréhendait quelque peu ma réaction. Quand elle eut fini de parler, je me levai et la serrai dans mes bras. Elle tremblait de tous ses membres et mit du temps à se calmer. Je la laissai pleurer. Puis, entre mes dents serrées, je laissai tomber :

— Si cet homme était devant moi, je crois que je l'étranglerais. Souffre tout de même que je te dise ce qu'on lui reproche, ça pourra peut-être te consoler un peu.

Prenant le journal que j'avais laissé sur le bureau de la chambre, je lui résumai le contenu de l'article :

— Pas moins de cinquante personnes attirées par ses paroles trompeuses sont allées vivre en Illinois. Elles sont aujourd'hui de retour et nous apprennent que là-bas, tout n'est que désolation. Elles racontent les misères subies au paradis terrestre de monsieur Chiniquy.

Henriette se contenta de conclure calmement :

— Ce prêtre est réellement un mauvais homme. Le ciel ne devrait pas m'en vouloir si je dis, comme les gens qu'il a trompés : "Qu'il soit maudit !" Il m'a volé une partie de ma vie.

Chapitre 52

Gavazzi

Pendant que Chiniquy sévissait du côté de l'Illinois, les journaux rapportaient la visite à Québec et à Montréal d'un autre individu que certains qualifiaient de dangereux, le prêtre apostat Gavazzi. *La Minerve* nous apprenait que cet homme, après avoir été l'aumônier des troupes italiennes désireuses de chasser le pape de ses États italiens, avait fini par être rejeté de tous tant ses discours virulents étaient imprégnés de haine.

Le journal révélait que le prédicateur, renommé dans toute l'Italie depuis sa sortie du séminaire, avait choisi de se rendre au Piémont où il demeura pendant dix ans. Il prêcha par la suite à Perugia et à Libourne où on l'arrêta pour le faire interner dans un monastère de capucins en tant qu'hérétique, ce qui ne l'empêcha pas d'en sortir. Puis il prêcha à Rome où il fut rejeté. On le retrouvait partout où il y avait des troubles. Il parada avec les troupes italiennes en guerre contre le pape, mais les soldats qu'il accompagnait essuyèrent un revers à Padoue. On le chassait ainsi d'une ville à l'autre et il finit par se retrouver avec ses deux frères à parcourir l'Italie pour prêcher une croisade militaire contre les Autrichiens. Gavazzi encourageait les gens à voler et à dépouiller les riches, à condition qu'ils versent l'argent ainsi récolté à l'autel de la patrie dont il se faisait bien sûr le grand prêtre. Il poussa l'audace, au nom de l'indépendance de l'Italie, jusqu'à faire saisir la calèche et l'équipage de deux dames. Mais quand il revint triomphalement à l'hôtel où il logeait, deux gendarmes l'arrêtèrent et il fut banni d'Italie.

S'étant converti au protestantisme, Gavazzi ne trouva alors rien de mieux que de se faire inviter pour une tournée de prédication à Québec et à Montréal. Le 6 juin 1853, il avait donc prêché à Québec. C'est ce qu'Eustache de Chantal entreprit de me raconter à mon retour du collège.

— N'est-ce pas stupéfiant de devoir endurer les frasques d'un apostat italien venu prêcher à Québec, après celles de notre cher Chiniquy? J'ai peine à croire que nos autorités laissent de pareils individus fouler notre sol.

— On lui permet sans doute de venir sous prétexte que les autorités sont ouvertes d'esprit, alors que c'est exactement le contraire que nous vivons tous les jours, dis-je.

— Laissez-moi, cher Valois, vous raconter ce que disent les journaux à propos du séjour à Québec de ce Gavazzi qui a eu la chance de s'y exprimer publiquement. Pas moins de six cents personnes ont assisté à sa conférence portant sur l'Inquisition ancienne et moderne. Comme il ne parle pas français, il prêchait dans un anglais très approximatif. Son discours en un pays catholique comme le nôtre était vraiment inattendu. Il est vrai qu'il le donnait dans une église protestante: l'église Chalmers, rue Sainte-Ursule. Croyait-il naïvement pouvoir dire sans réplique: "Mes frères, les prêtres sont des diables! Ce sont des meurtriers, des hommes de sang, et les jésuites sont l'âme du diable… En 1848, quand les patriotes entrèrent dans Rome, ils y trouvèrent le four où l'on faisait rôtir les enfants, et les oubliettes où les victimes de l'Église tombaient par un jeu de bascule. Savez-vous que l'Inquisition est rétablie par le pape ? Elle se pratique même au Bas-Canada et surtout en Irlande où elle spécule sur les passions religieuses. Le cardinal Wiseman l'a nié. C'est ou un ignorant ou un imposteur. En tout cas, ce n'est pas un *wise man*."

— Il n'a pas osé proférer de pareilles insanités ?

— Ah, que oui ! Il se félicitait encore du jeu de mots qu'il venait d'émettre quand un individu se leva dans la nef et cria : "Tout cela est faux !" Au même moment, une pierre lancée de l'extérieur fracassa un des vitraux de l'église et une centaine d'Irlandais catholiques, porteurs d'armes et de bâtons, entrèrent dans le temple. Ils se dirigèrent immédiatement vers la chaire pour l'en déloger. Gavazzi fit sauter sa soutane, s'empara d'un petit tabouret placé à cet endroit et se défendit comme un diable dans l'eau bénite jusqu'à ce que deux de ses agresseurs parviennent à le faire sauter de telle sorte que, par un vol plané de la chaire, il tomba douze pieds plus bas sur le plancher de la nef. Sa chute fut amortie par les gens qui se tenaient à cet endroit et il parvint à prendre la fuite pour se réfugier dans la crypte dont ses ennemis ne purent le déloger.

— C'est pratiquement incroyable.

— Ce qui l'est encore plus, c'est qu'il soit présentement dans nos murs. Il doit prêcher ce soir, ici même à Montréal, au temple de Sion. Les autorités prévoient du grabuge.

— Il ne faut pas que je manque ça ! m'écriai-je. Ce soir, j'assisterai à sa prédication.

— Soyez bien prudent. On ne sait jamais ce qui peut survenir dans ces assemblées.

Ce soir-là, comme je me le proposais et malgré les supplications d'Henriette, je me rendis au temple de Sion pour assister à la prédication de Gavazzi. Mais je n'en eus pas l'occasion. On ne me laissa pas entrer. De bons Irlandais catholiques, munis de gourdins et d'autres armes, s'interposèrent. Ils avaient l'intention de faire mieux que leurs compatriotes de Québec et de s'en prendre à Gavazzi de même qu'aux protestants venus l'écouter.

Comme le maire ne se fiait pas aux soixante-dix agents de police dépêchés sur les lieux pour contenir la foule, il avait décidé de faire défendre l'endroit par une compagnie de fantassins écossais faisant partie d'un régiment débarqué la veille à Montréal. Ils étaient plus d'une centaine, bien armés, à camper sur la Place d'Armes en deux divisions d'une cinquantaine d'hommes. Jouant de prudence, je me retirai à l'angle d'une maison et attendis, curieux de voir ce qui allait se passer.

Quand Gavazzi termina son allocution, ses auditeurs sortirent du temple en petits groupes. Ils furent assaillis par les Irlandais en colère. Voyant que les choses allaient mal tourner, les soldats tirèrent dans le tas. Je ne demandai pas mon reste et regagnai la villa en vitesse. Tout au long du chemin, je ne cessais de répéter: « Tout ça parce qu'un hurluberlu apostat se permet de critiquer le clergé ! Dans quel pays vivons-nous ? »

Le lendemain, comme je relatais au maître d'écriture les scènes auxquelles j'avais assisté la veille, il me demanda :

— Savez-vous, cher ami, combien de personnes ont laissé leur vie dans cette échauffourée ? Les journaux le rapportent.

— Il y a eu des morts ?

— Pas moins d'une dizaine, sans compter une cinquantaine de blessés.

— Ils ont osé tirer avec de vraies balles ?

— Hélas ! oui ! Quand je vous disais d'être prudent...

Navré, je fis la réflexion suivante :

— Vraiment, je plains ceux qui ont perdu la vie par la faute de cet individu. Nous pouvons mesurer à la fois la stupidité des gens et celle de ce prédicateur aux idées farfelues. Risquer sa vie pour entendre un déséquilibré raconter des inepties, on aura tout vu.

— En effet. Comment peut-on en venir à se battre dans la rue pour s'opposer à des idées aussi folles ? Si, au lieu de faire de tels esclandres, les gens étaient restés chez eux, rien de cela ne serait arrivé.

— Vous avez bien raison, approuvai-je.

Sur ce, le maître d'écriture me regarda d'un drôle d'air et conclut :

— Il faut savoir que cet homme était prédestiné à provoquer des débordements.

— Sur quoi vous basez-vous pour avancer cela ?

— Son nom. Ses parents lui ont certainement trop répété : "Envoye, mon gars, vas-y !"

Je restai bouche bée et, devant mon air ahuri, le maître d'écriture s'esclaffa. Il eut sa pinte de rire de la journée.

Chapitre 53

Le choléra

La crise de la pomme de terre en Irlande avait déclenché un flot d'immigration. Chaque été, de nombreux navires voguaient d'Irlande et d'Angleterre vers le port de Québec. On prenait, bien entendu, les précautions d'usage pour éviter que ces miséreux transmettent des maladies en débarquant à Québec. Des médecins montaient sur les navires avant leur arrivée et repéraient les malades, qui étaient ensuite placés en quarantaine à la Grosse-Île.

On craignait tellement les maladies contagieuses que ces gens pouvaient apporter, qu'on recommandait dans les journaux toutes sortes de remèdes contre la rougeole, le choléra et d'autres maladies du genre. Je m'amusais à dénombrer ceux recommandés contre le choléra. J'en étais rendu au huitième et ne pus m'empêcher d'en faire part à Henriette.

— Écoute bien celui-ci. *En buvant de l'eau de Plantagenet, le public n'a rien à craindre du choléra. Je soussigné, désirant donner mon témoignage en faveur des eaux de Plantagenet, certifie qu'en l'année 1832, je travaillais avec des hommes dans un chantier, situé près de ces sources précieuses. Je fus attaqué par la maladie alors régnante (le choléra) avec un certain nombre de mes hommes. Nous bûmes des eaux de Plantagenet et nous fûmes parfaitement guéris tandis que ceux qui étaient contre son usage moururent presque instantanément de la maladie régnante. Bien plus, nous en emportâmes plusieurs quarts avec nous en cas de rechute.* Et c'est signé : J. S. Cameron. Te fierais-tu à la parole de ce monsieur ?

Henriette hésita.

— Je ne sais pas. Peut-être est-ce un honnête homme et qu'il n'a pas inventé ce qu'il raconte.

— Sauf que rien ne nous le prouve, chérie. À mon avis, nous sommes beaucoup trop enclins à croire ce que débite le premier venu. Pire encore, si ce qu'on nous raconte date de plusieurs années, nous y adhérons parfois sans même nous interroger. Ceux qui veulent vendre de cette eau ont tout de même pris leurs précautions. Pour vaincre nos hésitations, ils ont ajouté, et je lis : *T. S. Hunt, chimiste de la Commission géologique, assure que cette eau contient beaucoup d'acide carbonique. Et, plus près de nous, le docteur Nelson certifie avoir soigné beaucoup de ses malades avec cette eau qui agit effectivement sur les reins et les intestins. Les malades la prennent avec plaisir.* Tout ça est bien beau, mais ça ne prouve absolument pas que cette eau soit réellement efficace contre le choléra.

Reprenant le journal, je proposai :

— Pourquoi ne pas essayer le Candi de souffre et de charbon, composé par Fletcher, d'après les proportions recommandées par les docteurs Bird & Blaney de Chicago ? Ou encore le vin des bois du docteur Halsey, sinon les cigarettes du célèbre Raspail contre les maladies épidémiques, ou mieux, le fameux préservatif de monsieur Gregory ? lançai-je en riant. Sais-tu que ce sirop est préparé par lui uniquement et qu'on ne peut l'acheter qu'à sa résidence du numéro 18, rue Saint-Joseph, vis-à-vis l'église Saint-Georges ? Eh bien, il paraît que s'il est donné aux premiers symptômes de la maladie, ce remède ne manque jamais d'enrayer le vomissement et d'arrêter l'évacuation. Il est même recommandé par le maire Townsend d'Albany!

Henriette m'écoutait patiemment. Elle me fit cependant remarquer:

— Je te trouve bien sceptique, cynique même, à propos de tous ces remèdes. Il est vrai que plusieurs sont offerts, alors si jamais nous étions frappés par cette maladie, que ferions-nous?

Eustache de Chantal, qui arrivait sur l'entrefaite, dit calmement:

— Mes amis, savez-vous pourquoi nous n'avons pas encore le choléra cette année?

— Non pas!

— Lisez cette recette infaillible.

Il me tendit une feuille que je lus à haute voix:

Appliquez sur l'abdomen une image de saint Joachim, le glorieux père de la Sainte Vierge. L'année dernière, plus de deux mille familles en ont fait l'expérience, et ce fut pour elles un bouclier enchanté. Cette image ainsi placée, la maladie ne s'attache plus à la personne, et si elle s'approche, elle en est immédiatement chassée. C'est Dieu qui nous envoie le choléra pour nous punir de nos péchés. Mais Joachim le fait fuir.

Nous ne savions quoi dire. Le maître d'écriture ajouta avec un sourire moqueur:

— Je pense que Joachim court après son malheur en s'opposant de la sorte aux desseins de Dieu.

Je me demandais ce que la vie nous réservait à tous les deux. Malgré son grand désir d'avoir des enfants, Henriette ne tombait pas enceinte. Nous menions pourtant une bonne vie, elle à son travail, moi au collège où je me plaisais à enseigner. Un jour, j'annonçai au souper:

— J'ai ouï dire que le choléra s'est déclaré dans la région de Québec.

— En effet, fit le maître d'écriture, *La Minerve* aborde le sujet dans ses pages et c'est confirmé par les docteurs Landry et Jackson. Deux navires venant de Liverpool sont arrivés à la Grosse-Île à la mi-juin. À bord de l'un d'eux, le *Glenmora*, plusieurs personnes étaient mortes du choléra durant la traversée. Les médecins ont examiné chaque passager et ont fait descendre les malades. Après deux ou trois jours de quarantaine, ils ont fait conduire les autres à Québec. À leur arrivée au port, d'autres médecins ont examiné ces gens. Aucun d'entre eux ne semblait porteur de la maladie. Au fait, vous savez comment on la détecte?

— Pas vraiment, avouai-je.

— La personne ressent une profonde et subite lassitude. Elle a des nausées et des vomissements, des coliques, de la diarrhée avec selles d'abord colorées, puis incolores et ressemblant à de l'eau de riz, le tout suivi par une altération très marquée du visage, un refroidissement du corps et de la langue, des crampes, enfin un état bleuâtre des lèvres et de la figure. Voilà! Si jamais vous ressentez l'un ou l'autre de ces symptômes, vous devrez agir rapidement pour ne pas être emporté par cette terrible maladie. Je vous confie ceci, dit-il à Henriette en lui tendant un manuscrit. Vous saurez comment on doit procéder pour guérir quelqu'un atteint du choléra.

— Je vais l'apprendre par cœur, promit-elle.

— Pour en revenir à ce que je disais, poursuivit le maître d'écriture, la maladie est bel et bien entrée à Québec où elle fait des ravages depuis le 12 juin. Je pense qu'elle frappera Montréal d'ici quelques jours.

Il avait raison, car à peine une semaine plus tard, je les informai que le collège était fermé jusqu'à nouvel ordre puisqu'on y avait détecté quelques cas de choléra. Deux jours après, à mon réveil, je sentis un grand frisson. Je dis à Henriette :

— Je crois que j'ai la maladie.

Ne perdant pas son sang-froid, Henriette mit tout de suite à exécution ce qu'elle avait appris grâce à Eustache de Chantal. Elle me frictionna fermement sur tout le corps et demanda à Antoinette d'apporter une bouteille d'eau chaude qu'elle plaça entre mes cuisses.

— Il faut te garder constamment au chaud.

Elle fit porter quelques briques chaudes qu'elle déposa à mes pieds, demanda qu'on fasse venir un médecin et se fit aider pour m'envelopper de couvertures de laine tout en continuant de me frictionner à l'aide d'une brosse de flanelle arrosée d'eau-de-vie camphrée. Ensuite, elle me fit boire une infusion de tilleul dans laquelle elle avait mis quelques gouttes de rhum. Quand le docteur arriva, il ne jugea pas bon de faire quoi que ce soit d'autre.

— Demain, vous saurez si vous allez en réchapper.

S'adressant ensuite à Henriette, il conseilla :

— Quant à vous, voyez à ce qu'on vous traite de la même façon au moindre symptôme.

Je m'en tirai et personne d'autre chez Eustache de Chantal ne fut atteint. Par précaution, pas un seul d'entre nous ne sortit de la maison et on n'y accueillit aucun visiteur pendant des jours. Par chance, on avait amplement de nourriture. Le maître vit à notre bien-être.

Pendant ce temps, la maladie faucha plus d'un millier de personnes à Montréal. Quand elle fut enfin jugulée, Eustache de Chantal, qui n'en manquait pas une, se permit de nous lire la circulaire que monseigneur Bourget avait fait distribuer dans chaque paroisse.

Le choléra me force à remettre à un autre temps mes visites. J'espère que cette maladie ne se répandra pas dans les campagnes. La fidélité à la tempérance, la tranquillité de l'âme, de sages précautions sont d'excellents préservatifs contre son invasion.

Je vous promets de faire une procession solennelle comme au Rituel romain, en l'honneur de la bienheureuse Vierge Marie, pour implorer son puissant secours contre ce fléau qui nous visite pour la quatrième fois… Recommandez en outre de dire chaque jour le chapelet en famille. C'est toujours, entre les mains de notre bon peuple, l'arme la plus puissante contre les ennemis visibles et invisibles.

Dès qu'il eut terminé sa lecture, comme à son habitude, il badina :

— Vous vous êtes donné beaucoup de peine, ma chère Henriette, pour sauver votre Valois, alors que vous n'aviez qu'à réciter le chapelet.

Henriette, qui n'avait pas perdu foi en tout ce que recommandait notre évêque, ne releva pas sa remarque. Elle se contenta de répondre :

— Heureusement que vous m'aviez dit comment soigner la maladie…

— … et que vous n'avez pas suivi les conseils de notre évêque, enchaîna-t-il. Ne vous étonnez pas d'ailleurs qu'il n'ait pas eu cette année d'autres remèdes à nous suggérer. Souvenez-vous qu'il a attribué l'épidémie de 1832 au fait que l'année précédente on avait volé la statue de Notre-Dame-de-Bon-Secours, et la peste de 1847 au courroux de Dieu.

Chaque fois qu'Eustache de Chantal énonçait des réflexions semblables, je me disais: « Cet homme a raison. Pourquoi nous fions-nous les yeux fermés à tout ce que racontent les papes et les évêques ? » Quand je faisais part de mes sentiments à Henriette, elle me regardait en penchant un peu la tête de côté et répondait immanquablement, en esquissant un sourire: « Toi, mon rebelle ! »

Chapitre 54

L'ami Robert

En revenant du collège un après-midi, j'étais accompagné par un nouvel ami que je tenais à présenter à Henriette.

— Je t'ai souvent parlé de lui. Le voilà, ce cher Robert. Nous ne partageons pas toujours les mêmes idées, mais nous avons le plaisir d'enseigner tous les deux au même collège. Tu le sais, c'est le seul établissement à Montréal, ou presque, qui engage des instituteurs laïcs.

Tout en tendant la main à Henriette, Robert précisa :

— Il faut savoir que les sulpiciens qui administrent notre collège n'aiment pas enseigner, contrairement aux jésuites. Ils préfèrent de beaucoup diriger des paroisses. On peut d'ailleurs les comprendre. Ne furent-ils pas les premiers seigneurs de Montréal ?

— Sulpiciens ou pas, bienvenue chez nous, monsieur, le salua Henriette.

Je lui fis faire le tour de la maison. Robert nous trouvait chanceux d'habiter une telle demeure.

— Tout juste, approuvai-je, mais nous ne sommes pas chez nous.

— À propos, tu ne devais pas racheter ton ancien terrain de la rue Sainte-Élisabeth et t'y faire ériger une maison ?

— C'est toujours dans mes plans, mais le propriétaire refuse de vendre, même s'il ne construit pas. J'ignore pourquoi.

— Tu n'as pas idée de t'acheter un terrain ailleurs ?

— J'y pense sérieusement. Si jamais Henriette devient enceinte, je crois bien que ce sera le signal. En attendant, nous sommes très bien chez Eustache de Chantal. Cet homme à l'esprit ouvert se montre d'une grande bienveillance envers nous et nous n'avons rien à redire. De plus, nous profitons grandement de ses largesses puisque nous partageons la table d'une fine bouche qui apprécie grandement la vie. Que demander de plus ?

Nous en étions là de nos échanges quand apparut Eustache de Chantal.

— J'espère que vous ne parlez pas trop en mal de moi.

— Jamais nous ne nous le permettrions, protestai-je vivement.

Le maître se montra heureux de faire la connaissance de Robert et, selon son habitude, il ne tarda pas à partager avec nous ses préoccupations.

— Mes amis, je serais curieux de vous entendre sur un sujet de réflexion qui m'est venu ce matin, alors que je me promenais tout bonnement rue Sainte-Catherine où je vis un sabot dans une vitrine. Il y a quelques années, les journaux nous informaient qu'une espèce de sabot de bois avait été trouvé dans la région du lac Supérieur à une profondeur de vingt pieds environ, si ma mémoire est bonne. Plus étrange encore, une masse de cuivre pesant quelque chose comme cinq tonneaux le recouvrait. Le tout était entouré d'outils en cuivre et de plusieurs marteaux de pierre posés dans du charbon de terre et de la cendre. Ces effets, paraît-il, étaient si parfaitement conservés qu'ils semblaient n'être là que depuis peu. Par-dessus, il n'y avait pas moins de six pieds de terre dans laquelle poussait un arbre qu'on décida de couper afin d'en connaître l'âge. Figurez-vous que cet arbre avait plus de cinq cents ans ! Curieusement, on n'a jamais réentendu parler de cette affaire. C'est ce qui m'a fait prendre conscience que les journaux ne donnent pas toujours suite à une foule d'histoires qu'ils rapportent.

— Vous avez raison, constatai-je. Par exemple, qu'en est-il de l'idée d'abolir la tenure seigneuriale ? Les journaux nous inondaient d'informations sur ce sujet il y a quelques mois à peine, et depuis, silence total.

— L'idée flotte encore dans l'air, reprit le maître d'écriture. Les seigneuries, à mon avis, ont fait leur temps. Si jamais on les fait disparaître, un grand pan de notre histoire mourra avec elles. Je désapprouverais cette décision si elle ne mettait pas fin à une foule d'abus. Depuis qu'ils ont acheté leur domaine, certains seigneurs – en majorité des Anglais, il faut bien l'avouer – profitent de leur situation pour exploiter leurs censitaires. La disparition de ces pratiques marquerait un premier pas vers une plus grande liberté. Ne sommes-nous pas un peuple soumis à deux grandes autorités, celle de l'Église catholique et celle des seigneurs ?

Robert réagit à cette question.

— Que l'autorité des seigneurs soit abolie constitue un moindre mal, mais jamais celle de l'Église catholique ne disparaîtra, car elle vient de Dieu.

Le maître d'écriture passa sa main dans sa barbe tout en le gratifiant d'un regard espiègle.

— Vous semblez drôlement tenir à cette autorité divine. Pour ma part, je crois que moins quelqu'un est sûr de ce qu'il avance, plus il se réfère à des pouvoirs supérieurs dont l'existence est invérifiable, l'ultime étant Dieu, bien entendu. Si vous voulez faire taire ou faire obéir quelqu'un, ajouta-t-il avec un sourire, dites-lui que vous êtes mandaté par Dieu.

Robert resta pantois pendant que je m'excusais auprès du maître d'écriture pour éviter un silence trop embarrassant.

— Je dois raccompagner mon ami chez lui.

— Allez, cher Valois, et profitez bien de cette magnifique fin de journée pour apprécier la vie.

Dès que nous fûmes seuls, Robert me demanda :

— Cet homme est-il ton ami ?

— Oui, bien entendu. Il a ses idées qui sont la plupart du temps fort originales, mais pas du tout farfelues.

— Pardonne-moi de te le dire, mais ça me semble quelqu'un de dangereux.

— Pourquoi donc ?

— Il ose mettre en doute l'autorité de l'Église.

— En disant qu'elle ne lui vient pas nécessairement de Dieu ?

— En effet !

— Je dois t'avouer, mon ami, que je me demande souvent qui, parmi les catholiques, a avancé le premier l'idée que l'autorité de l'Église venait de Dieu.

Robert ne sut quoi répondre. Je sentis que je venais de le contrarier profondément et tentai de m'en excuser :

— Peu importe l'autorité qui nous dirige, tout ce que je lui demande c'est d'être juste.

— Il n'y a de juste que Dieu seul ! clama vertement Robert.

Cette fois, je ne réagis pas. Vraiment, mon ami tenait mordicus à ses idées.

De retour à la villa, je croisai dans le hall le maître d'écriture qui, d'un grand geste, me pria de m'arrêter.

— Pardonnez, mon cher Valois, ce que vous jugerez peut-être comme une indiscrétion de ma part. Si tel est le cas, veuillez tout simplement me le dire. Pourriez-vous me rappeler comment se nomme votre ami ?

— Robert Duclos.

— C'est bien ce que j'avais retenu. Vous savez tout l'intérêt que je porte aux noms et aux prénoms. Celui de Robert ne peut guère cacher son influence catholique. Fidèle à son prénom, il défend avec véhémence l'autorité cléricale.

— Je dois en effet admettre qu'il a des idées bien arrêtées sur la foi et sur l'Église.

— Je ne voudrais pas vous insulter ou vous faire de la peine, mon cher Valois, mais laissez-moi vous dire qu'avec son nom, il n'est pas sorti du clos, et vous non plus.

Une fois de plus, il se paya une pinte de bon rire à mes dépens.

Chapitre 55

Montréal

Quelques années avaient passé depuis notre mariage. Chose inquiétante, Henriette ne tombait pas enceinte. Au début, j'attribuais le tout à la fatigue, à la nervosité. Puis, j'en vins à penser que la Providence voulait nous faire vivre cette épreuve afin de nous garder tout près l'un de l'autre.

Quand il nous voyait soucieux, le maître d'écriture nous répétait constamment la même chose.

— Vous y pensez trop, mes amis. Avez-vous remarqué que moins on pense à une chose et plus elle se produit naturellement? Prenez les jeux, le boulingrin, par exemple. Plus vous tentez de viser précisément et moins vous réussissez votre coup. Si, par contre, vous projetez votre boule tout naturellement, vous obtiendrez des résultats tout à fait merveilleux. Il en va de même, je crois, pour la question qui vous préoccupe. Plus vous allez y penser, moins bons seront les résultats. Le jour où vous ferez les choses tout bonnement et quand vous vous y attendrez le moins, l'enfant sera en route.

Il s'efforçait assidûment de nous changer les idées en nous payant l'entrée à des spectacles au jardin Guilbault, comme celui de la naine de trente pouces ou de la géante de trois ans qui affichait ses cent livres du haut de ses trois pieds et trois pouces. Il nous considérait comme ses enfants, heureux de nous voir vivre sous son toit. Eustache de Chantal nous guidait aussi de temps à autre dans une tournée de la ville. Il adorait Montréal et aimait visiter ses squares et ses jardins. Profitant d'un beau dimanche après-midi, il nous balada d'un quartier à l'autre, se plaisant à nous faire découvrir les derniers chantiers de cette ville en expansion. C'est ainsi que nous pûmes suivre la progression des travaux du pont sur le fleuve, et celle aussi du nouveau réservoir, rue MacTavish. Il prit le temps de tout nous expliquer dans les moindres détails.

— Voyez comme ce nouvel aqueduc sera efficace. J'admire l'audace de nos dirigeants. On va puiser l'eau dans le fleuve en amont des rapides de Lachine pour l'acheminer, grâce à des pompes hydrauliques, dans cet immense réservoir.

Du même souffle, il conclut le plus sérieusement du monde :

— Voilà que nous allons chercher notre eau aussi loin que la Chine !

Comme toujours, après son calembour, il pouffa et décida de poursuivre cette séance de rire à la maison devant un verre de vin.

Une de ses promenades préférées consistait à parcourir en notre compagnie les rues Craig, Sherbrooke, de la Montagne et la côte du Beaver Hall que bordaient de grands arbres derrière lesquels nous apercevions les plus belles demeures de Montréal.

À la demande d'Henriette, nous allâmes un dimanche du côté de Saint-Henri voir si madame Petit-Jean était toujours de ce monde. Elle était malheureusement passée de vie à trépas depuis plus d'un an, comme nous l'apprit un voisin, et Henriette se reprocha de ne pas avoir eu l'idée de venir plus tôt. Sans la blâmer, le maître d'écriture constata à quel point le temps passe vite.

— Vous seriez venue il y a un an, et vous auriez pu lui faire vos adieux. C'est dire comme le temps fuit à vive allure. Un an est très vite englouti. Nous nous privons, hélas ! trop souvent de beaucoup de bonheur en remettant au lendemain.

Durant l'hiver, il continuait ses promenades, mais plutôt en carriole. Il se plaisait à nous mener du côté du fleuve où, juste pour le plaisir, nous traversions jusqu'à Longueuil sur le pont de glace où circulaient de grands traîneaux chargés de foin en route vers le Marché au foin. Nous aimions entendre le son des grelots et profiter de l'animation des raquetteurs et des marcheurs tout au long de l'itinéraire. À la vue des gens souriants qui patinaient sur un rond improvisé au beau milieu du fleuve, il observa :

— N'est-ce pas ça, vivre ? Dommage, ajouta-t-il, que ce ne soit pas la conviction de tous ceux qui sont en autorité.

Un beau dimanche, nous poursuivîmes notre balade jusqu'au pied du mont Royal.

— Savez-vous, nous apprit le maître, qu'on s'apprête à aménager ici un escalier d'une longueur de cinq cent cinquante pieds qui se rendra au sommet de la montagne ? Vous ne me croirez pas, mais je ne suis jamais allé là-haut. J'attends qu'une route nous mène au sommet. La vue, si on en juge par les merveilleuses peintures qu'on en fait, doit être tout à fait extraordinaire. On nous promet bientôt de nous en faire contempler les splendeurs au moyen de photographies. Mes amis, nous vivons une période extraordinaire. J'ai bien hâte de voir s'il y a autant de clochers à Montréal que d'aucuns le prétendent, et j'imagine que monseigneur

Bourget doit partager la même hâte. Ça devrait lui faire plaisir d'observer d'en haut son petit royaume.

C'est au cours d'une de ces excursions qu'il nous conduisit à l'Institut canadien où était de passage une de ses connaissances, un libre penseur tout comme lui.

— Je tiens à ce que tu fasses la connaissance de celui que nous appelons familièrement l'enfant terrible, me dit-il.

— N'est-ce pas monsieur Dorion, le fondateur de *L'Avenir* ?

— En effet. À mon avis, cet homme a fait plus pour notre pays que beaucoup de nos hommes politiques.

Je m'attendais à rencontrer un homme d'un certain âge. Eh bien non, Éric Dorion avait exactement le même âge que moi ! C'était un jeune homme nerveux, décidé, et qui tenait à peine en place. Toutefois, il paraissait plus âgé et n'avait guère été gâté par la nature. Il se montra heureux de revoir Eustache de Chantal :

— Mon cher Eustache, tu ne peux pas savoir comment je me plais dans mon nouveau milieu ! Je suis en train d'y fonder un village auquel je donnerai le nom de L'Avenir, en souvenir de mon défunt journal.

— J'y ai été abonné jusqu'à sa disparition, dis-je.

— Mon cher ami, vous avez donc subi quelques rebuffades de notre clergé, j'imagine ?

— En effet, le curé m'a refusé l'absolution tant que je serais abonné à *L'Avenir*.

— Voilà maintenant que nos curés se montrent avares d'absolutions, enchaîna Eustache.

Ne voulant pas être en reste, Dorion affirma en souriant :

— Vous êtes maintenant sauvé, puisque mon journal n'existe plus. Vous savez, nous avons encore beaucoup de chemin à faire pour obtenir le droit d'écrire librement dans la presse. Vous ne pouvez pas imaginer toutes les menaces que j'ai reçues. À force de répéter aux gens que *L'Avenir* était un journal immoral, irrespectueux de l'autorité, un torchon immonde, notre évêque et notre clergé ont fini par le faire disparaître et ils s'emploient quotidiennement à atteindre le même objectif dans le cas de l'Institut canadien. Vous savez, je n'ai jamais cru que l'incendie de 1851 dans lequel notre Institut a perdu tous ses biens était accidentel, mais comment le démontrer ? Quoi qu'il en soit, comme le phénix, il renaît de ses cendres et projette sur nous la clarté à laquelle nous avons droit. C'est le seul endroit dans cette ville où l'on peut consulter les ouvrages qui incarnent le progrès et, bien entendu, il faut le déplorer, l'Église catholique tente par tous les moyens dont elle dispose de nous contrer, y compris par la menace d'excommunication. Un conseil en vous quittant, ne vous laissez jamais impressionner par les hauts cris de ceux qui veulent nous garder dans l'ignorance pour mieux nous conserver sous leur joug. Un jour, la lumière jaillira. Et réjouissez-vous, tout comme moi, de la venue toute récente à Québec du navire *La Capricieuse*. Les Français, pour notre plus grand bien, renouent avec nous.

Il nous laissa là-dessus et partit d'un pas pressé saluer quelqu'un qui s'apprêtait à quitter l'Institut. Sur le chemin du retour, Eustache de Chantal commenta :

— Ce que vient de nous dire cet homme, chers amis, est un peu le phare qui mène ma vie. Je m'appelle Eustache, il est vrai. Peut-être que les œufs se tachent, mais quand ils sortent de leur coquille, comme moi, ils font d'excellents mets.

Après s'être ainsi louangé, il partit de ce grand rire qui me prenait chaque fois par surprise. Que cet homme était déconcertant !

Chapitre 56

Henriette est enceinte

La nouvelle qu'Henriette était enceinte provoqua tout un émoi à la villa. Le soir même, elle trouvait sur la table un bouquet de fleurs offert par le maître d'écriture et un poème écrit de ma main. En se prosternant devant elle, Eustache de Chantal s'écria :

— Quelle joie est la mienne, chère madame, d'apprendre que vous portez la vie en vous !

Cette annonce eut pour moi l'effet d'un brusque réveil. J'allai trouver aussitôt le propriétaire du terrain de la rue Sainte-Élisabeth. Une fois de plus, l'homme se faisait tirer l'oreille. Je décidai d'en glisser un mot au maître d'écriture.

— Mon cher ami, laissez-moi rencontrer cet individu.

Le soir même, quand j'arrivai du collège, Eustache de Chantal me tendit le contrat d'achat du terrain. Je voulus tout de suite en rembourser le coût.

— Considérez que c'est le témoignage de ma gratitude pour les nombreux services que vous et votre épouse m'avez rendus au cours des dernières années. Que vous habitiez dans ma maison ou ailleurs, vous continuerez tous les deux votre travail chez moi.

Maintenant que je possédais le terrain, j'avais la tâche d'y faire ériger une maison selon les nouvelles exigences de la

Ville. Depuis les conflagrations de 1852, il fallait construire des habitations de pierre avec des toitures recouvertes de fer-blanc. Je ne voulais pas d'une maison trop vaste, mais désirais tout de même qu'elle soit conforme aux normes. L'hiver était proche et promettait comme toujours d'être assez rigoureux. Je fis donc reporter la construction au printemps.

Les mois passèrent et vint le temps de la délivrance. Aussitôt, la cousine Eulalie apparut à la maison comme un grand rayon de soleil, en même temps que la sage-femme. Une naissance était vraiment une affaire de femmes. La perte des eaux et les contractions se faisant attendre, je commençai à m'inquiéter. La sage-femme m'expliqua qu'il était fréquent de voir l'accouchement de jeunes mères ainsi retardé pour leur premier enfant. Puis, quand il fut évident que l'enfantement tardait trop, nous appelâmes un médecin.

C'est le maître d'écriture lui-même qui le choisit. Le docteur Lefranc était une sommité en la matière, reconnu dans tout Montréal pour ses succès lors de naissances difficiles. Quand il arriva à la villa, Henriette avait de longues contractions qui n'aboutissaient à rien, si bien que pour éviter qu'elle ne s'épuise, le médecin décida sans plus tarder de procéder à une césarienne. Le taux de réussite de cette opération risquée était très mince. Je voulus m'y opposer. Le médecin parvint à me convaincre par l'argument suivant:

— Elle a une chance sur six d'en sortir vivante, aucune si je ne procède pas immédiatement à cette chirurgie.

Les efforts du médecin furent récompensés, car il parvint à sauver l'enfant, une petite fille qui semblait vouloir s'accrocher à la vie. Voilà ce que nous annonça Eulalie à Eustache et moi, retirés loin de la chambre comme il était d'usage.

— Et Henriette?

— Nous le saurons demain, affirma le praticien, apparaissant soudain au salon. Priez si vous êtes croyant ou croisez-vous les doigts si vous ne l'êtes pas. Elle s'en tirera uniquement s'il ne se déclare pas d'infection.

Mon cœur me serra. Je la veillai toute la nuit. Souffrante, elle se plaignait de temps à autre, mais son état semblait demeurer stable. Angoissé, Eustache de Chantal venait constamment aux nouvelles. Les bons soins de la sage-femme, d'Antoinette et d'Eulalie combinés accomplirent le miracle attendu. Henriette surmonta cette épreuve et je pus enfin respirer plus à l'aise, mais pas pour très longtemps, car la petite se mit à dépérir et mourut moins d'une journée après sa naissance. Ce fut une très dure épreuve. Je me consolai à la pensée que j'aurais eu de la difficulté à survivre à la perte simultanée de mon enfant et de sa mère. La Providence m'épargna cette double épreuve. Aussi, je fus aux petits soins pour Henriette qui n'en demandait pas tant. Eustache de Chantal l'obligea au repos pendant deux mois et engagea même une bonne pour s'occuper d'elle. Il la considérait vraiment comme sa fille.

Après plusieurs semaines de réclusion, Eustache de Chantal insista pour que nous assistions en sa compagnie à un autre spectacle au jardin Guilbault.

— Je vous promets que nous aurons du plaisir.

Moi qui veillais sur Henriette avec un soin jaloux, je voulus savoir à quel genre de spectacle nous devions nous attendre. Le maître d'écriture expliqua :

— Il s'agit d'une performance remarquable donnée par la célèbre compagnie des Minstrels éthiopiens de New York. Nous assisterons au spectacle donné en après-midi et, au retour à la maison, nous célébrerons en grand, par un excellent repas, la première sortie de votre chère épouse.

Nous eûmes droit à des chansons, des duos, des ballades, des chœurs de nègres, des farces, des danses et toutes sortes de fantaisies les unes plus extravagantes que les autres. La pantomime comique intitulée *Les Deux philosophes* nous fit bien rire. Eustache de Chantal s'amusait comme un enfant.

Nous fûmes enchantés de cette sortie qui fit un bien énorme à Henriette et agit comme le signal attendu pour profiter de l'été qui s'amorçait. Le maître d'écriture se surpassait pour nous faire assister à tout ce qui se passait de festif en ville et aux alentours. Norbert nous conduisit aux courses de chevaux trotteurs à Saint-Eustache. Puis, nous ne manquâmes pas un seul des magnifiques feux d'artifice présentés au mois d'août au jardin Guilbault. L'éclatement de ces pièces splendides, commençant par le bombardement de Sébastopol et suivi par une valse où les souverains étaient entourés d'une pluie de feu, nous fascina. Après la valse, nous eûmes droit à une croix de Malte en plein ciel, à une girandole composée de vingt fusées, à un soleil tournant, à une spirale de cent cinquante pièces, à un parasol chinois, à un éventail et à une colonne mobile. Il y eut aussi une quantité de télégraphes, de fusées volantes, de mosaïques, de tourbillons, de chandelles romaines, de soleils, de mines aux étoiles et aux serpents, de lumières de Bengale, de feux chinois, le tout couronné par un bouquet extraordinaire de trente fusées volantes de toutes les couleurs.

Eustache de Chantal nous offrit une croisière sur le fleuve jusqu'à Sorel, à bord du vapeur *Iron Duke*, et nous pûmes admirer au jardin Guilbault – notre lieu de prédilection – un tigre du Cap, un des plus beaux animaux jamais vus à Montréal, de même qu'un flamand rose de deux pieds et demi, le premier à être montré au pays, et un rat géant d'Haïti mesurant dix-huit pouces de long.

Vraiment, le maître d'écriture nous gâtait. Il n'aurait pu faire mieux pour ses enfants. Tout cela nous permit d'oublier le récent malheur qui nous avait accablés. Remise, Henriette reprit son travail de femme de chambre et s'occupa durant ses heures libres à apprendre à cuisiner auprès d'Ariane. C'est ainsi que l'été s'écoula. Ces dernières semaines, j'avais travaillé un peu à mes transcriptions sous l'œil attentif du maître d'écriture, transcriptions qui lui étaient commandées pour des expositions de documents dans les musées ou par des familles désireuses d'en connaître un peu plus sur leurs aïeux, mais l'heure du retour en classe sonna bientôt pour moi. Quand les érables se parèrent de leurs premières feuilles rouges, la maison que nous avions projeté de construire, rue Sainte-Élisabeth, n'était encore qu'un rêve auquel le maître se gardait bien de faire allusion. Je crois qu'il était très heureux de nous garder sous son toit.

QUATRIÈME PARTIE

DÉCOUVERTES

(1858-1859)

Chapitre 57

La fécondité

Depuis qu'Henriette avait trouvé le portefeuille d'Eustache de Chantal, notre vie avait changé du tout au tout. Nous vivions désormais sous son toit comme dans un cocon. Rien ne venait bouleverser notre routine quotidienne. Pour ma part, l'enseignement me comblait. Quant à Henriette, elle n'avait qu'un espoir : donner vie à un enfant. Pour le reste, nous nous laissions gâter par Eustache de Chantal qui se montrait heureux de nous voir habiter avec lui. Quand arrivaient le dimanche et les jours de fête, sans nous poser de questions, nous fréquentions docilement l'église, continuant à pratiquer notre religion comme on nous l'avait enseigné depuis l'enfance. Pourtant, sans que nous l'ayons cherché, ce train de vie allait changer. Il suffit parfois d'un événement ou de quelques rencontres pour que des questions surgissent et chambardent tout. Voilà ce qui se passa pour nous.

Il ne manquait plus que des enfants à notre bonheur. L'accouchement d'Henriette et la perte de notre petite fille ne modéraient pas pour autant nos ardeurs. Le médecin avait été rassurant quant à la possibilité pour Henriette d'être de nouveau enceinte. Aussi, le maître d'écriture me taquinait :

— Cher ami, qu'attendez-vous pour nous faire un enfant ? Sa venue égaierait la maison. Serait-ce que vous ne savez pas comment vous y prendre ? Si vous le désirez, je peux bien vous le montrer.

Je n'appréciais guère ce genre de plaisanteries et les propos du maître me firent réagir.

— Si vous connaissez une méthode si efficace, pourquoi ne l'avez-vous pas expérimentée vous-même ?

Il aurait pu s'offusquer de ma brusquerie et de mes propos. Mais c'était un homme pacifique et serein qui avait vu neiger. Il préféra en rire.

— Il faut être deux pour ça. Or, pour moi, l'occasion ne s'est pas présentée. Peut-être suis-je trop difficile. Mais vous, avec la charmante épouse que vous avez, c'est impardonnable de ne pas remplir la maison de bambins aussi jolis que leur mère.

— Nous avons déjà fait nos preuves, fis-je remarquer, ce n'est donc pas nous qui sommes en cause.

— Je l'admets volontiers, quoique parfois il faille donner un coup de pouce à la nature. Il existe des moyens de stimuler la fécondité. Permettez que je vous aide à ce sujet.

Il nous arriva le soir même avec un programme bien établi. Me sachant quelque peu rébarbatif à cette proposition, il s'adressa à Henriette.

— Ma chère, commença-t-il, je sais que vous désirez plus que tout avoir des enfants. Comme je le disais à votre époux, il existe des moyens de stimuler la fécondité. J'ai consulté un spécialiste de mes amis qui m'a proposé un programme. Si Valois veut bien s'y mettre tout comme vous, nous devrions entendre les vagissements d'un bébé dans la maison dans neuf ou dix mois. Nous nous désolerons de ses pleurs et nous réjouirons de ses rires. Qu'en dites-vous ?

Henriette accepta de tenter l'expérience, mais elle réussit difficilement à me convaincre. Nous devions ingurgiter des infusions de sauge pendant une semaine. Je grognai :

— De la sauge, peut-on trouver quelque chose de plus mauvais ?

— Tu exagères, me reprocha Henriette. Ce n'est pas si mauvais que ça et en plus, nous la buvons en infusion.

La semaine suivante il fallut nous mettre à l'ail. Si nous n'avions pas été sous le toit de notre bienfaiteur, je n'aurais jamais accepté d'en incorporer à tout ce que nous mangions ou presque. Je rouspétai :

— Peux-tu me dire quel esprit tordu prétend que l'ail peut aider la fécondité ?

— Il agit bien contre toutes sortes de bobos, pourquoi ne serait-il pas efficace pour la reproduction ?

— Toutes sortes de bobos, comme quoi ?

— L'ail est bon contre la toux. Quand j'étais petite, ma mère me faisait prendre du sirop d'ail.

— Et c'était efficace ?

— Bien entendu ! Peu de gens l'utilisent en raison de son goût, un peu comme l'huile de castor. Je me souviens que ma grand-mère disait que l'ail était bon contre la perte des cheveux, et elle en usait aussi contre les problèmes intestinaux. Comme tu es sceptique, je te conseillerais de consulter les journaux. De nombreux médecins le recommandent.

Le soir même, je feuilletai le journal d'un bout à l'autre sans y trouver une seule annonce du genre.

— Tu étais persuadée que plusieurs médecins recommandaient l'ail comme remède, dis-je à Henriette. J'ai épluché toutes les petites annonces du journal sans rien voir à ce sujet.

— Dans ce cas, regarde dans l'*Almanach du peuple*, me suggéra-t-elle. Parlant d'almanach, tu sais qu'on nous prédit beaucoup de neige pour cet hiver ?

— Est-ce qu'il arrive que nous n'en ayons pas ? De toute façon, nous en avons toujours plus que nous en voudrions.

Le maître d'écriture s'était rendu compte que je faisais des misères à Henriette à propos de l'ail. Il me dit avec son humour habituel :

— Aïe aïe aïe ! Je vois que vous et l'ail ne faites pas bon ménage, mais sachez que depuis l'Antiquité, on n'a pas cessé de louer les vertus de cette plante. L'ail fut promu au rang de divinité chez les Égyptiens et notre ami Aristophane, d'heureuse mémoire, en conseillait la consommation pour avoir plus de force dans les combats. Plus tard, on recommanda de manger des gousses d'ail pour lutter contre la peste. Et, paraît-il, on suspendait des tresses d'ail dans les maisons pour éviter que les vampires y pénètrent.

— Tout ça n'a rien à voir avec la fécondité, rétorquai-je.

— Fort juste, mais que perdez-vous à essayer ?

Par chance, le régime à l'ail ne dura qu'une semaine pour être remplacé par une diète aux asperges. Comme j'en étais friand, je m'y pliai volontiers, mais ma semaine préférée fut celle du ginseng.

— C'est le mélange de ces quatre régimes qui produit des miracles, assura Eustache.

Toutefois, tous ces beaux efforts se montrèrent inutiles puisqu'on attendit vainement la grossesse d'Henriette. Une fois encore, ce fut le maître d'écriture qui eut le dernier mot à ce sujet.

— Cet enfant viendra quand il aura envie de se pointer le bout du nez sur terre. Peut-être n'est-il pas intéressé à vivre tout de suite nos misères ?

Chapitre 58

Conférence sur Galilée

J'avais eu l'occasion de me rendre une fois à l'Institut canadien où ma rencontre avec Jean-Baptiste-Éric Dorion m'avait marqué. Désireux de m'ouvrir l'esprit, comme me le recommandait fréquemment Eustache de Chantal, je lus dans le journal qu'une conférence sur Galilée, ses travaux scientifiques et sa condamnation y serait donnée par Louis-Antoine Dessaules. N'ignorant pas la controverse que suscitaient les recherches de ce grand savant au sein de l'Église catholique, je décidai d'assister à cet exposé. Henriette me prévint:

— Tu sais que c'est mal vu de fréquenter cet endroit.

— Dis plutôt que monseigneur l'évêque n'aime pas l'Institut et ceux qui le fréquentent. Vois-tu, ma chérie, c'est le seul endroit à Montréal où l'on discute de ces sujets et, comme professeur, je dois les connaître. Imagine qu'un étudiant me pose une question sur Galilée et que je ne sache pas quoi répondre, de quoi aurais-je l'air?

— Tes jeunes élèves ne risquent pas de te poser ce genre de question.

— Pas aujourd'hui, mais si jamais, comme je le désire, je deviens professeur de sciences en rhétorique, je suis persuadé que les étudiants me questionneront là-dessus.

Voyant qu'elle perdait son temps à tenter de me dissuader, elle conclut :

— Tu es assez vieux pour savoir ce qu'il convient de faire.

Je me rendis donc à l'Institut. À mon arrivée, bon nombre des membres avaient déjà pris place. Ces hommes échangeaient avec beaucoup de plaisir. Je n'en connaissais aucun et me sentais bien seul quand l'un d'entre eux se dirigea vers moi.

— Vous êtes nouveau dans la place ? me salua-t-il en me tendant la main.

— En effet. Je tenais absolument à assister à cette conférence.

— Vous ne le regretterez pas, nous sommes toujours enchantés des entretiens de monsieur Dessaules. Avant tout, laissez-moi me présenter. Je suis Joseph Guibord, typographe et membre de l'Institut depuis plusieurs années.

— Et moi, Valois Ducharme, professeur au Petit Séminaire.

— Oh ! Vous enseignez dans un collège catholique. Notre évêque ne serait sans doute pas très heureux de vous savoir ici.

— N'est-ce pas le meilleur endroit pour entendre parler de Galilée de façon objective ? L'Église nous interdit toute lecture sur ce sujet.

— En effet, c'est un sujet brûlant et notre savant ami Dessaules le démontrera. Vous n'aimeriez pas devenir membre de notre Institut ?

— Je n'en sais trop rien.

— Dans ce cas, permettez-moi de vous remettre nos statuts et tout ce qui concerne notre membership.

Je n'eus pas le temps de jeter un coup d'œil à ce qu'il venait de me donner qu'on présentait déjà le conférencier.

Bien enfoncé dans mon siège, j'écoutai avec une grande attention et ressortis enchanté de cet exposé fort instructif.

De retour à la maison, j'en discutai avec Henriette.

— Tu sais, dis-je, que la découverte de Galilée va à l'encontre d'une vérité que l'Église a créée de toutes pièces, celle qui prétend que tout ce qui est écrit dans la Bible a été dicté directement par Dieu ? En démontrant que la Terre n'est pas le centre de notre univers, Galilée contredit l'Église.

— En quoi ?

— Puisque dans la Bible, la Terre est le centre de l'univers, cela laisse supposer que Dieu aurait commis une erreur en insinuant, dans le récit de la création, que la Terre était immobile dans l'espace. Il ignorait qu'elle tourne autour du Soleil. Quel dilemme, n'est-ce pas ? Ou Dieu n'est pas le créateur de l'univers, ou il n'a pas inspiré la Bible à ses auteurs.

— J'en déduis que le pape ne devait pas être content quand ce savant a avancé l'idée que la Terre tournait autour du Soleil.

— En effet, les théologiens attaquèrent la théorie de Galilée en se basant sur le texte de la Bible où, lors de la prière de Josué, Dieu aurait arrêté le cours du Soleil et de la Lune.

— Qu'est-il survenu ?

— Tu sais qu'à cette époque, on parle de 1616, l'Église était très puissante. Galilée démontrait ce que Copernic avant lui avait laissé entendre, à savoir que la Terre n'était pas immobile, mais bien en mouvement continu. Il eut contre lui tous les théologiens et on lui imposa de n'enseigner qu'à titre d'hypothèses ses découvertes sur le mouvement des planètes.

Curieuse de savoir où tout cela avait mené, Henriette demanda :

— Comment ça s'est-il terminé ?

— Monsieur Dessaules nous l'a justement raconté. Galilée cessa de s'occuper de cette question pour s'intéresser à d'autres recherches. Mais certains pseudo-savants s'efforcèrent de le ridiculiser. Toutefois, il avait un protecteur en la personne du cardinal Barberini, qui devint le pape Urbain VIII. Ce dernier lui demanda d'écrire un ouvrage dans lequel il présenterait un dialogue sur les deux grandes conceptions du monde : celle d'Aristote où la Terre est immobile, et celle de Copernic où elle est en mouvement. Galilée fit prévaloir dans l'ouvrage en question la conception de Copernic, alors le pape, pourtant son ami, dut le condamner. On le menaça de torture s'il ne se rétractait pas et on le condamna à la prison à vie. Le pape commua la sentence en résidence à vie, et on obligea ce pauvre Galilée à abjurer ses erreurs dans un texte dont monsieur Dessaules nous a donné une copie.

— Après qu'il a abjuré, est-ce qu'il a pu vivre en liberté ? demanda Henriette.

— Non pas. Il a été gardé prisonnier dans sa propre résidence où personne ne devait aller le voir. Petit à petit, il eut droit à des visites. Il devint aveugle et mourut à soixante-dix-sept ans. L'Église refusa même qu'on lui érige un monument funéraire. Voilà ce qui attend ceux qui s'opposent à la puissante Église catholique, même s'ils ont raison et qu'elle a tort.

Chapitre 59

Les interrogations d'Henriette

Maintenant que j'enseignais, Henriette se trouvait bien seule à la villa, et cela d'autant plus qu'elle n'avait à se soucier ni des repas ni de l'entretien de la maison, car Antoinette et Ariane s'en chargeaient. Comme elle n'avait pas d'enfant, elle voulait se consacrer à une tâche utile et décida de travailler bénévolement auprès des démunis. Elle eut l'idée d'offrir ses services à l'Hospice de la Providence, un asile que tenaient les sœurs Grises et qui accueillait de vieilles femmes dans le besoin. Toutefois, elle ne voulait pas s'engager dans un travail régulier parce qu'elle espérait toujours devenir enceinte.

Or, un jour qu'elle assistait à une conférence de l'abbé Moreau, un prêtre de l'évêché qui prêchait la retraite aux résidentes, elle fut fort contrariée par ses propos. Le conseil qu'il leur donna la remplit d'étonnement. Il fallait lire le moins possible, disait-il, car tous les livres sont dangereux. Lui se contentait de la lecture de son bréviaire.

De retour à la maison, elle m'en parla.

— C'est encore la preuve, dis-je, que certains prêtres désirent nous garder dans l'ignorance.

— Pourquoi donc ?

— Tout simplement parce que nous ne risquons pas de contester leurs enseignements. Plus je réfléchis à la façon dont nous vivons, plus j'ai tendance à croire qu'Eustache a raison. Nous n'avons qu'une vie, pourquoi nous laissons-nous prescrire par d'autres la façon dont nous devons la vivre ?

Henriette me regarda d'un air moqueur.

— Tu ne peux pas savoir comme ta réflexion tombe à point. En voulant m'informer sur la façon d'être une bonne mère de famille, j'ai mis la main sur un manuel qui a certainement été rédigé par un prêtre.

— Qu'est-ce qui t'en rend si certaine ?

— Ce qu'on y lit.

— Comme quoi ?

— Il nous dit comment nous comporter envers notre époux.

— C'est une bonne chose, non ? répliquai-je en souriant.

— À condition que ça ne devienne pas un esclavage. Il paraît qu'une bonne épouse doit être entièrement dévouée à son époux.

Je m'écriai, moqueur :

— Je ne vois rien de mauvais là-dedans ! Pour une fois que je suis d'accord avec un ecclésiastique.

— Attends de voir ce qu'il propose et tu parleras ensuite. Je serais bien d'accord pour te préparer à souper, si Ariane ne le faisait pas pour nous, ce qui va de soi puisque tu travailles toute la journée et que tu mérites bien d'être accueilli à la maison par un bon repas. Là où ce prêtre exagère, c'est quand il souhaite voir les épouses s'agenouiller aux pieds de leurs maris pour les aider à enlever leurs souliers. Tu es bien capable de le faire toi-même.

Je l'écoutais et riais sous cape. Il n'y avait rien que j'aimais autant que de voir Henriette montrer du caractère et s'élever contre certains préceptes qu'elle jugeait ridicules. Je la laissai poursuivre.

— Il y a autre chose qui me chicote vraiment. Figure-toi que cet homme exige que nous nous taisions et soyons attentives à tout ce que notre mari veut bien nous raconter.

Pour la taquiner et la voir réagir, je passai la réflexion suivante :

— Cela va de soi.

Henriette n'entra pas dans mon jeu, mais elle monta le ton.

— Comme si ce que nous avons à dire n'avait pas d'importance ! En plus, il nous recommande de ne jamais nous plaindre. Veux-tu bien m'expliquer où il est allé chercher tout ça ?

Je m'amusais de la voir si offusquée et osai formuler :

— N'est-ce pas ce que tu fais présentement, te plaindre à ton mari ?

Elle s'arrêta, me regarda d'un air courroucé et allait éclater, quand je la pris dans mes bras et lui dis :

— Allons, ma mie, pourquoi perds-tu ton temps avec ce livre ? Tu as là un bel exemple de quelqu'un qui veut t'imposer sa loi. Nous avons la chance de vivre dans une grande maison et de ne pas trop nous soucier du pain quotidien. Veux-tu me faire plaisir ?

— Certainement !

— Notre ami Eustache croit comme moi que tu pourrais devenir institutrice.

— Ah oui ? Ce n'est pas une mauvaise idée.

— Tu devrais t'y mettre.

— Chéri, je le ferais bien, sauf qu'il y a un obstacle majeur.

— Lequel ?

— Si j'ai des enfants, je désire les élever moi-même.

— Comme ce n'est pas le cas présentement, pourquoi ne t'inscrirais-tu pas à des cours afin de me concurrencer et de devenir une enseignante hors pair ?

— Je vais y réfléchir sérieusement. Avec tout ça, je n'ai pas pu te dire tout ce qui me déplaît dans ce manuel.

— Car il y a encore beaucoup de choses qui te heurtent ? Montre-moi donc ce fameux livre.

Elle alla le chercher. Nous étions assis au salon en attendant de passer à table. Un feu brûlait dans le foyer. Lorsque je la vis revenir avec son bouquin, je lui lançai :

— Je parierais qu'il conseille aux femmes de préparer un bon feu afin de recevoir leur époux dignement, surtout en ce temps de l'année où nous, pauvres hommes, devons affronter les rigueurs de l'hiver.

Henriette me dévisagea avec plein de questions dans le regard.

— Valois Ducharme, aurais-tu lu ce manuel, par hasard ?

— Jamais de la vie !

— Explique-moi alors comment tu savais ça.

— Je l'ai tout simplement supposé, car j'avoue que j'apprécie beaucoup rentrer dans un foyer chaleureux.

Je tendis la main et Henriette me remit le manuel en question. Je le feuilletai, cherchant à y lire un conseil afin de l'étriver encore un peu. Elle en profita pour me confier :

— Sais-tu ce qui m'a le plus froissée dans ce livre ?

— Non pas.

Elle reprit le bouquin et me fit la lecture suivante :

Ne l'accueillez pas avec vos plaintes et vos problèmes. Ne vous plaignez pas s'il est en retard à la maison pour le souper ou même s'il reste dehors toute la nuit. Considérez cela comme mineur, comparé à ce qu'il a pu endurer pendant la journée.

Elle me regarda droit dans les yeux et dit :

— Ne me fais jamais le coup de ne pas rentrer de la nuit sans que je sache pourquoi ! Je mourrais d'inquiétude.

— Pauvre chérie, tu sais bien que je te préviendrais !

Me levant de mon fauteuil, je repris le manuel. Je ne fis ni une ni deux et le jetai directement dans les flammes du foyer. Henriette resta figée.

— Pourquoi as-tu fait ça ? finit-elle par demander.

— Tu m'as parlé tout à l'heure d'un prêtre qui recommandait de ne pas lire de livres. En voilà un de moins.

Eustache de Chantal arrivait. Il m'avait vu faire et applaudit.

— Dites-moi si je me trompe. Il s'agissait d'une littérature brûlante ?

Sa réflexion me fit éclater de rire et Henriette entra dans le jeu. Venue nous chercher pour que nous passions à table, Ariane nous trouva de bien bonne humeur.

— Tout cela pour quelques conseils à nos épouses, fis-je remarquer.

— C'était donc ça, murmura Eustache. Et moi qui pensais qu'il s'agissait de bons conseils de comportement au lit.

Henriette s'exclama :

— Figurez-vous qu'il se permettait même ça !

Eustache insinua :

— L'auteur devait être un religieux.

— Qu'est-ce qui vous le fait croire ?

— Ne se prenait-il pas pour un expert ? Il est donc sûrement devenu un père… ou un ex-père.

Chapitre 60

L'Inquisition

Je m'ouvrais de plus en plus l'esprit à toutes les théories nouvelles. Toutefois, je ne pouvais en prendre connaissance qu'en assistant à des exposés à l'Institut canadien, dont la bibliothèque regorgeait de livres qu'on ne trouvait pas ailleurs. Mon ami Guibord me l'avait dit:

— Si jamais tu désires consulter des ouvrages que tu as de la difficulté à te procurer, passe d'abord par l'Institut. Tu as de fortes chances de les trouver.

Je devins donc membre de l'Institut. J'estimais qu'étant professeur, je devais me tenir au courant de toutes les découvertes, et il n'y avait que l'Institut qui possédait livres et revues propres à étancher ma soif de connaissances. Mon adhésion me permettait également de m'y rendre à ma guise.

Un bon samedi, alors que je venais tout juste d'y entrer, je fus interpellé par un homme de forte stature. Je reconnus Louis-Antoine Dessaules.

— Je n'ai pas le plaisir de vous connaître, seriez-vous un de nos nouveaux membres?

— Valois Ducharme, instituteur. J'ai eu l'occasion de vous entendre à propos de Galilée et ça m'a incité à devenir membre.

— Grand bien vous fasse, cher ami. Nous ne sommes jamais trop pour faire jaillir la lumière et nous sortir de l'obscurantisme dans lequel d'aucuns cherchent à nous maintenir à tout prix.

— C'est-à-dire ?

— Pourquoi pensez-vous que notre évêque et le clergé en général combattent avec tant d'acharnement notre Institut ?

— Parce qu'ils le craignent.

— Exactement. Ces gens ont peur de la vérité. Ils redoutent que nous sortions des squelettes de leurs placards. Voilà une des raisons pour laquelle ils tiennent mordicus à ce que le peuple reste ignorant. L'autre, c'est que ça leur permet d'asseoir leur pouvoir. Voulez-vous un exemple ? Prenez l'Inquisition. Vous connaissez cet épisode funeste de l'histoire de l'Église ?

— J'ai étudié dans un collège catholique et durant toute cette période, ce mot n'est jamais venu à mon oreille. Je l'ai entendu pour la première fois lors de la visite de Gavazzi à Montréal.

— Eh bien, il serait temps que vous soyez mieux informé. Vous savez sans doute, pour en avoir entendu parler, que les croisés et les templiers combattaient les infidèles au nom et à la solde de l'Église catholique ?

— Oui, mais le pouvoir militaire de l'Église ne s'est-il pas éteint avec eux ?

— Peut-être bien. Toutefois, avec l'appui des rois et à l'instigation des papes, il a été remplacé par un pouvoir encore plus dommageable, celui de l'Inquisition.

— J'avoue mon ignorance à ce sujet.

— Comme la majorité des catholiques. On estime que pendant six siècles, entre 1203 et 1805, cinquante millions de personnes ont été emprisonnées, torturées ou tuées par l'Inquisition.

— Pas vrai !

— Absolument ! Les papes, les évêques et les prêtres de l'Église catholique ne permettaient pas à quiconque de croire à autre chose qu'à leur doctrine. Tous ceux qui avaient le malheur d'explorer d'autres visions étaient considérés comme des hérétiques. L'Église catholique se donnait le droit de les arrêter, de les torturer et de les mettre à mort. On les brûlait vifs, croyant par là réduire en cendres leurs croyances en même temps que leur corps. Pas moins de quatre-vingts papes ont successivement appuyé les méthodes de ce qu'on appelait d'ailleurs la Sainte Inquisition.

— J'ai peine à croire que des gens d'Église torturaient et tuaient au nom de la foi.

— On arrêtait n'importe qui sur un simple soupçon, jusqu'à des enfants de douze ans. Tous les témoignages étaient acceptés. Les pays qu'on disait civilisés, mais qui s'adonnaient à de pareilles tortures, n'étaient autres que la France, l'Allemagne, la Hollande, l'Espagne et l'Italie. Tout cela pour faire disparaître tous ceux et celles qui adhéraient à une autre croyance que celle de l'Église de Rome.

Je ne pus retenir la réflexion suivante :

— Je ne comprends pas cet acharnement haineux de la part de ceux qui disaient suivre les enseignements du Christ. Son principal message, et ce qui en fait son originalité, n'est-il pas : "Aimez-vous les uns les autres" ?

— Un message de tolérance qui, dans son application, est devenu exactement son contraire. Il n'y a guère eu plus intolérante, au fil de l'histoire, que l'Église catholique. Vous comprendrez, cher ami, pourquoi je m'oppose à notre évêque et à nos prêtres. Ils veulent nous tenir assujettis et ça, je ne peux pas l'accepter.

— C'est pourquoi ils ne peuvent sentir l'Institut canadien ?

— Bien sûr. Nous sommes une menace pour eux, car nous ne nous écrasons pas comme le reste de nos concitoyens. Ce qui les irrite le plus, c'est que nous nous procurons des livres qui nous renseignent sur ce qu'ils s'efforcent de cacher à tout prix. C'est pratiquement eux qui ont le monopole de l'éducation chez nous. Il ne faut donc pas s'attendre à ce qu'ils enseignent ce qui les déshonore. Si vous saviez, cher ami, tout ce que je découvre tous les jours sur notre clergé, vous ne voudriez pas le croire. Je me propose d'ailleurs de rendre tout cela public un jour en publiant *Le Petit Bréviaire des vices de notre clergé*. Vous vous doutez bien que les ecclésiastiques ne me portent pas dans leur cœur. Mais si tout cela n'est jamais dénoncé, comment ferons-nous pour échapper à leur emprise ? Nos prêtres, et certains de nos évêques surtout, sont si imbus d'eux-mêmes et persuadés d'être les seuls à posséder la vérité, qu'ils n'acceptent aucunement qu'on puisse remettre en question leur enseignement et encore moins leur autorité. C'est le mal de notre siècle. À leurs yeux, la seule véritable autorité est celle de l'Église. En conséquence, notre clergé décide de tout. Et si par malheur nous nous rebellons, prêtres et évêques sortent leurs menaces d'excommunication pour nous forcer au silence.

J'écoutais, accablé par tout ce que disait monsieur Dessaules. Il ajouta :

— Pour résumer en quelques mots la pensée d'un de nos évêques voulant faire taire un jeune homme, je vous citerai ses propres paroles – et je les simplifie : “Nous, le clergé, régissons tout; vous, laïques, êtes coupables si vous discutez quoi que ce soit. Un bon catholique doit être soumis à l'Église, sous peine d'être regardé comme un païen et un publicain." Soyez donc assuré, cher ami, que jamais je n'accepterai de me soumettre à eux. Je préfère être considéré comme un païen et un publicain.

Sur ce, il me salua d'un large sourire et, me tendant de nouveau la main, me souhaita la bienvenue parmi les païens. Réfléchissant à tout ce que je venais d'entendre, je pensai: «Cet homme aurait-il raison à l'encontre de la majorité? L'Église est-elle si mauvaise qu'il la dépeint?» Je sortis de cette rencontre ébranlé dans ma foi.

Chapitre 61

L'héritage d'Henriette

Nous n'avions pas remis les pieds à Sainte-Angèle depuis des années. Henriette avait à maintes reprises écrit à son père sans qu'il daigne répondre à ses lettres. Elle finit par en prendre son parti. Son père avait fait une croix sur son passé et elle n'existait plus pour lui. La grand-mère, quant à elle, était passée de vie à trépas depuis longtemps.

Eulalie, la fidèle cousine d'Henriette, arriva à la villa un beau samedi matin. Après les salutations d'usage, et tout heureuse de sa visite, Henriette s'informa :

— Qu'est-ce qui nous vaut le bonheur de te voir ?

Eulalie était visiblement mal à l'aise.

— J'ai une mauvaise nouvelle pour toi, annonça-t-elle.

Je vis Henriette blêmir. Eulalie s'approcha d'elle et dit d'une voix retenue :

— Ton père est décédé.

Henriette se figea pendant quelques secondes. Seules des larmes trahirent son émotion. Eulalie la serra dans ses bras.

— C'est un dur coup, souffla-t-elle.

Mais Henriette s'était déjà ressaisie. Elle murmura :

— Moins que si j'avais été près de lui. Il n'a jamais répondu à mes lettres.

Puis, l'émotion reprenant le dessus, elle pleura un bon coup avant de demander :

— Sais-tu de quoi il est mort ?

— Non. Le notaire Dumoulin cherche à te contacter. J'ai reçu une lettre dans laquelle il me demande si je sais où tu demeures. Il précise qu'il te recherche en tant qu'héritière de ton père. Ne me demande pas comment il a eu mon adresse. C'est tout ce que je sais.

Eulalie remit la lettre du notaire à Henriette.

— Je vais lui écrire, assura-t-elle.

Le notaire lui apprenait effectivement que son père était décédé et qu'elle héritait de la maison de Sainte-Angèle. Il la priait de venir le plus tôt possible afin de régler la succession demeurée en suspens depuis plus de trois mois maintenant. Cette pensée lui arracha de nouveaux sanglots. Sa cousine fit de son mieux pour la consoler.

— Il avait beau m'ignorer, gémit Henriette, c'était tout de même mon père.

Eulalie la rassura :

— Tu finiras bien par en apprendre plus sur sa fin.

J'encourageai Henriette à aller rencontrer le notaire le plus tôt possible.

Elle s'inquiéta.

— Comment vais-je m'y rendre ?

Pour la taquiner, j'allais lui répondre : « À pied ! » Mais, vu le contexte, je me retins et dis :

— Il y a sûrement un bateau qui part de Montréal pour Trois-Rivières. Une fois-là, tu n'auras plus qu'à prendre le traversier pour Sainte-Angèle.

Elle partit quelques jours plus tard, anxieuse de voyager seule. En raison de mon travail, je ne pouvais pas l'accompagner. Ce voyage, qu'elle me raconta à son retour, se déroula sans anicroche. Une fois rendue à Sainte-Angèle, elle se précipita chez le notaire qui, heureusement, était chez lui. Il lui apprit que son père, qui vivait aux États-Unis depuis plusieurs années, avait été retrouvé sans vie non loin de l'endroit où il habitait. Il ne s'agissait pas d'une mort violente, plutôt d'un arrêt cardiaque. L'homme avait été mis en terre rapidement. Il semblait posséder un peu d'argent, du moins suffisamment pour son inhumation, car l'ami qui avait communiqué la nouvelle au notaire ne réclamait pas un sou. Henriette héritait donc de la maison de Sainte-Angèle, inoccupée depuis longtemps. Il lui en remit les clés. Elle s'y rendit.

En ouvrant la porte, elle fut saisie à la gorge par une forte odeur de moisi et de renfermé. Tout dans la maison semblait être figé dans le temps ; rien n'avait bougé depuis que son père y avait mis les pieds pour la dernière fois. Elle s'empressa d'ouvrir les fenêtres et ce simple geste, tout en laissant pénétrer plus de lumière, chassa les mauvaises odeurs et parut redonner un peu d'âme à la maison. Henriette se demanda ce qu'elle allait en faire. La mettre en vente ou la louer ? Habitée, la maison résisterait mieux au temps. Elle retourna donc chez le notaire pour lui faire part de son idée.

— Puisque vous n'avez pas l'intention d'y vivre, l'idée d'une location n'est pas mauvaise, approuva le notaire. La loueriez-vous avec ses meubles ?

— Oui. À part quelques objets que je ferai mettre de côté et certains autres que j'apporterai avec moi à Montréal, je la louerai telle qu'elle est.

— Je peux me charger de cette transaction, offrit le notaire, d'autant plus que je reçois souvent des demandes en ce sens. Bien des gens, vous savez, préfèrent louer une maison plutôt qu'un appartement.

— À six dollars par mois, s'enquit Henriette, croyez-vous pouvoir trouver quelqu'un ?

— Six dollars… ici à Sainte-Angèle ? Quatre serait préférable… mais va pour cinq, puisqu'il s'agit là d'une bonne maison avec cour et jardin. Je vous aurai le prix qui vous convient, mais sachez que vous devrez me payer pour cette transaction. Ne vous alarmez pas, je ne suis pas chérant. Le montant de location du premier mois devrait me convenir. Comment comptez-vous percevoir le loyer ?

— Vous serait-il possible de l'encaisser en mon nom ? lui demanda Henriette. Je viendrai à Sainte-Angèle une fois par année toucher mon dû.

Le notaire accepta cette entente. Après être passée par la maison pour prendre l'album de photos et se débarrasser des rares effets personnels de son père, Henriette revint le cœur plus léger à Montréal, se disant que cette maison nous serait peut-être utile un jour. Pour lors, elle rapporterait quelques sous. Eustache fut le premier à approuver sa décision.

— Chère Henriette, vous êtes si bonne en affaires que je songe sérieusement à vous confier l'administration de la villa.

À l'expression qui se dessina sur le visage de ma bien-aimée, Eustache eut sa pinte de rire de la journée.

Chapitre 62

Réflexions sur la vie

Henriette et moi étions un jeune couple bien rangé. Nous avions appris, comme tout le monde, qu'il ne faut pas chercher le bonheur sur terre, mais plutôt l'espérer au ciel après notre mort. Je me soumettais jusque-là aux commandements de Dieu et de l'Église, et pratiquais ma religion comme chacun autour de nous.

Mais voilà qu'après une suite d'événements survenus dans nos vies tels que la mise en garde qu'on m'avait servie à propos du journal *L'Avenir* et la rencontre avec Eustache de Chantal, je constatais que l'on pouvait assister à des spectacles et s'accorder des bonheurs sur terre sans nous sentir pour autant en état de péché. J'étais bien au fait des frasques de Chiniquy et de l'apostat Gavazzi, de l'étude de Galilée et des révélations non moins troublantes de monsieur Dessaules à propos de l'Inquisition. Tout cela m'avait ouvert les yeux et le rebelle en moi s'était mis à réfléchir, ce que, précisément, notre évêque et nos curés nous interdisaient.

Je partageai mes pensées avec Henriette. Elle n'avait évidemment pas cheminé comme moi.

— Pourquoi te poses-tu tant de questions ?

— Tout simplement parce que je ne suis pas satisfait des réponses qu'on me donne.

— Par exemple ?

— Que nous ne sommes que de passage sur terre et qu'il nous faut vivre uniquement en fonction du ciel à venir.

— C'est ce qu'on nous a appris depuis notre enfance !

— Qu'est-ce qui te prouve que c'est vrai ?

— Tout le monde le croit.

— Ma chérie, ce n'est pas parce que tout le monde croit à une chose qu'elle est nécessairement vraie.

Elle me regarda, narquoise.

— Monsieur le rebelle Valois Ducharme se pense plus fin que les autres !

Je choisis de prendre cette réflexion en riant.

— Monsieur Valois Ducharme n'est pas assez naïf pour se croire plus fin, seulement il n'est pas non plus assez borné pour s'empêcher de réfléchir à ce qu'est la vie.

Une fois de plus Henriette, que j'aimais tant pour sa fougue, réagit :

— Qu'est-ce que la vie ?

— Si je le savais, ma chérie, je te le dirais. Simplement, je crois que ce n'est pas qu'un exercice de mortification.

— Qu'est-ce que c'est, alors ?

— Qui te dit que nous ne devrions pas chercher à être heureux en tirant parti de ce que la vie nous offre ? Pourquoi faut-il à tout prix nous empêcher de vivre vraiment ?

Elle allait répliquer quelque chose quand elle se ravisa. Elle secoua la tête énergiquement et proféra :

— Tu réfléchis trop !

— On ne réfléchit jamais assez. Sais-tu pourquoi ?

Voyant qu'elle ne répondait pas, je le fis à sa place.

Parce que nous nous contentons de croupir dans nos préjugés et, de cette façon, nous subissons tout sans jamais nous questionner. Voilà ce que nous faisons avec les enseignements de l'Église et de nos curés. Nous les acceptons sans même nous interroger sur leur pertinence. Pourquoi auraient-ils plus raison que nous ? N'y aurait-il pas lieu de penser que certaines choses pourraient être revues et corrigées ?

— Comme quoi ?

— Toutes ces histoires de péchés et de châtiments. Qui a eu l'idée le premier qu'en faisant telle ou telle chose nous offensions Dieu ? Qui a décidé qu'il y a des péchés véniels et des péchés mortels ? Qui a inventé le ciel et l'enfer ? Qui ?

D'un geste de la main, Henriette me fit comprendre qu'elle n'était pas encline à me suivre sur ce chemin. Je ne poussai pas plus avant la discussion pour ne pas créer un froid entre nous, car j'aimais trop Henriette pour laisser ces questions qu'elle considérait comme secondaires nous diviser. Toutefois, plus je réfléchissais, et moins je souscrivais à la conception du bien et du mal prônée par l'Église. Aussi commençai-je à délaisser la pratique religieuse.

Chapitre 63

La crainte de la mort

Quelque temps après, Henriette revint troublée de la messe du dimanche.

— Si tu ne viens plus à la messe, tu seras damné.

— Que me chantes-tu là ?

— Dans son sermon, monsieur le curé nous a rappelé les paroles du bienheureux Léonard de Port-Maurice qui se demandait s'il y a plus de chrétiens qui sont sauvés qu'il n'y en a qui sont damnés.

— À quelle conclusion est-il arrivé ?

— Les plus grands théologiens, comme d'ailleurs les Pères de l'Église, sont tous du même avis : la majorité d'entre eux sont perdus.

— Vraiment ? Où prennent-ils leurs statistiques ? En se promenant entre le ciel et l'enfer ?

Henriette s'indigna :

— Ne te moque pas. Il est bien plus difficile de gagner notre ciel que tu ne le penses. Tous ceux qui se révoltent contre les décrets de Dieu sont condamnés à l'avance. Toi, Valois Ducharme, tu n'iras pas au ciel. Si tu mourais aujourd'hui, tu filerais directement en enfer parce que tu ne viens plus à l'église, tu n'écoutes plus nos prêtres, tu te prétends supérieur à eux et leurs paroles ne t'atteignent plus.

Je la laissai terminer afin de ne pas la contrarier.

— Le fait de ne pas aller à l'église ne change rien à ma vie. Suis-je plus méchant? Est-ce que je t'aime moins?

Henriette hésita avant de préciser:

— Depuis que tu fréquentes l'Institut canadien, tu deviens de plus en plus cynique vis-à-vis notre religion. Tu remets tout en question. Tu n'es plus le Valois que j'ai marié.

— Ma mie, il n'y a rien de changé en moi sinon que je réfléchis davantage à toutes ces obligations qu'on nous impose et que je désire y voir clair. Je t'accompagnerais bien volontiers à l'église. Mais chaque fois que j'y mets les pieds, j'en reviens en colère à force de constater à quel point ce qu'on nous prêche n'a pas de sens.

— Ce qu'on nous a révélé ce matin a du sens.

— Qu'il n'y aurait pas de place au ciel pour tout le monde? Veux-tu bien me dire où ce bienheureux a découvert ça?

— Tu fais ton brave, mais toi qui prétends réfléchir, tu devrais le faire sur l'enfer.

— Tu sais que j'aime bien me faire ma propre idée sur ce qu'on nous enseigne. Toutefois, je vois bien que le fait de me montrer désinvolte te peine. Je vais donc passer un pacte avec toi.

— Lequel?

— Je vais étudier sérieusement cette question de l'enfer et je t'expliquerai mon point de vue là-dessus. Ça te va?

Elle acquiesça.

Je n'avais pas l'habitude de parler en l'air. Je tins ma promesse. Durant les jours suivants, je me documentai sur l'enfer qui revenait si souvent dans les propos des gens du clergé. Je lus les sermons du curé d'Ars sur ce sujet, ceux du bienheureux Léonard de Port-Maurice, ceux de saint Jean Chrysostome, et plus j'avançais dans ces lectures, plus je trouvais que ces messieurs faisaient montre d'une grande imagination pour pouvoir parler si longuement et dans les moindres détails d'un endroit où ils n'avaient jamais mis les pieds. J'en déduisis que pour décrire l'enfer, il leur fallait l'inventer à la manière des romanciers.

Au bout de quelques jours, je rappelai spontanément à Henriette :

— Tu voulais que je fasse des recherches sur l'enfer. Je l'ai fait. Aimerais-tu que je le décrive tel que je le vois après toutes mes lectures ?

Elle n'était pas certaine de vouloir entendre mes propos. Je n'attendis pas sa réponse et commençai :

— À mon avis, l'enfer n'est pas véritablement un lieu où les pécheurs brûlent éternellement. Ils y subissent plutôt des châtiments variant selon la gravité de leurs fautes. Aussi sont-ils conduits à des endroits différents. Ceux qui ont commis des fautes de luxure sont exposés à un vent continu où ils sont en permanence sur le point d'étouffer. Les gourmands, eux, sont immergés jusqu'au cou dans une boue puante et continuellement exposés à la pluie pendant qu'un chien leur pisse dessus. Les avares, pour leur part, au lieu de rouler de l'argent, sont condamnés à rouler des pierres jour après jour jusqu'à la fin des temps. Les coléreux passent leur vie éternelle à tenter de s'extraire des eaux boueuses dans lesquelles ils sont tombés, ce qui ne fait que les exaspérer davantage. Ceux qui se sont enlevé la vie sont transformés en arbres secs sur lesquels des oiseaux rapaces viennent tous les jours refaire leurs griffes. Les violents marchent sur une plaine brûlante. Les blasphémateurs sont mordus par des chiennes enragées chaque fois qu'ils ouvrent la bouche, ce qui les oblige à se taire. Les fraudeurs, les violeurs, les fourbes, les hypocrites tournent en rond pour toujours dans des ravins remplis de purin de porc. Les traîtres gèlent. Que penses-tu de cet enfer ?

Henriette ne sut que répondre :

— C'est effrayant.

— En effet ! Je l'ai inventé en m'inspirant de la description imaginée au Moyen Âge par un auteur nommé Dante et dont les curés se servent depuis dans leurs sermons. Tu vois, on peut inventer l'enfer que l'on veut sans savoir s'il existe vraiment.

— D'où vient alors que les prêtres disent toujours qu'on va brûler en enfer ?

— C'est un peu de la paresse de leur part. Ils ne cherchent pas plus loin. Ils veulent aussi nous faire peur. Y a-t-il pire châtiment que celui de brûler éternellement ? Tout ça m'a donné à réfléchir et sais-tu ce que j'en ai retenu ?

— Non, mais j'espère que ça va t'inciter à revenir à l'église. Comme ça, nous pourrons nous retrouver ensemble au ciel.

— Pauvre amour. J'ai bien peur de te décevoir. Selon nos prêtres, l'enfer est un lieu où les damnés brûlent à jamais sans se consumer. À mes yeux, c'est une salle de torture éternelle. Eh bien, je ne crois pas un mot de tout ça.

— Pourquoi ?

— Parce que je ne suis pas capable d'imaginer quelqu'un – et encore moins Dieu – d'assez méchant pour torturer éternellement ceux qui l'auraient offensé. Ne dit-on pas le "bon" Dieu ? S'il est bon, il ne peut pas être cruel au point de se venger en précipitant les pécheurs dans un feu éternel. C'est ridicule. Je suis persuadé que l'enfer sert à effrayer les gens et que c'est le moyen inventé par les prêtres pour nous contraindre à leur obéir. Ils ont ensuite dressé une longue liste de péchés classés graves et moins graves. Or, comme personne n'est parfait, nous finissons tous par succomber. Ils ont donc créé la confession pour obliger les gens à se rendre à l'église chaque semaine. Ainsi, nos curés sont certains de la remplir et de recevoir à la quête les dons qui les font vivre.

— Je n'avais jamais pensé à ça, commenta Henriette. Tu y vas un peu fort. Nous n'allons pas à l'église uniquement pour nous confesser. Nous y allons aussi pour recevoir les autres sacrements.

— En effet. À mes yeux toutefois, une chose est certaine. Si nous craignons tant de mourir, alors qu'on nous dit que le ciel est si beau, c'est bien parce que nous avons une peur bleue de l'enfer.

Ce soir-là, alors que nous étions à table avec notre ami Eustache, je lui posai la question.

— Que pensez-vous de l'enfer ?

— Il n'y a rien à en penser. Personne n'en est revenu et si par malheur un de ces pauvres bougres le faisait, il ne serait pas capable d'en parler.

— Pourquoi donc ?

— Il n'aurait plus de langue.

Après cette réflexion, comme à son habitude, il se pâma de rire et il n'y eut plus moyen de parler sérieusement. Il ne cessait jamais de badiner.

Chapitre 64

L'innovation

J'adorais enseigner la botanique et j'avais depuis longtemps l'idée d'emmener mes élèves en excursion. Bien qu'ils puissent toujours étudier la forme d'une plante ou d'une feuille en regardant des dessins dans un livre d'école, je demeurais persuadé qu'une seule sortie en pleine nature leur en apprendrait dix fois plus. Comment convaincre les autorités du collège du bien-fondé de mon idée? Je m'en ouvris au directeur, lui expliquant en long et en large l'expérience que je désirais réaliser avec mes élèves.

— Où iriez-vous avec eux?

Je m'attendais à cette question et répondis sans hésiter:

— Au jardin de monsieur Guilbault.

— Saurait-il seulement vous accorder la permission et l'accès à son jardin?

— Je connais quelqu'un qui saura le convaincre.

— Dans ce cas, pourvu que vous sachiez conserver la discipline tout au long de cette expérience dont vous devrez me faire un rapport détaillé, je veux bien que vous la tentiez.

Quand je fis part à mes élèves de ce qui se préparait, ils sautèrent de joie. Parmi eux, Marcel Lavigueur se montra d'un enthousiasme si communicatif que je voulus en connaître la raison. L'enfant me dit tout simplement:

— Durant les vacances, je vis dans la nature. Pas très loin de chez nous, il y a un endroit superbe où je vais observer les insectes, les oiseaux et les animaux comme les écureuils et les ratons. Il y a plein de fleurs et d'arbres dont on peut apprendre les noms. Notre excursion au jardin Guilbault sera merveilleuse, mais si vous pouviez voir où je passe mes étés…

— Où est-ce ?

— À Pointe-aux-Trembles.

— Qui sait, peut-être qu'un jour nous pourrons y aller. Pour tout de suite, nous nous contenterons du jardin Guilbault.

Je choisis une belle journée du début de l'automne. Les feuilles des arbres rougissaient déjà. Les enfants revinrent de cette excursion avec un herbier rempli de feuilles. Ils pouvaient désormais différencier les feuilles des érables de celles du chêne rouge et du chêne blanc. Ils avaient appris à reconnaître toutes les espèces de conifères qui poussaient dans le jardin. Malheureusement, ils n'avaient pas pu s'intéresser de près aux insectes volant autour des étangs et aux animaux qui y vivaient, car la saison était déjà trop avancée. Je fis au directeur un rapport très positif de l'expérience extraordinaire que nous avions vécue.

J'imaginais déjà la prochaine sortie du genre, et pourquoi pas à Pointe-aux-Trembles ? Elle pourrait avoir lieu au printemps, alors que la nature a tant à offrir. Je profiterais des mois d'hiver pour la préparer. D'abord et avant tout, je me devais de visiter les lieux où je comptais conduire mes élèves. Je me fis expliquer par le jeune Lavigueur où était situé ce boisé qui l'enchantait tellement. Le samedi suivant, en compagnie d'Eustache et d'Henriette, nous gagnâmes Pointe-aux-Trembles, menés par Norbert.

L'enfant n'avait pas menti : le boisé longeait une route de rang et paraissait offrir de belles possibilités, d'autant plus qu'un ruisseau le traversait de part en part. Encore fallait-il connaître le propriétaire afin de pouvoir l'explorer. Je supposai qu'il appartenait au cultivateur dont la ferme s'élevait tout près, de l'autre côté de la route. Je demandai à Norbert de nous y conduire. Nous y fûmes accueillis par un chien dont l'humeur était pour le moins belliqueuse. Il tourna autour de nous en aboyant, en grondant et en montrant les dents, jusqu'à ce qu'un homme sorte de l'écurie tout près et le rappelle d'une voix puissante :

— Satan ! Ici !

L'animal obéit immédiatement, se dirigeant vers son maître la queue entre les pattes. Le bonhomme demanda d'une voix sèche, l'air renfrogné :

— Qu'est-ce que vous voulez ?

— Un renseignement à propos du boisé à deux pas d'ici, dit Eustache.

— Qu'est-ce que vous lui voulez, au boisé ?

— Rien. Nous aimerions tout simplement le visiter.

— Pour quoi faire ?

J'intervins :

— Je suis professeur au Petit Séminaire. Un de mes étudiants m'a dit qu'il vient souvent l'été à ce boisé.

— Son nom ?

— Marcel Lavigueur.

— Le garçon à Fulgence ?

— J'ignore le nom de son père, mais cet enfant semble bien connaître l'endroit.

— Ils vont là pour fumer en cachette avec mon fils Josaphat. Les petits snoreaux, s'ils pensent que je ne le sais pas.

— Il paraît qu'il y a là un grand étang à oiseaux et beaucoup de beaux arbres, poursuivis-je en ignorant sa remarque. J'ai pensé y emmener mes élèves une journée afin qu'ils puissent identifier les arbres, les plantes, les insectes, les oiseaux et les animaux, bref y prendre un bain de nature.

— Y a ben d'autres petits bois qui existent ailleurs.

— Vous avez raison. Mais celui-ci est juste assez éloigné du collège pour permettre aux enfants de faire une belle excursion. Si vous nous y autorisez, je voudrais le visiter afin de me faire une idée des espèces de plantes et d'arbres qu'on y trouve.

— Vous avez ben beau y aller, pourvu que ça me rapporte quelque chose.

Eustache tira deux dollars de son portefeuille et les lui tendit. Le bonhomme les enfila dans sa salopette et prévint :

— Quand vous viendrez avec les enfants, ça sera payant itou.

Eustache le rassura :

— Soyez sans inquiétude, nous payerons.

Nous gagnâmes le boisé. Le maître d'écriture nous attendit en compagnie de Norbert pendant que je parcourais l'endroit en long et en large avec Henriette. Ce boisé s'avérait décidément très propice à mon projet. Le petit ruisseau qui le traversait grouillait de vie. Quelques canards, malgré le temps de l'année, nageaient encore sur l'étang. Un petit promontoire naturel où je crus détecter une grotte permettait de jouir d'une très belle vue sur l'étang et ses environs. Le boisé de conifères et de feuillus répondait en tous points à ce que je cherchais.

— Il est difficile de souhaiter mieux, m'exclamai-je quand nous eûmes rejoint Eustache et Norbert. C'est l'idéal pour une sortie en nature. Ce n'est pas trop vaste. Nous pourrons y dénombrer les arbres et faire un relevé détaillé de ce que l'endroit abrite comme flore et comme faune. Il ne me reste plus qu'à convaincre le directeur.

Sur le chemin du retour, Eustache eut des commentaires élogieux à mon endroit.

— J'aime les gens qui sortent des sentiers battus et c'est en plein ce que vous faites, mon cher Valois. L'avenir appartient à ceux qui osent.

Je déclarai modestement :

— Il s'agit en réalité d'un bien petit projet, vous en conviendrez.

Le maître d'écriture, se tournant vers Henriette, lança d'un air espiègle.

— Ce qui est petit devient souvent grand, n'est-ce pas madame ? Sans doute qu'en entendant mes propos, l'exemple qui m'est venu en tête a aussi effleuré votre esprit.

Par ses sous-entendus, il finissait toujours par la faire rougir, ce qui l'amusait beaucoup. Une fois de plus, il atteignit son but et s'esclaffa, non sans avoir ajouté au préalable :

— "Honni soit qui mal y pense" !

Chapitre 65

Le bénévolat d'Henriette

Henriette se dévouait depuis peu auprès des vieilles pensionnaires de l'Hospice de la Providence. Au soir de sa première journée, elle m'avait relaté sa rencontre avec sœur Sainte-Julienne.

La religieuse lui fit d'abord les honneurs de la maison. Le vaste édifice comptait une chapelle, deux salles pour les vieilles, de même qu'une infirmerie, un réfectoire et de grands dortoirs pour toutes les pensionnaires. La religieuse la conduisit ensuite à la chapelle où elles récitèrent ensemble quelques *Ave* pour le bien-être des protégées de la maison. Au sortir de la chapelle, la sœur expliqua :

— Notre but consiste d'abord à aider les pauvres veuves et les miséreuses à terminer leurs jours sous un bon toit. Ici, elles sont assurées d'être nourries et soignées, mais nous visons avant tout à ce qu'elles gagnent leur ciel grâce à une bonne mort. Nous voulons que toutes soient sauvées et évitent ainsi les flammes de l'enfer.

Les propos de la religieuse ne manquèrent pas de troubler quelque peu Henriette. Ah ! Encore la crainte du feu de l'enfer ! Était-ce là la raison du zèle des religieuses ?

— Nous avons amplement de religieuses qui soignent nos pensionnaires, expliqua la bonne sœur. Ce qui nous manque le plus, ce sont des personnes capables de repérer en ville les vieilles femmes miséreuses. Vous pourriez vous consacrer à cette tâche, si vous n'êtes pas peureuse. Il vous faudra parcourir les quartiers pauvres et y rencontrer des vieilles dans le besoin. Votre tâche consisterait à les convaincre de se réfugier ici.

— Je veux bien essayer, dit Henriette, mais auparavant, il vous faudra m'expliquer quels sont les avantages pour elles de venir vivre à la Providence et à quelles conditions elles y sont admises.

La sœur la rassura :

— Il n'y a rien de plus facile que d'être accepté entre nos murs. Il suffit que ces dames soient croyantes et pratiquent toujours notre religion. Elles doivent également être dans une situation telle qu'elles n'ont plus d'autres choix. Vous le verrez, il s'agira souvent d'une vieille personne à la charge de sa famille qui, idéalement, acceptera de verser quelques sous pour nous la confier. De toute façon, notre institution ne vit que grâce aux dons et à la générosité des gens. Nous comptons sur la Providence, d'où notre nom. Ordinairement, quand nous recevons une nouvelle pensionnaire, elle nous arrive avec tout ce qu'elle possède.

Le même jour, Henriette s'attela à la tâche. Il lui fallut tout son courage pour frapper à la porte des taudis et tenter de dénicher une vieille dans le besoin. Elle s'annonçait en disant :

— Je viens au nom de la Providence m'enquérir des besoins des femmes les plus âgées de la famille.

À la première maison où elle entra, elle fut reçue de façon fort agressive.

— La Providence, jamais je ne mettrai les pieds là, pesta une vieille toute rabougrie, assise sur une chaise berçante tout au fond de la cuisine.

Henriette se sentit agressée tant par les propos de la vieille que par les odeurs insupportables qu'exhalait le taudis. Elle eut le courage de répondre:

— Je ne viens pas vous chercher de force, madame. Je ne fais que passer voir si vous n'auriez pas besoin d'aide.

D'aide, elle en avait certainement besoin. Sa figure, comme me la décrivit Henriette, était à moitié couverte par une plaie purulente. Elle en eut des haut-le-cœur et repassa bien vite la porte, la vieille répétant qu'elle ne voulait rien savoir des bonnes sœurs.

Elle eut plus de chance à deux maisons de là. La septuagénaire qui la reçut marchait le dos courbé en s'aidant d'une canne dont elle martelait le plancher pour tout et pour rien. La maison était mieux tenue que la précédente. Trois filles s'affairaient à coudre des vêtements. Henriette fit part des motifs de sa venue. La vieille semblait être ailleurs et branlait constamment la tête en esquissant un léger sourire.

Une des filles avait saisi les propos d'Henriette. Se tournant vers sa grand-mère, elle l'invita:

— Vous feriez bien d'écouter ce que vous propose la dame.

Henriette apprit que l'aïeule menaçait tous les jours de quitter l'endroit puisqu'elle n'avait plus de ressources et dépendait du travail de son fils et de ses petites-filles. Elle était devenue un poids pour toute la famille et on ne manquait pas de le lui faire sentir. Avant même qu'Henriette s'adresse à elle, la vieille dame s'empressa de l'informer:

— J'ai mangé tout ce que m'a laissé mon défunt mari.

— Il est mort depuis longtemps?

— Un an betôt.

— Vous savez qu'à la Providence, vous pourriez terminer vos jours en paix sans vous préoccuper de rien, sinon de vous préparer à une bonne mort.

Elle qui paraissait lucide jusque-là se mit soudain à radoter en évitant de répondre à Henriette. Elle raconta, hors de propos, un épisode de son passé, puis ajouta :

— J'ai cinq enfants. Il ne faut pas que je l'oublie. Ils veulent que j'aille en arrière. Il faut pas. M'a te dire la vérité vraie, Joseph est vraiment corporant. Les enfants sont comme les rats. Ils apparaissent quand on n'en veut pas et c'est pour manger tout ce qu'il nous reste. Jérémie veut pas que j'aie un crachoir. Il est drôle, Jérémie, quand il rit sans ses dents. Marie-Ève va peut-être venir. Elle est fine quand elle veut, mais elle veut pas souvent.

Sans se laisser décontenancer, Henriette reprit :

— Je ne vous parle pas de vos enfants, madame. Il s'agit de voir si vous ne seriez pas mieux d'aller vivre à la Providence. Êtes-vous pratiquante ?

— Josephte court les rues et ne vient jamais me voir.

Henriette insinua :

— À ce que je vois, vos enfants vous préoccupent beaucoup.

La vieille mit du temps à ressurgir dans le présent pour clamer :

— Emmenez-moi à la Providence !

Henriette calma le jeu.

— Je veux bien, mais il faudra d'abord prévenir celui de vos enfants qui a la générosité de vous garder. On ne part pas comme ça quand ça nous tente. Si vous êtes bien décidée, je vais m'assurer de votre place là-bas. Vous informerez qui de droit de votre départ et je reviendrai avec une charrette afin de vous transporter jusqu'à la Providence avec vos effets. Prenez le temps de bien choisir ce que vous désirez apporter.

Ses petites-filles furent unanimes à lui conseiller de partir. La vieille assura que le lendemain elle serait fin prête. Quand elle sortit de là, Henriette se demandait quoi penser de sa visite. L'aïeule ne paraissait pas être tout à fait lucide. Par moments elle l'était, à d'autres elle semblait réellement perdue. Pouvait-elle vraiment se fier à ce qu'elle avait promis ? Serait-elle prête le lendemain ? Henriette fit les démarches requises. J'avais hâte de connaître la suite. Elle me l'apprit le lendemain soir.

Quand elle arriva chez la vieille en compagnie d'un charretier, celle-ci l'attendait bel et bien.

— Mes enfants ne doivent pas savoir où je suis partie, dit-elle, l'air apeuré.

Henriette la rassura.

— Ils l'apprendront sûrement, et s'ils en ont envie, ils viendront vous visiter à la Providence. Vous avez bien cinq enfants ?

— Oui. Les autres sont morts. J'apporte pas grand-chose. C'est tout du vieux.

Le charretier chargea une commode branlante et une chaise berçante. Elle ne tenait à rien d'autre sauf à un guéridon. Elle avait empilé des vêtements dans un vieux coffre. C'était à peu près tous ses avoirs. Sous le regard intéressé de ses petites-filles, elle ne fut pas longue à grimper dans la charrette et s'impatienta de quitter les lieux. Dans la rue, des passants s'arrêtèrent pour voir qui déménageait. Une voisine la salua au passage. Elle lui rendit son salut, puis se mit à turluter pendant que, par les rues cahoteuses, la charrette la menait à son nouveau destin. Arrivées à la

Providence, Henriette s'empressa de présenter sa pensionnaire à sœur Sainte-Julienne.

Quelques jours plus tard, la sœur fit prévenir Henriette qu'elle désirait lui parler. Elle lui reprocha d'emblée:

— Vous nous avez apporté là un cas problème.

Henriette se justifia:

— Pourtant, cette vieille dame remplissait vos conditions. Il est vrai qu'elle a parfois des dérapages, mais elle n'est pas agressive pour autant.

— Ce n'est pas ce que nous lui reprochons.

— Il s'agit de quoi, alors?

— Vous semblez avoir oublié la première condition et la plus importante à leur admission entre nos murs.

— Qui est?

— Leur pratique religieuse. Cette dame ruse avec nous. Elle ne veut pas se confesser dans un confessionnal. Elle ne communie que si le prêtre lui apporte l'hostie à son lit. Elle se moque de l'enfer. Elle nous cause beaucoup de soucis. Comment pourrons-nous la mener à une bonne mort?

— Vous m'en voyez bien désolée, admit Henriette. Comment aurais-je pu deviner qu'elle se comporterait comme ça?

Il y avait à peine quelques semaines qu'elle se trouvait à l'asile quand la vieille tomba gravement malade. Henriette passa beaucoup de temps à son chevet. Après un coma, sa protégée reprit conscience. Les religieuses s'empressèrent de la faire communier. Elle vomit aussitôt et passa de vie à trépas. Henriette sentit peser sur elle le blâme des religieuses qui, à la suite de ce décès, ne trouvaient plus le sommeil. La vieille avait vomi le corps du Christ. Elle serait certainement damnée. Allaient-elles toutes écoper pour avoir manqué à leur devoir et malmené une de leurs pensionnaires sur le point de mourir ?

La leçon avait porté. Henriette se montra plus sélective dans le choix des vieilles qu'elle espérait convaincre d'aller vivre à l'asile. Plusieurs étaient réticentes et elle n'obtenait guère de succès, surtout parce qu'il était connu qu'il fallait pratiquement vivre comme une religieuse pour être bien vue en ces murs. Henriette se désolait de ne pouvoir faire mieux.

Un jour qu'elle revenait à l'asile pour rendre compte de son travail, une religieuse s'apprêtait tout bonnement à mettre à la porte une vieille femme. L'hiver montrait déjà le bout du nez. Une première neige jonchait le sol. La femme suppliait la religieuse de la garder. Henriette s'informa auprès de cette malheureuse de ce qui se passait. La femme en pleurs lui raconta :

— J'ai eu le malheur de leur dire que je ne suis pas catholique. Elles ne veulent plus de moi.

Scandalisée, Henriette offrit à la vieille de la conduire à l'asile protestant. De retour à la villa, elle s'empressa de me confier ce qu'elle venait de vivre. Je n'eus pas à faire de commentaires, car Henriette, pourtant fort tolérante, était furieuse.

— Si c'est comme ça qu'elles pratiquent la charité chrétienne, elles ne me reverront plus.

Chapitre 66

La cathédrale de nouveau incendiée

Henriette, Eustache et moi fûmes navrés d'apprendre que la cathédrale Saint-Jacques venait de passer au feu pour une deuxième fois. Nous avions gardé de bons souvenirs de ce quartier de la ville où nous avions vécu après notre mariage. Quand j'eus l'occasion de me rendre à l'Institut, je vis mon ami Joseph Guibord et ce qu'il m'apprit me stupéfia.

— Sais-tu que le premier évêque de Montréal, monseigneur Lartigue, a eu du fil à retordre avec nos sulpiciens ? Ces prêtres, qui aiment se faire appeler les messieurs de Saint-Sulpice, étaient les seigneurs de Montréal. Pendant la Révolution française, une quinzaine d'entre eux quittèrent la France et vinrent se réfugier à Montréal. Quand il fut question de nommer un évêque, ils étaient certains que ce serait l'un d'entre eux, un sulpicien français. Mais l'évêque de Québec, monseigneur Plessis, ne l'entendait pas ainsi. Il choisit comme évêque monseigneur Lartigue, un sulpicien, certes, mais canadien-français celui-là. Les sulpiciens français, qui avaient toujours fait la pluie et le beau temps à Montréal, firent tout ce qu'ils purent pour mettre des bâtons dans les roues de ce pauvre monseigneur Lartigue.

— Est-ce pensable, déplorai-je, que des prêtres de la même Église se chicanent entre eux ?

— Non seulement ça l'est, mais c'est exactement ce qui est arrivé. Quand il fut question de bâtir une cathédrale et un évêché pour le nouvel évêque, les sulpiciens firent ériger l'église Notre-Dame afin de démontrer qu'on n'avait pas besoin d'une cathédrale. Monseigneur Lartigue tint son bout et fit construire la cathédrale Saint-Jacques à un endroit qui se trouvait dans la banlieue de Montréal, soit au coin des rues Saint-Denis et Sainte-Catherine. Le jour de son inauguration, les sulpiciens, qui dépendaient pourtant de l'évêque, refusèrent d'assister à la cérémonie et montèrent même les marguilliers de la paroisse Notre-Dame contre ceux de la cathédrale Saint-Jacques. Le prétexte : ces derniers n'avaient pas le droit de vendre des bancs dans la nouvelle église. Ce droit était exclusif à l'église Notre-Dame. Tu ne peux pas imaginer tous les coups bas perpétrés lors de ces querelles.

— Mais quel rapport y a-t-il entre cette dispute et l'incendie de l'église Saint-Jacques ?

— Tu te souviens de la conflagration en 1852, quand la cathédrale Saint-Jacques et l'évêché ont flambé ? Notre évêque actuel, monseigneur Bourget, ne voulut pas que les paroissiens la reconstruisent à Saint-Jacques.

— Pourquoi ?

— Parce que l'emplacement n'est pas assez grand pour celle dont il rêve. Il ne s'en est d'ailleurs pas caché. Il a dit aux paroissiens de Saint-Jacques qu'ils devraient faire comme ceux de la petite ville d'Albany, aux États-Unis, qui bâtissent une magnifique cathédrale à leur évêque. Ses paroissiens ne l'ont pas écouté. Il faut dire que ceux qui habitent ce secteur de la ville sont des gens en moyens. Ils ont fait reconstruire la cathédrale au même endroit que la première, et voilà qu'elle vient de brûler de nouveau. Pourquoi penses-tu qu'elle a passé au feu une deuxième fois ?

Je ne voulais pas croire ce qu'insinuait Joseph.

— Voyons ! Le feu ne peut pas y avoir été mis volontairement !

Sans pouvoir le prouver, mon ami en demeurait persuadé et ajouta :

— Tu vas voir, notre évêque va obtenir ce qu'il veut et bientôt, il y aura une nouvelle cathédrale et un nouvel évêché pour notre cher évêque, exactement selon son désir. Ainsi, la cathédrale et le siège de l'évêché vont changer de place.

— Qu'est-ce qui te fait supposer ça ?

— Le récent voyage de monseigneur Bourget à Rome. Je me suis laissé conter par un membre du clergé sous l'anonymat que notre cher évêque, qui rêve toujours d'avoir sa cathédrale, s'est rendu là-bas pour demander que la ville soit divisée en paroisses. Afin d'obtenir gain de cause, il a dit qu'on trouve ici sept cent cinquante mille catholiques, alors qu'il n'y en a pas soixante-quinze mille dans tout Montréal. Il s'est servi des chiffres de paroissiens de tout le diocèse, pour le faire croire.

— Il n'a pas menti de la sorte ?

— Il l'a fait. En redivisant les paroisses, il va obtenir ce qu'il veut.

— Nous avons l'air de deux commères, blaguai-je.

— Peut-être bien, mais si tout le monde était informé des manigances de cet homme, il se porterait passablement moins bien et il prendrait ses précautions avant d'imposer ses volontés comme il le fait. Une des pires aberrations dont j'ai eu connaissance à son sujet est qu'il a reçu en héritage les biens du curé Noël-Laurent Amiot et a refusé de soutenir la pauvre fille à qui ce dernier avait fait un enfant.

Là, je tombai des nues :

— Ce curé avait fait un enfant à une fille ?

— Pauvre de toi ! Ce n'est pas le premier ni le dernier à qui ça arrive. Non seulement il a engrossé cette fille, mais ce curé a aussi eu six enfants de sa ménagère à Saint-François-du-Lac. Tu devrais prendre connaissance du livre que prépare notre ami Dessaules intitulé *Le Petit Bréviaire des vices de notre clergé*, il t'en apprendrait des vertes et des pas mûres à propos de nos curés. Plusieurs ne sont pas intéressés par les saints du ciel, mais par des seins bien terrestres. Si les gens savaient tout ce qui se passe vraiment, les cheveux leur dresseraient sur la tête. Vois-tu, ce sont des faits comme ceux-là qui m'ont éloigné de l'Église. Beaucoup trop de nos prêtres, comme notre évêque, recherchent leur petite gloriole personnelle sous le couvert de bonnes œuvres. Si jamais tu prends le temps d'étudier les motifs qui justifient ses quêtes, tu constateras qu'ils sont loin d'être désintéressés.

Les paroles de mon ami Guibord ne tombèrent pas dans l'oreille d'un sourd et, comme j'en avais l'habitude, je voulus aussitôt aller au fond des choses. Je m'empressai de mettre la main sur les derniers écrits de monseigneur Bourget et y cherchai ce qui concernait la construction d'une nouvelle cathédrale. Je lus d'abord :

Une cathédrale est, dans un diocèse, une œuvre fondamentale, une œuvre catholique, une œuvre honorable, une œuvre nécessaire, enfin, une œuvre facile ; il suffit, en effet, que chaque famille donne un dollar pendant quatre ans, et le grand objectif sera atteint.

Ainsi donc l'évêque tenait à sa cathédrale au point de laisser entendre qu'elle était indispensable, et surtout il désirait que les pauvres gens qui n'ont pas un sou vaillant souscrivent un dollar pendant quatre ans pour le satisfaire. Je ne fus pas étonné de trouver dans les pages du journal *La Minerve* qu'il était question de rebâtir la cathédrale au haut de la rue Saint-Denis, à droite, sur le coteau Saint-Louis, l'un des plus beaux sites de la cité. Son choix confirmait ce qu'avait laissé entendre Joseph. Monseigneur Bourget voyait tellement grand qu'il ne pouvait pas se contenter de l'emplacement occupé par la cathédrale Saint-Jacques.

Il fallait s'y attendre, les habitants du quartier Saint-Jacques réagirent vivement. Le même journal rapporta la réponse que l'évêque avait faite à leurs revendications :

Soyez persuadés que si je n'écoutais que la voix de mon cœur, je ne m'éloignerais point de vous, je préférerais ne point quitter mon ancienne demeure. Mais je suis homme public et, comme tel, je dois chercher l'avantage du plus grand nombre.

De retour à la villa, j'en touchai un mot à Eustache qui ne tarda pas à émettre son opinion.

— L'avantage du plus grand nombre, cher ami, est d'abord et avant tout l'avantage de l'évêque qui veut profiter de la destruction de la cathédrale Saint-Jacques pour doter la ville de la plus belle et de la plus imposante église du diocèse. À ses yeux, elle doit ni plus ni moins se rapprocher des dimensions de Saint-Pierre de Rome. Ne sois donc pas surpris qu'on envoie le futur architecte de la cathédrale à Rome et ailleurs en Europe, afin qu'il s'en inspire pour réaliser la future église montréalaise. Il n'y a rien de trop beau et de trop grandiose pour notre saint homme. La seule chose qui lui manque, et non la moindre, c'est la somme considérable de cinq cent mille dollars. Y as-tu songé ? Cinq cent mille dollars, c'est une fortune, rien de moins. Quand on pense que pour faire vivre leur famille, les hommes travaillent d'arrache-pied jusqu'à dix heures par jour pour ne gagner que quarante cents et qu'ils doivent aussi faire travailler leurs enfants. Pendant ce temps, notre évêque exige qu'on lui octroie une fortune pour satisfaire son ambition.

J'étais secoué par ce que je venais d'apprendre, ne pouvant me faire à l'idée qu'un évêque puisse faire passer sa propre gloire avant celle de Dieu et avant le bien-être de ses paroissiens.

Chapitre 67

Une théorie nouvelle

Je prenais à cœur mon rôle d'enseignant. Quand j'entendis parler de la théorie d'un certain Darwin, à savoir que l'homme ne serait pas une création de Dieu, mais le fruit d'une évolution progressive et qu'en réalité, il descendrait du singe, je voulus creuser davantage le sujet.

Refusant de prendre connaissance des propos de Darwin, certains se contentaient d'en faire des gorges chaudes: «Nous savions depuis longtemps que les singes descendent des arbres, mais nous ignorions que les hommes pouvaient descendre des babouins.»

En tant que professeur de sciences – ce que j'étais enfin devenu depuis peu –, je ne pouvais pas écarter cette théorie du revers de la main et je fus ravi d'apprendre qu'il y aurait un exposé portant sur celle-ci à l'Institut canadien.

Je confiai à Henriette:

— J'ai décidé d'assister à la conférence sur Darwin.

— J'apprécie que tu m'en préviennes. Puisque ta décision est prise, je sais fort bien que même si j'avais des objections, tu t'y rendrais de toute façon.

— N'oublie pas qu'un professeur de sciences comme moi doit connaître toutes les théories nouvelles.

Quand je revins chez moi, j'étais réellement soucieux.

— Mon chéri, tu me sembles passablement secoué. Que s'est-il passé ? Tu es maintenant convaincu que nous avons des singes comme ancêtres ?

— Ce qui me bouleverse tant dans cette histoire, avouai-je, c'est que cette idée n'est pas si farfelue qu'elle peut le paraître. Vois-tu, le conférencier a commencé par nous parler de Charles Darwin. Il s'agit d'un scientifique très reconnu. Il n'a pas basé sa théorie sur la première observation venue. Sais-tu que ça fait une trentaine d'années qu'il multiplie les recherches sur ce sujet ?

— D'où sort-il ?

— C'est un Anglais, né en 1809. Il a fait ses études dans son pays et s'est tout de suite intéressé à la nature et en particulier aux oiseaux. En 1825, il a commencé des études de médecine qui l'ennuyaient tellement qu'en 1827, il a décidé de se tourner vers la théologie pour devenir pasteur protestant. Là encore, il n'a pas poussé plus avant, parce que les sciences naturelles comme la botanique, l'entomologie et l'ornithologie le captivaient davantage. Il est devenu l'ami d'un botaniste du nom de Henslow et, grâce à lui, il a pu participer en 1833 à une expédition scientifique de cinq ans à bord du vaisseau le *Beagle*. Ces savants allaient dresser des cartes de l'Amérique du Sud. Il a donc profité de tous les arrêts du navire sur les côtes de ces pays pour étudier les fossiles.

— Qu'est-ce qui lui a donné l'idée que l'homme pourrait descendre du singe ?

— D'abord, parce que des savants comme Linné, Buffon et Godefroy de Saint-Hilaire ont classé l'homme parmi les animaux quand ils ont fait la classification des espèces vivantes sur terre. Puis, en examinant divers fossiles, Darwin s'est rendu compte que plus leur navire avançait vers le sud de l'Amérique, plus les squelettes d'animaux d'espèces semblables se modifiaient graduellement. Ça lui a fait penser que les animaux s'adaptaient progressivement aux endroits où ils vivaient et que, par conséquent, ils avaient évolué au cours des siècles.

Henriette intervint d'un ton sarcastique :

— C'est tout ce que ça lui a pris pour se dire que petit à petit, les singes sont devenus des hommes ?

— Il y a plus que ça. Quand le navire est arrivé aux îles Galápagos, Darwin s'est mis à étudier les oiseaux qui vivaient sur les différentes îles. Il a observé que les pinsons avaient des becs de forme différente selon l'île où ils habitaient. Leur bec s'était transformé pour s'adapter à la nourriture disponible sur chacune de ces îles, preuve que ces oiseaux ont évolué.

— Hum, il faut avoir beaucoup d'imagination pour penser que c'est comme ça que les singes se sont transformés en hommes.

— Sans doute. Mais avoue que son idée n'est pas si bête, en tout cas pas plus que celle d'attribuer la création de l'homme à un être supérieur appelé Dieu.

— Là, s'écria Henriette, tu ne m'auras pas !

— Je n'essaie absolument pas de te convaincre. Je ne fais que t'informer sur cette théorie qui dérange beaucoup de monde et en particulier tous ceux qui ne jurent que par la Bible. Nombreux sont ceux qui refusent d'admettre que l'on puisse descendre des babouins.

En souriant, Henriette se mit à me dévisager.

— Qu'as-tu à m'examiner comme ça ?

Elle se moqua comme elle savait si bien le faire :

— Je regarde si je ne découvrirais pas dans tes traits ceux du singe dont tu descends.

J'éclatai de rire et l'attirai dans mes bras.

— Viens, ma guenon ! Nous allons voir si nous ne pourrions pas avoir ensemble quelques petits chimpanzés.

— Grand fou !

Comme je ne manquais jamais de le faire, je voulus connaître l'opinion du maître d'écriture à propos de cette théorie de Darwin. Au retour du collège cet après-midi-là, je lui posai la question.

— Ce savant, répondit Eustache, n'a fait que démontrer par ses recherches ce que nous refusons de voir, même si cela se déroule sous nos yeux. De notre naissance à notre mort, nous évoluons. Si nous vivons toujours dans la même enveloppe qu'est notre corps, beaucoup de choses en nous changent. Souvenons-nous seulement de ce dont nous avions l'air enfants et voyons ce que nous sommes devenus aujourd'hui. Imaginez alors toutes les transformations qui peuvent être survenues sur terre depuis des millions d'années. Que des singes soient devenus des hommes est bien possible. Il n'y a que ceux qui sont figés dans leurs idées qui refusent de croire à l'évolution.

Il m'invita à son bureau, ce qu'il faisait rarement. Une fois là, il tira deux verres et une carafe d'une armoire. Il les remplit et me dit :

— Santé ! En l'honneur des singes que nous fûmes !

Voyant l'étonnement se dessiner sur mon visage, il se mit à rire.

— Allons, dit-il, buvez !

J'avalai une gorgée.

D'un air moqueur, il me lança :

— Pardi ! Vous venez d'évoluer !

— En quoi ?

— N'est-ce pas la première fois que vous buvez à la santé de nos lointains ancêtres ?

Chapitre 68

Un précieux volume

J'étais fortement intéressé par la théorie de Darwin. Aussi, je décidai de me procurer un exemplaire du livre publié par ce savant. Je me rendis d'un bon pas rue Saint-Vincent, chez l'imprimeur et libraire Eusèbe Sénécal. Quand je l'informai du but de ma visite, il réagit avec virulence.

— Comment ! Vous vous intéressez aux élucubrations de ce scientifique ?

— Cet homme a basé sa théorie sur le fruit de trente années de recherche et d'observation.

— La Bible dit que l'homme a été créé par Dieu et qu'il est le fruit de milliers d'heures de réflexion.

— Je suis professeur de sciences. Ce n'est pas par la réflexion que l'on démontre la véracité d'une hypothèse scientifique, mais bien par l'observation qui nous permet d'apporter des preuves de ce que nous avançons.

— Votre savant ne prouve absolument rien.

— Peut-être, mais il a au moins le mérite de se questionner sur ce sujet.

— Ne comptez surtout pas sur moi pour vous procurer cet ouvrage qui est une abomination et le fruit d'une trop grande imagination.

Voyant que je ne gagnerais rien à discuter avec cet homme, je passai la porte pour me diriger du même pas, sur la même rue, vers la librairie de Jean-Baptiste Rolland qui, après une hésitation, s'excusa :

— Je suis désolé, mon cher monsieur, mais ce n'est pas le genre de volumes que je vends. Voyez-vous, mes clients sont en majorité des catholiques et ils verraient ça d'un très mauvais œil. Je risquerais de perdre ma clientèle.

Je sortis de chez le libraire, résigné à ne pas pouvoir mettre la main sur cet ouvrage. Je ne m'étais pas aperçu qu'un homme, témoin de notre conversation, me suivait. J'entendis alors derrière moi :

— Psitt ! Psitt ! Pas si vite !

Me retournant brusquement, je me retrouvai nez à nez avec mon ami Joseph Guibord.

— Tu ne m'avais pas vu ? J'ai entendu ta conversation avec le libraire. Tu ne trouveras pas ce que tu cherches chez monsieur Rolland.

— Pourquoi donc ?

— Le commerce du livre est surveillé de près par l'Église catholique et la plupart de ses clients sont des catholiques fervents. Monsieur Rolland veut faire bonne impression. Tu ignores peut-être qu'il y a quelques années, il a reçu de Paris un approvisionnement de livres parmi lesquels un grand nombre de titres qualifiés par nos prêtres "d'un mauvais esprit et qui n'offrent qu'une lecture dangereuse". Il paraît qu'après avoir pris conseil auprès d'un sulpicien, il en aurait brûlé mille cinq cents, ce dont je doute, mais il n'en demeure pas moins que tu ne dois pas compter sur lui pour te procurer le livre de Darwin.

— Sur qui, alors ?

— Je présume que tu es allé aussi chez Sénécal ?

— Il m'a reçu avec une brique et un fanal.

— C'est un catholique borné. Il a étudié chez les Frères des écoles chrétiennes et au Petit Séminaire de Montréal. Il est tout dévoué à la cause de l'Église et à genoux devant notre évêque.

— Peux-tu alors me suggérer une librairie où je pourrais acheter un exemplaire ?

— Je crains fort que tu ne puisses pas en trouver dans tout Montréal. Mais j'en possède un que je te prêterais volontiers si j'étais sûr de le revoir.

C'est ainsi que je me rendis chez lui. En route, puisque j'en avais la chance, je le fis parler. C'était un homme effacé pourtant reconnu comme un maître dans son travail.

— J'ai appris que tu es typographe et on m'a dit que tu avais introduit la stéréotypie au pays ?

— En effet. C'est une tâche malaisée que de devoir manier chaque jour des milliers de lettres de plomb pour composer les textes de nos journaux.

— J'en ai une petite idée. J'imagine à quel point il doit être fastidieux de recommencer de tels montages chaque jour.

— J'ai longuement réfléchi à la façon de simplifier le travail. Voilà pourquoi je me suis intéressé à la stéréotypie.

Tout ce qui touchait au progrès m'intéressait, je l'interrogeai donc sur ce que cela apportait de plus.

— Nous arrivons chez moi, m'apprit-il. Ça me sera plus facile de te le montrer à mon atelier.

Nous pénétrâmes dans une modeste maison derrière laquelle se dressait son atelier. Il m'y mena directement. Dès qu'il eut poussé la porte, je perçus l'odeur caractéristique de l'encre qui flottait dans l'air, mêlée à d'autres fortes odeurs que je ne pus identifier. Je remarquai aussitôt les casses où étaient disposés les différents caractères. Mon ami me montra comment il composait une page dans une forme immobilisant plusieurs caractères.

— La stéréotypie, expliqua-t-il, nous permet de réutiliser ces formes. Prenons un exemple. Nous avons dans le journal des pages d'annonces pratiquement toujours identiques, que nous étions obligés de recomposer chaque fois que nous voulions les réimprimer.

— Si je comprends bien, fis-je, la nouvelle technique permet de telles réimpressions.

— Tu as tout saisi. Nous ne recomposons pas la page en question. Grâce à la stéréotypie, à l'aide de plâtre, nous prenons son empreinte et nous coulons dans ce moule un alliage de plomb qui permet de reproduire la page telle qu'elle est, et de l'imprimer à nouveau, ce qui sauve énormément de temps.

— Décidément, constatai-je, rien n'arrête le progrès.

— Si je n'avais pas fréquenté l'Institut, ajouta Joseph, je n'aurais jamais entendu parler de cette technique et je n'aurais pas pu l'importer chez nous.

Je le remerciai de m'en avoir fait une démonstration et j'allais le quitter quand il me retint par la manche.

— Allons, souligna-t-il avec raison, la stéréotypie n'était pas le but premier de ta visite chez moi. Suis-moi !

Il m'entraîna derrière lui et se dirigea droit vers une étagère servant au rangement de livres. Il ne mit guère de temps à mettre la main sur celui qu'il cherchait. En me remettant l'ouvrage, il commenta :

— Tiens ! Notre ami Darwin devrait grandement t'intéresser.

— À qui le dis-tu !

— Je te le prête, insista-t-il, à la condition qu'il me revienne.

— Donne-moi quelque temps pour le lire et je te le rapporterai sans faute, tout en te faisant part de ce que je pense de cette théorie.

— Mon opinion n'a peut-être pas une très grande valeur, mais, pour ma part, j'en pense beaucoup de bien, conclut-il.

Chapitre 69

L'origine de l'homme

Un seul ouvrage peut changer une vie et c'est ce qui m'arriva. Je me hâtais vers chez moi quand je croisai mon ami Robert, toujours professeur de mathématiques dans la même institution que moi et profondément croyant. Ce jour-là, il faut croire que je paraissais tout particulièrement heureux, puisqu'il me dit :

— Qu'est-ce qui te cause tant de plaisir, mon cher Valois ?

— Ceci ! dis-je en brandissant le volume que je tenais à la main.

— Aurais-tu découvert un trésor dans ces pages ?

— Un trésor ? Bien plus que ça ! Du nouveau, de l'inédit.

— Vraiment ? À quel sujet ?

— Ça, mon bon Robert, je t'en reparlerai quand je l'aurai tout lu et bien digéré. Je crois que ça nous vaudra de longues discussions.

Mon ami s'exclama :

— Ton livre, dans ce cas, est explosif.

— Comme tu dis !

Poursuivant mon chemin, je ne résistai pas à la tentation d'ouvrir le livre pour le feuilleter en vitesse et en commencer la lecture tout en marchant. Je lus d'abord la traduction du titre : *De l'origine des espèces par le moyen de la sélection naturelle, ou la préservation des races favorisées dans la lutte pour la vie.*

Charles Darwin l'avait publié peu de temps auparavant. Sa théorie faisait beaucoup de vagues dans le monde scientifique et encore plus dans celui des religions, notamment chez les catholiques, et mes étudiants ne manquaient pas de m'interroger à ce sujet.

Tout à ma lecture, sans même en avoir conscience et comme cela m'arrivait parfois, je formulai à haute voix :

— Charles Darwin.

Un couple croisait mon chemin. L'homme se retourna et demanda :

— Oui, monsieur ! Vous dites ?

— Pardon, je ne faisais que lire le nom de l'auteur de cet ouvrage.

— Ai-je bien entendu Charles Darwin ?

— Oui !

— Vous lisez pareille cochonnerie ?

— J'ai bien le droit de lire ce que je veux !

Le passant se dressa devant moi, l'air menaçant. Son épouse le retint par la manche.

— Un pareil crétin, grogna-t-il, ne devrait pas avoir le droit d'exister.

Je ne me laissai pas démonter et répondis du tac au tac :

— Si vous le dites, mais il vit tout de même et il écrit. Comme je suis professeur de sciences, je m'informe des théories scientifiques nouvelles et la sienne en est une, et d'importance. En réalité, si nous admettons que nous sommes le résultat d'une évolution biologique qui a débuté il y a plusieurs millions d'années, nous ne pouvons plus prétendre scientifiquement que Dieu a créé directement l'être humain.

L'homme se calma. Cette réponse l'avait pris de court et il ne savait plus comment réagir. Son intervention intempestive m'avait toutefois quelque peu secoué. Je poursuivis mon chemin d'un pas lent, feuilletant quelques pages au hasard. J'étais si curieux que je m'arrêtai de marcher pour lire un passage. Puis, poursuivant ma route, je me fis la réflexion suivante: «Ce n'est certes pas le livre le plus facile à déchiffrer. Il me faudra le résumer si je veux en tirer l'essentiel. Mais au fond, l'essentiel ne m'est-il pas déjà connu ? » Satisfait, je refermai l'ouvrage comme j'arrivais à la villa.

Henriette, me voyant entrer précipitamment, me demanda :

— Qu'est-ce qui se passe ? As-tu un essaim d'abeilles au derrière ?

— Allons, chérie, ne me fais pas perdre ma bonne humeur. J'ai enfin mis la main sur le livre que je cherchais.

— Celui de Darwin ? Celui-là avec son idée farfelue a réellement réussi à faire de toi un de ses disciples.

— J'en suis un de plus parmi les milliers qui croient que son idée n'est pas si bête.

Henriette fit la moue. Je lui laissai entendre :

— Ne t'en fais pas, chérie. Ce n'est pas parce qu'une idée me passionne que je changerai pour autant.

— Dans ce cas, se moqua-t-elle, je n'aurai pas à acheter des bananes tous les jours.

— À ce que je sache, repris-je, les singes ne mangent pas que des bananes...

Au cours des jours suivants, je ne trouvai guère le temps de me concentrer sur cette lecture. Les travaux de mes élèves me volaient tout mon temps. Je profitai cependant d'une heure ou deux chaque soir pour lire attentivement quelques pages et les résumer. C'est ainsi que peu à peu, au fil des jours, mon idée sur cette théorie nouvelle se raffermissait. Lorsque je fus assuré de mon fait, j'en parlai à mon ami Robert, comme je le lui avais promis.

Profitant d'une soirée où nous soupions ensemble, je lui demandai :

— Tu dois, tout comme moi, te poser l'éternelle question de l'origine de l'homme ?

Il me regarda en fronçant les sourcils.

— J'ai toujours cru et je crois toujours, comme on peut le lire dans la Bible, que l'homme est une créature divine.

Je n'étais pas du genre à me laisser arrêter par une réponse aussi définitive. Poursuivant mon propos, je choisis d'utiliser une comparaison :

— Supposons, comme tu le dis si bien, que Dieu est à l'origine de la création des espèces vivantes et de l'homme. Alors, comment expliquer les changements intervenus chez Ses créatures à travers les temps ? L'homme n'a pas toujours été ce qu'il est aujourd'hui.

— Dieu est intervenu pour le changer.

— À mon avis, Dieu ne se mêle pas constamment de changer l'homme. Il est peut-être, si on en croit la Bible, celui qui lui a donné le premier élan, mais l'homme s'est ensuite façonné lui-même au cours des siècles jusqu'à ce jour.

— L'homme a-t-il autant changé que tu le prétends ?

— Pour ça, oui ! À titre d'exemple, il a beaucoup grandi. Demande à un homme d'aujourd'hui d'entrer dans une cuirasse portée par les chevaliers du Moyen Âge. Il n'y arrivera pas. Ils étaient presque des Pygmées comparés à nous. L'homme est aussi devenu de plus en plus savant; il a compris des phénomènes ignorés de la Bible, ou tout simplement mal expliqués par elle.

— Holà ! Tu y vas gaiement, mon ami ! La Bible a été inspirée directement par Dieu et Dieu ne peut pas se tromper. Mon cher Valois, si tu ne veux pas perdre mon amitié, je pense que nous serions mieux de parler d'autre chose, conclut-il.

L'esprit bien éveillé, sans insister davantage sur la théorie de l'évolution, je lui proposai :

— Que dirais-tu d'une petite sortie samedi ?

— Où ça ?

— Au bord du fleuve. Nous pourrons admirer les progrès de la construction du pont Victoria. Ça nous fera une petite balade près de l'eau et peut-être aussi allons-nous voir des espèces d'oiseaux qui nous sont inconnues. Ce ne sont pas les canards qui manquent dans le coin, non plus que les goélands. Au retour, nous nous arrêterons quelque part pour casser la croûte. Si Henriette le peut, elle se joindra à nous.

— Pourvu qu'il fasse beau.

— Il va faire beau. Notre voisin, le bonhomme Marchesseau, se trompe rarement côté température. Il se fie à sa jambe malade.

— Sa jambe malade ?

— En plein ça ! C'est son baromètre. Je peux t'assurer qu'il est meilleur que n'importe quel autre baromètre. Le bonhomme sent venir le mauvais temps des jours à l'avance grâce aux douleurs qu'il ressent dans sa jambe. Et comme il n'a pas mal en ce moment, il a prédit du beau temps pour quelques jours.

— Tout cela est bien étrange, fit remarquer Robert.

— En effet, il y a encore bien des choses dans la nature et au sujet de l'homme qui nous échappent. Voilà pourquoi je m'intéresse tellement aux sciences. Elles nous apportent des explications sur des phénomènes que nous n'étions absolument pas en mesure d'expliquer.

— Comme quoi ?

— De ce temps-ci, il est largement question de l'apparition des premiers hommes sur notre planète. D'après des calculs basés sur le récit de la Bible, on pensait que cela s'était produit il y a environ quatre mille ans. Mais voilà qu'un monsieur Jacques Boucher de Perthes a découvert en Picardie des silex taillés de la main de l'homme à proximité d'ossements fossilisés d'éléphants. Une foule de personnes croyaient à une supercherie. Puis le géologue anglais Joseph Prestwich, un des grands spécialistes de ces questions, s'est rendu en Picardie examiner ces fameux fossiles. Il a été formel, il n'y a aucune tricherie là-dedans, et cela démontre que l'homme est bien apparu il y a plusieurs millions d'années.

— Jamais, dit Robert, je ne croirai pareille histoire.

— Tu fais ton saint Thomas, m'écriai-je. Rien n'empêche que les découvertes actuelles sur l'origine de l'homme ont de quoi nous laisser bien perplexes.

Chapitre 70

Le pique-nique

Le samedi suivant, nous nous retrouvâmes au bord du fleuve en compagnie d'Henriette. De là où nous étions, en jetant un coup d'œil vers la vieille ville, nous pouvions observer le développement extraordinaire de Montréal. La population s'accroissait régulièrement de milliers de personnes par année. La ville en pleine expansion attirait de plus en plus de travailleurs et se couvrait d'édifices à bureaux, de grands magasins et de sièges sociaux. Le transport maritime en plein essor avait nécessité le dragage du fleuve et des navires de plus en plus gros y voguaient. Cependant, ce qui attirait le plus notre attention était sans contredit le nouveau pont ferroviaire en construction, dont nous apercevions la masse au-dessus du fleuve.

— Nous demeurons dans une belle ville, dis-je spontanément.

Mon ami Robert, qui poussait du pied un caillou et s'amusait à le faire rouler devant nous dans l'allée, répondit :

— À qui le dis-tu !

— D'après ce que je vois, me moquai-je, une journée comme celle-là suffit à te faire redevenir un enfant.

— Le Seigneur ne nous a-t-Il pas incités à garder nos cœurs d'enfants ?

— Tu as raison. Il faut savoir apprécier le bonheur et la paix d'une telle journée.

Pendant que nous causions de la sorte, nous accaparâmes un des rares bancs du parc. Henriette préféra s'asseoir dans l'herbe pour lire. Des enfants jouaient au ballon tout près. C'était une magnifique journée de la fin d'août où l'air est bon, le soleil, généreux et la vie, merveilleuse.

Si j'avais un défaut, c'était bien d'avoir toujours l'esprit en ébullition. Je savais que Robert n'aimait pas trop me voir venir avec mes élucubrations. Je choisis donc de le taquiner :

— Tu ne sembles pas vouloir admettre, mon cher Robert, la théorie de l'évolution de notre ami Darwin. Pourtant, tu ne peux pas nier que le monde est en pleine croissance. N'est-ce pas que notre ville évolue ?

Il me regarda d'un air condescendant.

— Toi et tes marottes ! Parce que notre ville prend de l'expansion, tu prétends qu'elle évolue ?

— Bien sûr ! Une ville le fait tout comme l'homme. Tu vois, plus je lis Darwin, qui multiplie les exemples d'évolution chez les animaux, plus je suis persuadé qu'il en va de même pour nous, les humains. Sais-tu ce qui me chagrine le plus de notre religion ?

— Quoi donc ?

— Cette interdiction de penser par nous-mêmes. Nous n'avons pas la liberté d'étudier ce que nous voulons et surtout d'exprimer une conception du monde qui diffère de celle de l'Église. Nous n'avons même pas le droit d'avoir des idées nouvelles.

— Tu n'exagères pas un brin ?

— Absolument pas ! Le pape Grégoire XVI n'a-t-il pas déclaré que toute nouveauté bat l'Église universelle en brèche ? Quant au pape Pie IX, il est contre toutes les pensées nouvelles et va jusqu'à dire que la démocratie trompe les gens en leur faisant croire qu'ils peuvent élire ceux qui les dirigent. Selon lui, personne d'autre que l'Église catholique n'a le droit de diriger, car, comme l'a dit saint Paul aux Romains, Dieu seul détient l'autorité et l'Église est la représentante de Dieu sur terre.

Robert s'impatienta :

— Où veux-tu en venir avec tout ça ? Tu ne vas tout de même pas gâcher notre journée avec tes idées plus ou moins hors des sentiers battus !

— Je ne pourrai jamais m'empêcher de penser et si j'ai des idées nouvelles, j'espère pouvoir les exprimer. Vivre, n'est-ce pas progresser ?

Nous en étions là quand un hennissement nous fit nous retourner brusquement. Un cheval, le mors aux dents, s'en venait à la fine épouvante, traînant derrière lui une charrette vide. Dans sa course folle, il bifurqua vers nous, passa à quelques pieds d'Henriette et de jeunes enfants en train de s'amuser, et fonça droit devant lui, la charrette fauchant au passage une jeune femme qui lisait paisiblement à quelques centaines de pieds de nous. La pauvre n'avait pas eu le temps de s'enlever du chemin de la bête.

Nous nous précipitâmes pour lui venir en aide, mais il était trop tard : elle saignait abondamment de la tête et ne respirait déjà plus. D'autres personnes s'amenèrent. Après m'être penché vers la jeune femme pour constater qu'elle était bien morte, je ramassai tout près, dans l'herbe, le livre qu'elle lisait. « Je le remettrai, me dis-je, à quelqu'un de sa famille. » Déjà, un gendarme s'approchait et on courait chercher du secours. Retenus comme témoins, il nous fallut raconter l'accident en détail, comme nous l'avions vu et vécu. Secoué par ce que je venais de vivre, je glissai distraitement dans ma poche le livre que je tenais à la main.

Sur le chemin du retour, je me rappelai que j'avais toujours le livre en ma possession. J'eus alors la curiosité de jeter un coup d'œil au titre. Je dis à Robert :

— Regarde ! Un livre sur les apparitions de la Vierge Marie à Lourdes. Toi qui soutiens sans cesse que Dieu intervient dans nos vies, pourquoi n'a-t-il pas empêché l'accident qui a tué cette pauvre jeune femme ? Comment expliques-tu sa malchance ?

— Dieu fait selon Sa volonté. Il n'est pas intervenu parce que, connaissant l'avenir mieux que nous, Il aura jugé préférable de laisser mourir cette jeune femme aujourd'hui dans de bonnes dispositions puisqu'elle s'intéressait aux apparitions de la Vierge.

Je soutins :

— Je préfère penser que c'était plutôt son destin. Comme nous le disons parfois, c'était son heure. Un croyant dira que Dieu est venu la chercher, un incroyant que c'est plutôt la mort qui est venue la prendre. Qui a raison ? Une chose est certaine, cette jeune femme vivait, il y a une heure à peine. Méritait-elle une telle fin ?

— Il ne dépend pas de nous de savoir ce que nous méritons ou ne méritons pas.

— Peut-être ! Est-ce que cela dépend de Dieu pour autant ?

Ma question resta en suspens. Nous étions trop perturbés par ce que nous venions de vivre pour discuter davantage. Je tentai de détendre l'atmosphère en attirant l'attention sur un vol de pigeons au-dessus de nos têtes. Le cœur n'y était plus. Rien ne pouvait sortir de nos esprits l'image de cette mort violente en plein après-midi d'une magnifique journée comme il y en avait peu.

Au retour à la villa, Eustache, qui s'apprêtait à nous accueillir comme il le faisait chaque fois avec enthousiasme, se rendit bien compte, à notre mine, que nous étions ébranlés.

— Qu'avez-vous, mes amis ?

Je lui relatai l'accident dont nous avions été témoins.

— La vie est parfois inexplicable, répliqua-t-il. Pauvre jeune femme ! Son heure était venue. Ça me rappelle un événement que j'ai vécu plus jeune. J'avais un groupe d'amis plutôt téméraires. Un après-midi que nous étions à discourir de la pluie et du beau temps, nous eûmes l'idée de nous asseoir sur le garde-fou d'un pont de pierre. Nous discutions tranquillement quand une partie du parapet du pont, où nous étions assis, s'effondra. Un de nos amis bascula dans la rivière. Tout ce que nous pûmes faire, ce fut de ramener son corps à ses parents. Il avait comme nous toute la vie devant lui. Pourquoi le sort tomba-t-il sur lui ? Qu'on ne vienne surtout pas me dire que c'était la volonté de Dieu.

Voyant que son récit n'avait fait que raviver notre émotion, il se contenta d'ajouter :

— Voilà, une fois de plus, la preuve qu'il faut profiter pleinement de la vie pendant qu'elle nous habite.

Chapitre 71

Adalbert

En consultant le journal, deux jours après cette sortie mouvementée, j'appris le nom de la jeune femme morte sous nos yeux, une certaine Roseline Desruisseaux. Elle était mariée. Heureusement, elle n'avait pas d'enfant. Le nom de son mari, Adalbert Desruisseaux, ne m'était pas inconnu. En effet, ce riche héritier était reconnu pour être fort charitable. Plusieurs organismes, dont la Saint-Vincent de Paul, faisaient appel à son aide. Puisque j'avais toujours en ma possession le livre que son épouse lisait à l'heure de son décès, et m'étant promis de le remettre à un de ses proches, je profitai des funérailles pour le faire.

Il y avait foule à l'église. Une mort accidentelle attire toujours plus de monde et les gens compatissent davantage à la disparition d'une jeune vie. La famille semblait être très connue. Tous leurs amis avaient tenu à être là. J'eus beau tenter d'approcher l'époux éploré, je n'en eus pas le loisir. Toutefois, au cimetière, près de la fosse, je pus lui remettre le livre.

— Je l'ai ramassé dans l'herbe, précisai-je. C'était ce qu'elle lisait le jour de l'accident.

— Vous en avez été témoin ?

— Oui, et j'en garde un souvenir très triste et bouleversant.

Je vis dans le regard de cet homme une peine immense.

— Les circonstances ne nous permettent pas d'échanger davantage, me dit-il. J'aimerais faire plus ample connaissance avec vous. Venez me voir à cette adresse.

Il me tendit sa carte, laquelle, en plus de ses nom et adresse, indiquait sa profession : historien.

Je laissai passer un mois avant de me rendre chez lui en espérant qu'il pourrait me consacrer un peu de temps. Il me reçut aimablement et notre entretien nous conduisit sur une voie à laquelle je ne m'attendais pas. Tout de suite, sur un ton familier, il fit la remarque suivante :

— Je crois que la vie tend des perches que nous ne saisissons pas. Était-ce simplement par hasard qu'en ce malheureux après-midi vous vous soyez trouvé sur ces lieux, au moment même où le malheur m'a arraché la moitié de ma vie ? Je ne le pense pas ! Voilà pourquoi je tenais tant à vous parler.

Il s'arrêta et reprit :

— Permettez-vous qu'on se tutoie ?

J'acquiesçai. Il poursuivit :

— La vie me fait un signe. Elle t'a mis sur ma route parce que nous avons un bout de chemin à faire ensemble.

— Il y a sans doute du vrai dans ce que tu avances. Tout cela ne s'est certainement pas produit pour rien. Tu m'offres ton amitié. Est-ce que j'en serai digne ?

— J'en suis convaincu. Et d'abord, je tiens à en savoir davantage sur toi.

— J'exerce une profession similaire à la tienne. Tu es historien, alors que la vie a fait de moi un professeur de sciences au Petit Séminaire.

— Serais-tu, demanda-t-il, un de ces enseignants pour qui la foi catholique passe avant toute chose ?

— Si ça peut te rassurer, je te parlerai de tous les questionnements que j'ai à ce propos.

— À la bonne heure ! Je suis heureux d'apprendre que ton esprit n'est pas figé comme celui de la plupart des gens qui nous entourent. À propos, tu as bien vu ce qui occupait les pensées de ma chère épouse quand la Faucheuse l'a prise.

— Les apparitions de la Vierge ?

— Qu'en dis-tu ?

Me voyant quelque peu pensif, il m'entraîna dans son salon, sortit deux verres d'une armoire et y versa un peu de porto.

— On réfléchit mieux autour d'un bon verre.

Je souris en acquiesçant. Il en profita pour poursuivre :

— Donc, ma tendre épouse m'a quitté pour l'au-delà en s'interrogeant sur de prétendues apparitions de la Vierge Marie à une pauvre enfant de quatorze ans dans un petit village de France.

— Elle se questionnait, remarquai-je. Par conséquent, elle n'avait pas l'esprit figé comme nous le recommande notre bon pape Pie IX.

— D'où leur vient, d'après toi, cette propension à nous interdire de réfléchir ?

Après une légère hésitation, je répondis :

— La réflexion les effraie parce qu'elle peut nous mener à découvrir leurs façons d'agir. Ils sont contents tant que nous sommes dociles. La religion, à mon avis, n'est rien d'autre qu'un esclavage déguisé.

Il me tapa sur l'épaule en me regardant, admiratif.

— J'aime ce que tu dis là. Très peu de nos concitoyens ont le courage de s'exprimer de la sorte. Sais-tu que ces propos pourraient te valoir une foule de problèmes ?

— J'en suis conscient. Tout dépend dans quelles oreilles ils tombent, mais faut-il pour autant se taire ? Le dire me soulage. C'est mon côté rebelle.

— En effet, nous vivons dans une drôle de société, dominée depuis des lustres par des ecclésiastiques qui, entre nous, ne sont pas plus brillants que toi et moi. Peut-être même qu'ils le sont moins, parce que l'esprit se sclérose quand il croit posséder la vérité. La croyance tue le progrès. Voilà pourquoi le pape Pie IX et le clergé à sa suite prêchent contre toute idée nouvelle.

— En t'écoutant parler, je crois m'entendre tellement tes raisonnements rejoignent les miens.

Il se félicitait de m'avoir invité. Il n'y avait pas un quart d'heure que nous étions ensemble et nous savions déjà que nous serions amis. Adalbert fit remarquer :

— Quand je te disais que rien ne se produit pour rien. Tu étais à quelques pieds de mon épouse quand la mort l'a emportée et cet événement nous a réunis. Tu ne peux pas savoir à quel point ça me fait du bien de pouvoir discuter librement en présence de quelqu'un sans craindre une dénonciation immédiate.

— Quelqu'un t'aurait-il déjà dénoncé pour tes idées ?

— Pas encore, dit-il, mais ça ne saurait tarder. La tolérance n'est pas le propre de nos concitoyens, et en particulier des catholiques. Ça me rappelle l'affaire Gavazzi dont tu as certainement entendu parler. Sais-tu que j'étais là lors de l'émeute ?

— Moi aussi.

Il s'arrêta pour demander :

— Connais-tu bien ce coin de la ville où l'émeute a éclaté ?

— Très peu, je dois l'avouer. Je m'y étais rendu par curiosité.

— Il faut dire que tout ça est survenu brusquement. J'ignore si cet épisode t'a marqué aussi profondément que moi. Je me suis longtemps demandé pourquoi des hommes s'étaient battus à propos de telles idées. Montréal est habituellement une petite ville tellement tranquille ! Il ne faut pas oublier qu'on y compte à peine cinquante mille habitants. À ce moment-là, on dénombrait quelque chose comme quarante-cinq mille âmes, dont à peine vingt mille francophones.

— Nous vivons dans une période où tout se bouscule et évolue rapidement.

— Tu as parfaitement raison.

Avant de poursuivre, il prit soin de remplir de nouveau nos verres. Puis, prenant une grande inspiration, il enchaîna :

— Écoute bien l'historien qui te parle. Je pense que l'épisode Gavazzi a marqué le début de changements notables. Les gens s'intéressaient alors aux histoires de tables tournantes et à l'apparition prochaine d'une comète qui devait chambarder complètement nos vies. Il y avait beaucoup d'effervescence du côté de l'éducation des Canadiens français et Montréal allait changer radicalement puisqu'on parlait de construire un premier pont sur le Saint-Laurent, ce qui cesserait d'en faire une île inaccessible par voie terrestre.

« Mon père, quoique catholique, avait pignon sur rue près de la côte du Beaver Hall, rue Radegonde, parmi les commerçants protestants avec lesquels il sympathisait.

Aujourd'hui, il n'y a pas beaucoup de tolérance de part et d'autre. »

— En effet !

— Force est d'admettre, ajouta-t-il, que la tolérance est la chose la moins bien pratiquée par les religieux et les croyants. Au nom de leur foi, des hommes sont prêts à tuer tout ce qui bouge et ne pense pas comme eux.

Cette réflexion d'Adalbert marqua la fin de notre premier entretien. En très peu de temps, nous étions devenus d'excellents amis et, j'en étais certain, nous aurions l'occasion d'aborder une foule d'autres sujets dans des discussions stimulantes.

Chapitre 72

Les apparitions de Lourdes

Il s'écoula quelques semaines avant que je revoie Adalbert, qui tenait à ce que je lui présente Henriette. Il désirait surtout, maintenant que le temps avait un peu refermé sa plaie, entendre sa version de la mort de son épouse. Il s'était également fait une opinion sur les apparitions de Lourdes dont il voulait me parler. Il nous arriva un beau dimanche après-midi, prétextant ne pas avoir vraiment répondu à une de mes interrogations lors de notre première rencontre.

— Tu me demandais, commença-t-il, si des gens m'avaient dénoncé en raison de mes idées trop osées ou trop avant-gardistes. Ma longue digression sur Gavazzi a fait que je n'ai pas vraiment répondu à ta question. Eh bien! Si tu veux le savoir, plus d'une fois, de bons catholiques ont été se plaindre de moi au curé. Ils m'ont accusé de posséder plusieurs livres à l'Index et ont insisté pour que le curé obtienne de l'évêque ma condamnation. Explique-moi, si tu y comprends quelque chose, pourquoi le fait de posséder des livres mis à l'Index par l'Église peut faire de moi un paria?

Le voyant engagé dans cette voie, je m'empressai de commenter:

— Nous en revenons tout simplement au pouvoir de l'Église. Ces ouvrages soutiennent des points de vue différents de ceux de l'Église catholique, qui craint par-dessus tout que ces livres finissent par dessiller les yeux de ses fidèles et leur fassent découvrir le seul véritable objectif du clergé : l'exercice d'un pouvoir absolu et exclusif sur les croyants. Pourquoi l'Église sèmerait-elle dans le pays entier tant de communautés religieuses ?

Il m'arrêta d'un signe de la main.

— Pour accroître sa puissance en grossissant ses rangs et en monopolisant l'enseignement. En n'enseignant aux enfants du primaire que le catéchisme, le français et un peu de mathématiques, l'Église use de l'ignorance comme d'un levier de pouvoir. Tu as peut-être entendu parler de cette jeune fille désireuse de lire qui, un jour, se fit prêter *Le Journal des familles* ? Le curé l'apprit et lui ordonna de rapporter ce livre à celui qui le lui avait prêté, car lire est mauvais.

Je m'exclamai :

— Quel bel exemple de ce dont nous parlons : garder les gens dans l'ignorance, ou encore les effrayer ! N'est-ce pas notre évêque qui prétend que les auteurs et les lecteurs de livres à l'Index doivent être fuis par tous ceux qui veulent assurer leur salut éternel ?

Adalbert se mit à rire.

— Comme si lire était une maladie contagieuse, enchaîna-t-il. Mais ce n'est pas tant de cela que je voulais t'entretenir. Il y avait, entre mon épouse et moi, un grand écart d'opinion en ce qui concerne les apparitions de la Vierge. Voilà pourquoi elle s'y intéressait. J'aimerais bien savoir ce que tu penses de tout ça.

Henriette venait de se joindre à nous. Je la présentai à mon nouvel ami. Comme elle n'était pas venue aux funérailles, elle dit en le saluant :

— Je suis peinée pour vous de la perte de votre épouse. J'aurais aimé faire sa connaissance tout comme je fais la vôtre aujourd'hui. Valois n'a eu que de bons mots à votre égard.

— Je vous remercie, madame, de ce témoignage de sympathie. Roseline était une gentille femme. La seule chose que je déplore de ma vie avec elle, c'est de ne pas avoir eu d'enfant. La nature nous joue parfois de ces tours.

— Vous m'en voyez désolée, compatit Henriette.

— Madame, précisa-t-il, si je tenais à ce que vous vous joigniez à nous, c'est que j'aimerais entendre de votre bouche le récit de l'accident. Souvent, les femmes ne voient pas les choses de la même façon que nous.

Henriette lui raconta la scène à sa manière. Elle précisa que, d'après elle, son épouse n'avait pas eu le temps de souffrir ni même de se rendre compte de ce qui lui arrivait, tant elle était absorbée dans sa lecture. Ses explications apaisèrent Adalbert. Après quoi, il me proposa :

— Valois, si nous prenions une marche, histoire d'échanger sur la vie comme nous l'avons si bien fait lors de notre dernière rencontre ?

Comme il voyait Henriette pour la première fois, je fus quelque peu surpris par son invitation. Toutefois, je ne m'en offusquai pas et il s'excusa auprès d'Henriette.

— Pardonnez-moi, madame, de vous quitter si vite en vous volant votre époux, mais j'ai tant à lui dire et mes propos risqueraient peut-être de vous contrarier. Voilà pourquoi je préfère les tenir entre hommes.

— Il n'y a pas d'offense. Allez et bonne jasette !

Dans la rue, il ne tarda pas à revenir sur le sujet que nous avions escamoté, soit les apparitions de la Vierge à Lourdes.

— Tu auras compris que ces histoires de prétendues apparitions me laissent froid. Comme je ne connaissais pas l'opinion de ton épouse sur cette question, j'ai préféré que nous en parlions entre nous. Roseline les croyait vraies. J'aimerais connaître ton opinion à ce sujet.

— Je suis sceptique, commençai-je, vis-à-vis tous ces phénomènes surnaturels. Il faudrait d'abord qu'on me prouve, hors de tout doute, que ces histoires ne sont pas le fruit d'une trop vive imagination. Qui était en réalité Bernadette Soubirous ? Une jeune fille pauvre, âgée de quatorze ans. Quand elle passe à la grotte de Massabielle, elle entend comme un coup de vent, se retourne et voit une dame toute de blanc vêtue, avec une ceinture bleue et une rose jaune sur chaque pied. Déjà là, les roses jaunes sur chaque pied me laissent dubitatif. Qu'est-ce qu'elles viennent faire dans cette histoire ? La jeune fille fait le signe de la croix et récite le chapelet avec la dame en question. Voilà le scénario bien établi.

— J'aime t'entendre parler de scénario, m'interrompit Adalbert, parce que toute cette affaire sent le coup monté. On nous laisse entendre que la jeune Bernadette ne connaissait pas grand-chose de la religion et qu'il était impossible qu'elle ait entendu parler de l'Immaculée Conception. Toutefois, elle disait son chapelet, ce qui prouve qu'elle l'avait appris dans sa famille ou encore à l'école. N'est-ce pas d'ailleurs le premier réflexe qu'elle eut en voyant la dame pour la première fois ? Réciter un chapelet avec elle ? Mieux que ça, à la deuxième apparition, elle aurait tenté de chasser la dame en lui lançant de l'eau bénite. Qui lui avait suggéré de procéder ainsi ? Pour une fille qui ne connaissait pas grand-chose à la religion, elle semblait plutôt bien informée.

— Je vois que tu connais beaucoup mieux que moi le déroulement des événements.

— J'en avais discuté plusieurs fois avec Roseline. Ce qui m'agace le plus dans cette histoire, ce sont les messages de la dame. "Je ne te promets pas de te rendre heureuse en ce monde, mais dans l'autre." Et encore : "Pénitence ! Pénitence ! Pénitence ! Priez Dieu pour les pécheurs !" Ça, c'est le discours de tous les curés. On ne me fera pas croire que Bernadette Soubirous n'avait pas entendu pareils sermons.

J'intervins :

— On nous les sert encore tous les jours. Le bonheur n'est pas sur terre, il est au ciel. Il faut faire pénitence et refuser tout plaisir ici-bas si nous voulons profiter d'un bonheur éternel. Peux-tu me dire qui a mis dans la tête de nos curés que la vie sur terre n'est rien ? Si Dieu nous a donné la vie, est-ce pour que nous levions le nez dessus ? N'est-ce pas un affront au Créateur que de ne pas profiter de la vie dont il est censé nous avoir gratifiés ?

Adalbert s'arrêta de marcher et se tourna vers moi :

— Tiens, je n'avais jamais pensé à cette nuance. Tu as parfaitement raison. Si la vie est ce que nous avons de plus précieux, pourquoi ne pourrions-nous pas en profiter au maximum ? De toute façon, ne luttons-nous pas tous les jours pour la conserver ? Mais à quoi bon, si ce qui nous attend après s'avère cent fois meilleur ? Nous serions mieux de nous laisser mourir sur-le-champ, non ?

— Je pense que nous souhaitons tous que la vie continue après la mort, mais comme nous en doutons, nous ne nous pressons pas d'aller voir de l'autre bord.

Ma réflexion eut l'effet d'une pause. Nous avions fait un bon bout de chemin vers le centre-ville. Nous retournâmes sur nos pas et Adalbert reprit :

— Pour en revenir au scénario de Lourdes, une autre chose me tarabuste royalement. Quatre ans avant les prétendues apparitions, le pape Pie IX a proclamé le dogme de l'Immaculée Conception. Tous les catholiques devaient croire à cette histoire invraisemblable inventée de toutes pièces au cours des siècles. Ils ont attendu mille huit cents ans après la conception du Christ pour décider que sa mère était vierge quand elle l'avait conçu. La première fois que Bernadette Soubirous, à la demande du curé de Lourdes, s'informa à la dame de son nom, celle-ci ne lui répondit pas. La deuxième fois, elle lui aurait dit dans le patois de l'endroit: "*Que soy era Immaculada Councepciou.*" Au dire du curé et des gens, la jeune fille ne connaissait pas cette expression. Or, combien de fois en quatre ans avait-elle pu l'entendre? J'imagine très bien le curé exaspéré dire à l'enfant: "Si elle refuse encore de te dire son nom, tu lui demanderas si elle n'est pas l'Immaculée Conception." À mon avis, quand la jeune fille revint de la grotte, elle répétait tout simplement ce que le curé lui avait dit.

Adalbert ajouta en riant:

— Nous aussi nous sommes capables de créer des scénarios.

— Certainement! approuvai-je en me tapant dans les mains.

— Tout de suite après la première apparition, des gens ont organisé des processions à la grotte. Les dons en argent ont commencé à affluer. C'est devenu tellement gros qu'il n'était plus question de revenir en arrière. Il fallait d'autres apparitions. La pauvre Bernadette a joué le jeu et le pape s'est frotté les mains. Son dogme tiré par les cheveux venait d'être confirmé par ces visions très bien orchestrées. Voilà ce qui me rend très sceptique. Tout au long de l'histoire de la religion catholique, il y a eu beaucoup de ces apparitions qui survenaient à un moment on ne peut plus opportun, ne crois-tu pas ?

J'acquiesçai :

— Tu as entièrement raison. Ça sent le coup monté.

— Il y a autre chose qui me chicote, ajouta Adalbert.

— Quoi donc ?

— L'empressement avec lequel on a fait disparaître Bernadette de la circulation. Au cas où elle aurait inventé tout ça, afin de s'assurer qu'elle ne reviendrait pas sur sa parole, aussi pour empêcher les journalistes et autres curieux de l'interroger, ils l'ont enfermée à Nevers chez des moniales cloîtrées. Lourdes est devenu ensuite ce lieu bien connu maintenant, où des milliers de personnes se rendent chaque jour, espérant obtenir une guérison. Et avec tous les malades imaginaires qui se promènent sur la terre, ça n'a pas été long pour qu'on crie à la guérison miraculeuse.

— Une chose est certaine. Cette histoire aura réussi à mettre sur la carte un petit bourg obscur. Ce qui m'étonne toujours, c'est de voir à quel point les gens sont naïfs et aussi voyeurs. Il suffit de leur raconter des histoires où le merveilleux prend toute la place pour qu'ils y adhèrent sans même s'interroger.

— Une foule d'individus l'ont compris et en profitent pour gagner leur pain à peu de frais. Songe ici à tous les dons que reçoivent les communautés religieuses et tu comprendras ce que je veux dire.

— Tout de même, cet argent sert d'abord au bien-être des gens qu'ils aident, non ?

— Serais-tu naïf, toi aussi ? s'écria Adalbert en me tapant sur l'épaule. Allons ! Regarde la panse de la plupart de nos curés et de nos religieux, et dis-toi qu'ils s'occupent avant tout d'eux-mêmes, et ensuite de leurs protégés. N'oublie pas que les églises et les presbytères, qui comptent parmi les plus beaux édifices de notre ville, doivent leur existence aux dons des fidèles.

Ce deuxième échange m'enchantait parce qu'il m'avait mené plus loin dans mes réflexions. Enfin quelqu'un qui n'était pas cantonné dans une croyance, qui lui aussi se questionnait sur la vie, son origine, son sens, et les interprétations qu'on en faisait. En plus, à l'instar d'Eustache de Chantal, Adalbert ne considérait pas la vie comme un long chemin de croix.

À la première occasion, je me promis de parler des apparitions à Eustache. J'étais curieux de savoir ce qu'il en pensait. Un soir, je lui en glissai un mot. Soulevant les épaules, il se mit à fixer le plafond. Il demeura dans cette position si longtemps que je me sentis obligé d'intervenir.

— Qu'est-ce qui se passe ? Avez-vous un malaise ?

— Zut ! s'écria-t-il, vous venez de me faire manquer un bien beau spectacle. Il y avait une femme en petite tenue qui s'amenait vers moi. L'avez-vous vue ? Je présume que non, car son image s'est évanouie dès que vous m'avez parlé.

J'avais ma réponse. Avant d'éclater de rire, il ne manqua pas d'ailleurs de commenter le plus sérieusement du monde :

— Les apparitions de Lourdes sont vraiment lourdes de conséquences ou d'inconséquences, selon qui y croit ou n'y croit pas.

Chapitre 73

Henriette et les pauvres

Pendant que je m'interrogeais sur la marche du monde et le sens de la vie, Henriette tournait en rond en se demandant comment se rendre utile. Elle n'avait pas oublié l'époque où, avec la mère Petit-Jean, elle travaillait au marché. Elle se souvint qu'un organisme récupérait, au profit des pauvres, des denrées périssables. Elle se dit que cette activité occuperait bien son temps, tout en espérant que cette expérience tournerait mieux que celle vécue à l'Hospice de la Providence.

Comme elle était fidèle à me rapporter un peu tout ce qu'elle vivait, elle m'en parla le soir même. Elle partit donc de bon matin le lendemain pour le marché. Elle n'avait pas eu l'occasion de s'y rendre souvent et voulut d'abord revoir les endroits qui lui étaient chers. Avec le temps, là comme ailleurs, les choses avaient beaucoup changé. Si elle reconnaissait les lieux, les étals n'étaient plus aux mêmes endroits et s'étaient multipliés au point d'occuper le moindre espace. Elle demanda à la femme d'un boucher si elle faisait affaire avec un organisme de charité. La femme lui répondit :

— Notre viande est trop précieuse pour qu'on la donne. Nous la conservons si bien maintenant dans le sel et la glace que nous n'en perdons pas. Il vous faudra voir ailleurs, peut-être à la poissonnerie.

Elle n'eut pas la main plus heureuse avec le poissonnier.

— Ma p'tite dame ! Nos poissons, nous les séchons, les salons ou les fumons. De même, nous n'en perdons pas. En plus, maintenant, nous les gardons sur la glace et, vous ne savez pas quoi, on peut même les mettre en conserve. Le mot le dit bien : on les conserve. Allez donc plutôt voir du côté des maraîchers et aussi des boulangers et des laitiers !

Avant de s'y rendre, Henriette pensa aux poulets dont la viande ne se conserve pas facilement. Elle se souvint que les cultivateurs avaient l'habitude d'apporter des poulets vivants qu'ils tuaient, plumaient et débitaient sur demande. Elle se dirigea en premier, rien qu'à la senteur, du côté du bon pain frais.

L'homme à qui elle s'informa de ce que devenaient les surplus de pain la regarda comme si elle tombait des nues.

— Des surplus de pain, pauvre de vous, nous n'en avons pas. Nous n'en produisons pas plus qu'il ne le faut.

Décidément, elle n'avait pas de chance. Elle obtint une réponse semblable auprès des laitiers. Ils avaient leurs clients auxquels ils distribuaient leur lait, si bien qu'ils évitaient les pertes. Seuls les maraîchers semblaient parfois éprouver des problèmes à conserver certains fruits et légumes comme les tomates, la laitue, les cerises et les prunes. Là encore, ils avaient une réponse toute faite.

— Quand nous voyons que nos fruits deviennent trop mûrs, nous en faisons de la compote ou de la confiture.

Elle en fut quitte pour cette visite ; personne au marché ne put la renseigner sur l'organisme de charité qu'elle recherchait. De retour à la maison, elle me parla du piètre résultat de sa démarche. Voulant l'encourager, je lui rappelai :

— Même si j'ignore quel est l'organisme qui s'occupe de récupérer des aliments pour les pauvres, je me souviens toutefois d'une œuvre de charité que tu connais tout aussi bien que moi, la Société Saint-Vincent de Paul. Leurs membres s'occupent des pauvres.

— Je sais bien. Mais il me semble qu'ils ne ramassent que le vieux linge.

— Si tu veux en avoir le cœur net, tu devrais t'informer au presbytère.

Le lendemain, elle frappait à la porte du presbytère de la paroisse Notre-Dame. Elle apprit que la Société Saint-Vincent de Paul cherchait toujours des bénévoles pour aider les plus démunis. C'est ainsi qu'on lui confia la tâche de porter un peu de nourriture à une famille du village Saint-Henri. Elle revint de là le cœur chaviré. Se pouvait-il que des êtres humains vivent au jour le jour dans pareille indigence ? Elle résolut dès lors de trouver la meilleure manière de leur venir en aide.

Il y avait environ trois semaines qu'elle se dévouait auprès des pauvres quand un matin, on la pria d'accompagner une femme plutôt corpulente et à la poigne solide, à qui on avait confié la tâche de confectionner des paniers de Noël. Elles se rendirent aux différents marchés afin d'y recueillir des dons. Elle revint de cette tournée passablement secouée, non pas en raison de ce qu'elle avait vu, mais plutôt de ce qu'elle avait entendu.

Au cours de leur tournée, la femme lui demanda qui elle était. À peine avait-elle prononcé son nom que l'autre la dévisagea comme si elle était une pestiférée.

— Henriette Ducharme. Vous ne seriez pas l'épouse de Valois Ducharme ?

— Oui. C'est bien mon mari.

— Dans ce cas-là, laissez-moi vous prévenir que tant et aussi longtemps que votre mari continuera de fréquenter l'impie et non-croyant Adalbert Desruisseaux, nous pourrons nous passer de vos services.

Quand elle me rapporta cette conversation, j'en devins furieux.

— Celle qui t'a parlé, je parie que c'est une catholique enragée. Plus j'avance dans la vie, plus je pense que les non-croyants sont plus tolérants et plus charitables que les catholiques. Est-ce que tu aimes consacrer ton temps aux pauvres ?

Henriette répondit spontanément :

— Certainement ! Tu le sais bien.

— Dans ce cas-là, samedi nous irons ensemble voir les responsables de la Société Saint-Vincent de Paul.

Tout cela avait touché Henriette. Elle n'avait pas eu la visite de sa cousine Eulalie depuis longtemps et celle-ci, sans le savoir, choisit ce moment pour arriver par surprise. Les deux femmes se confièrent ce que chacune vivait. Au cours de cet entretien, Eulalie demanda à Henriette si nous accepterions d'être le parrain et la marraine du nouvel enfant qu'elle portait. Ce fut avec enthousiasme qu'Henriette accepta :

— Je n'aurai guère de difficulté à convaincre Valois.

En la quittant, Eulalie lui dit :

— Je vous ferai signe le temps venu !

Sauf qu'il risquait d'y avoir un gros problème… Comme j'étais devenu moins pratiquant et que je me rendais à l'église uniquement pour faire plaisir à Henriette, il y avait de fortes chances qu'on me refuse d'être parrain.

Chapitre 74

De beaux souvenirs

Le samedi suivant, accompagné d'Henriette, je gagnai le siège de la Société Saint-Vincent de Paul. Je demandai à parler au responsable. L'homme qui vint répondre débordait de santé et affichait un large sourire. Je lui fis part de ce qui s'était passé.

— Comptez sur moi, monsieur, pour remettre les choses à leur place. Quant à vous, madame, considérez-vous toujours des nôtres et ne vous laissez surtout pas impressionner par les dires de l'une ou de l'autre. Nous sommes une société de laïcs et nous ne refusons l'aide de personne.

Au sortir du local, Henriette poussa un long soupir.

— Lundi, dit-elle, je serai à mon poste. En attendant, si tu le veux bien, puisque je t'ai tout à moi, pourquoi n'irions-nous pas au port revoir les lieux de nos premières amours ?

Je l'entraînai aussitôt.

— Courons-y !

Nous empruntâmes la rue Saint-Denis que nous eûmes vite fait de dévaler, nous arrêtant ici et là pour jeter un coup d'œil à un nouveau bâtiment en construction.

— Nous habitons une ville prospère et très vivante, chérie. Quand il y a de la construction un peu partout, c'est bon signe.

En arrivant au port, je proposai :

— Allons au marché.

Tranquillement, nous nous dirigeâmes du côté du marché Bonsecours et nous ne mîmes guère de temps à repérer le banc qui avait reçu nos premières confidences.

— Il me semble que c'était hier, soupira Henriette. Comme le temps passe vite !

— Regarde, on se prépare à touer un gros bateau.

Entre les quais et le large, une île servait en quelque sorte de protection aux navires amarrés dans le port contre les courants violents. Au printemps, elle était souvent submergée, mais en ce jour d'automne, des ouvriers s'affairaient à y réparer un bateau. Le passage assez étroit entre les quais et l'île obligeait le touage des navires de gros tonnage. C'était à une manœuvre de ce genre que nous allions assister.

D'un petit remorqueur furent lancées des ancres de touage. Le vaisseau descendit lentement le courant jusqu'à ce qu'il arrive en face de la place du marché où il fut amarré. Sur le quai, des débardeurs commencèrent à décharger la cargaison.

— Je serais curieux de savoir d'où viennent toutes ces marchandises.

Henriette proposa :

— La meilleure façon de l'apprendre, c'est de le demander.

Des membres de l'équipage venaient justement d'emprunter la passerelle menant à terre. Nous nous approchâmes. Je m'informai :

— Je suis curieux de savoir ce que vous transportez et d'où ça vient.

— Ce sont des barils de mélasse et du sucre de différents ports des Antilles françaises. Il y a aussi une bonne cargaison de rhum de la Jamaïque, du tabac de Cuba et bien entendu du cacao, du sirop de canne à sucre et des épices.

— Comme ?

— Vanille, poivre noir, poivre blanc, cumin, gingembre, safran, clou de girofle, noix de muscade et cannelle.

— Ta curiosité est maintenant satisfaite ? me relança Henriette. La mienne ne l'est pas encore. Et si nous entrions au marché ?

C'est ainsi que nous nous promenâmes longtemps, nous arrêtant sous les différentes enseignes où nous pouvions consulter la liste des nombreux produits vendus. Henriette s'amusait à me décrire les senteurs que son odorat si fin captait. Je ne percevais pas la moitié de ce qu'elle sentait. Je protestai :

— Tu en inventes !

— Non. Suis-moi !

Infailliblement, elle m'indiqua d'où provenaient ces senteurs : celle du cuir, du tabac, de l'ail, de la vanille. Moi, par contre, je ne manquais jamais de pointer çà et là les barils d'où s'échappaient des odeurs de rhum ou de whisky.

— Deviendrais-tu alcoolique, par hasard ?

— Non pas, parce que j'en connais une qui me ramènerait bien vite à la tempérance.

Nous sortîmes alors du marché et, pour le plaisir, nous déambulâmes entre les voitures. Certaines débordaient des derniers légumes de l'automne. Il y avait une pleine charrette de citrouilles, des tas d'épis de maïs, des montagnes de pommes de terre et de pommes, de belles tomates rouges et autant de vertes, des oignons, des carottes. Tout ça embaumait le voisinage. J'achetai un peu de tout.

— Comme ça, dis-je, notre marché de la semaine sera fait.

Je fis mettre nos achats de côté :

— Norbert viendra tout chercher.

Henriette semblait avoir l'esprit ailleurs. Je lui demandai :

— À quoi songes-tu ?

— Je me rappelle les si beaux moments passés en compagnie de cette pauvre mère Petit-Jean.

— Si elle était encore de ce monde, elle aurait bien cent ans.

— Pas autant, tout de même. Prenons une gageure, proposa Henriette. Qui de nous deux se rendra à cent ans ?

— Tous les deux ! m'écriai-je. Pourquoi vivre si l'un ou l'autre a perdu sa moitié ?

Henriette serra vivement ma main.

— Tu m'aimes toujours autant ?

— Bien sûr, chérie ! Et plus encore.

— Dans ce cas, tu me ferais bien plaisir si nous pouvions habiter dans notre propre maison.

— Tu n'apprécies pas de vivre chez Eustache ?

— Oui, mais nous ne pouvons pas continuer d'habiter chez lui indéfiniment.

Chapitre 75

Henriette à Sainte-Pélagie

Le lundi suivant, Henriette se rendit à la Société Saint-Vincent de Paul avec l'idée bien arrêtée de ne pas se laisser impressionner par les propos des autres bénévoles. Malgré l'intervention probable du responsable, elle sentit beaucoup de méfiance de la part des autres femmes, à tel point qu'elle revint à la maison profondément peinée. Elle s'en ouvrit à moi.

— Je ne me sens pas à l'aise de travailler dans cette atmosphère hostile. Les femmes me regardent de travers et chuchotent entre elles à mon passage.

— Pauvre amour, le bénévolat ne te sourit pas, bien que ce soit tout à ton honneur de vouloir donner de ton temps aux plus miséreux. Peut-être pourrais-tu rendre service à ces pauvres filles enceintes qui doivent se cacher pour mettre au monde un enfant qu'elles ne pourront pas garder? Tes conseils et tes encouragements en aideraient sûrement plus d'une.

Ma suggestion lui plut, car dès le lendemain elle se rendit au couvent de Sainte-Pélagie, au coin des rues Sainte-Catherine et Saint-André, un couvent tenu par les sœurs de la Miséricorde depuis 1848. Comme elle me l'apprit, la sage-femme qui vint lui répondre était en réalité

Rosalie Cadron, la fondatrice de cette institution. Alors qu'Henriette se présentait à elle, une femme qui passait dans le corridor salua la religieuse :

— Bonjour, mère ! Tout semble bien aller aujourd'hui.

— Eh oui, répondit-elle, les jours se suivent et ne se ressemblent pas. Il faut vous dire, poursuivit-elle à l'intention d'Henriette, que nous avons perdu hier une de nos pensionnaires qui est morte en couches, ce qui me chavire le cœur à chaque fois. Cette pauvre fille portait un enfant du viol. Ce n'est pas drôle de mourir à vingt ans. Et pendant ce temps, son agresseur continue sa vie comme si de rien n'était. Vous savez, ces filles ont bien besoin de soutien. Parfois, le simple fait d'avoir le support d'une amie suffit à les apaiser et leur permet d'accoucher sans trop de difficultés. Je vous dirais bien que vous êtes la bienvenue parmi nous, mais même si j'ai fondé cette institution, ce n'est plus moi qui la dirige. Toutefois, je saurai convaincre la mère supérieure. Nous ne sommes jamais de trop pour prendre soin de ces pénitentes.

Henriette fut chargée d'aller accueillir, à leur descente du traversier, celles qu'on appelait les pénitentes et qui venaient de l'extérieur de Montréal. Le plus grand nombre provenait de la région de Saint-Hyacinthe ou encore des petits villages le long du Richelieu. La plupart du temps, elles arrivaient munies d'une recommandation de leur curé. Elles mettaient le pied en ville pour la première fois et paraissaient très démunies. Henriette n'avait guère de difficulté à les repérer parmi les passagers à leur descente du navire. Elle s'approchait vivement et les appelait par leur nom. La première qu'elle accueillit avait à peine quinze ans.

— Bonjour, Adèle, fit Henriette.

La jeune fille sursauta. Était-ce si facile d'être identifiée parmi tant de passagers ?

— Ne t'affole pas, enchaîna Henriette. Je suis venue spécialement au-devant de toi pour te conduire à ta demeure des prochaines semaines.

S'emparant de la valise de la jeune fille, elle lui spécifia doucement :

— Tu n'as qu'à m'accompagner. Tu peux marcher un peu ? Le couvent n'est pas très loin. Tu y seras bien si tu te conformes aux directives. Les religieuses qui le dirigent sont gentilles. Elles prendront bien soin de toi, tu verras. Elles ne sont pas là pour te faire des reproches. Tout ce qu'elles veulent, c'est t'aider à te tirer de ce mauvais pas. Moi, je ne suis pas une religieuse, considère-moi comme une amie. S'il y a quelque chose qui ne va pas, ne te gêne pas pour m'en parler.

Tout en lui faisant ses recommandations, Henriette l'entraîna à sa suite à travers le port et, par la rue McGill, jusqu'au coin des rues Sainte-Catherine et Saint-André, où s'élevait Sainte-Pélagie.

Il y avait à peine deux semaines qu'elle y travaillait quand une des fondatrices de l'institution se prit d'amitié pour elle. Henriette se rendit vite compte que sa nouvelle amie avait besoin de parler. L'occasion se présenta un jour qu'elles se rendaient ensemble au traversier accueillir deux nouvelles pensionnaires.

— J'étais là au début de l'œuvre de mère de la Nativité, lui raconta sa compagne. Peut-être serais-tu intéressée à en connaître les débuts.

Henriette s'exclama :

— Bien sûr !

— Tu connais mère de la Nativité, notre fondatrice ?

— Certainement ! C'est elle qui m'a accueillie la première fois que j'ai mis les pieds ici.

— Tu sais qu'elle était veuve quand elle a commencé à s'occuper des personnes en détresse ? C'est une sainte femme qui ne refuse jamais la charité à quiconque. Monseigneur prit l'habitude de lui envoyer des jeunes filles enceintes. Il comptait sur elle pour qu'elle les fasse accoucher dans l'anonymat. Le bébé était à peine né qu'il était baptisé et transféré chez les sœurs Grises à l'Hospice des enfants trouvés. C'est d'ailleurs ainsi que ça se passe encore aujourd'hui.

— Et les jeunes mères ?

— Elles retournent chez elles ou sont placées comme servantes quelque part. Souvent, leurs parents ne savent même pas qu'elles sont venues à Montréal pour y cacher une grossesse. Elles leur font croire qu'elles ont décidé de se faire religieuses. Puis, dès qu'elles ont accouché, elles reviennent à la maison comme si de rien n'était en prétextant qu'elles n'avaient pas vraiment la vocation. Les plus jeunes, dont les parents sont au courant de leur état, nous les leur retournons quand ils en veulent bien. La plupart du temps, ces filles sont la honte de leur famille. Aux yeux de bien des gens, c'est même un déshonneur de les garder. Certains disent que nous encourageons le vice, que ces filles ne méritent rien d'autre que la rue. Quand l'hospice a été déménagé rue Saint-André, là où il est maintenant, il voisinait trois maisons closes. C'est le cas de le dire, Notre-Seigneur était dans un coin et le diable dans l'autre. Un jour, nous nous sommes même fait dire que nous ne valions pas plus que des putains.

— Pas vrai !

— Tu sais comme les gens sont méchants parfois.

— Et les filles, comment acceptent-elles qu'on leur enlève leur enfant ?

— Les pauvres n'ont pas le choix. Leur seul souci est d'accoucher au plus vite avant de se faire reconnaître par quelqu'un de leur entourage ou de leur village qui s'empresserait d'aller colporter la nouvelle. D'ailleurs, dès qu'on frappe à la porte, elles disparaissent à une vitesse phénoménale, à croire qu'il y a un tremblement de terre dans la maison.

— Que pense d'elles monseigneur ?

— Il n'en parle que comme des pénitentes. Il dit que le danger est qu'elles retournent à leur vie de débauche et à leurs vomissements. Il nous a bien prévenues de ne jamais parler du péché qui est la cause de leur déshonneur. Il nous a donné la mission, comme il dit – et j'ai très bien retenu ses paroles –, de rendre à ces fleurs que le vice a ternies l'éclat de la première innocence. Nous avons donc le mandat de sauver ces âmes infortunées qu'un instant de faiblesse ou d'oubli a précipitées dans un abîme bien profond, afin de les arracher aux horreurs d'un affreux désespoir. Il prétend que le Seigneur va nous donner des entrailles de miséricorde pour compatir aux maux que produit dans le monde le péché honteux et pour y apporter un remède efficace. Voilà ce que nous recommande cet homme pour lequel, je dois l'avouer, je n'ai guère d'admiration.

Henriette fut déstabilisée par la dernière remarque de la religieuse.

— Pourquoi dites-vous ça ?

— Pour plusieurs raisons. D'abord, parce qu'il fait croire à tout le monde qu'il est à l'origine de Sainte-Pélagie, alors que c'est Rosalie, pardon, mère de la Nativité qui a fondé cette œuvre. Sans elle, Sainte-Pélagie n'existerait pas. Si tu savais toutes les misères que nous avons dû supporter au début! Nous habitions dans un taudis et nous devions venir en aide à une dizaine de filles en détresse au moins. Nous n'avions qu'une dizaine de baudets et des couchettes dont les paillasses étaient usées, sans compter le nombre insuffisant de couvertures. Pour nous éclairer, nous ne possédions qu'une chandelle que nous devions apporter d'une pièce à l'autre. En dépit de tout, nous sommes devenues des sages-femmes et nous nous sommes chargées des accouchements de ces malheureuses enfants. De plus, nous n'avions pratiquement rien à manger. Heureusement, un homme nous a pris en pitié et s'est chargé de quêter de la nourriture pour nous et nos pensionnaires. Mais il avait toutes les misères du monde à en obtenir. Quand les gens savaient que nos protégées profiteraient de leurs dons, ils préféraient se montrer généreux envers d'autres institutions. Malgré tout, nous avons continué.

— Comment avez-vous fait dans de pareilles conditions?

— Nous avons tenu le coup. Sais-tu pourquoi?

— Non, mais je suis curieuse de l'apprendre.

— Parce qu'avant qu'on nous oblige à devenir des sœurs, nous avions connu la vie, et nous savions ce que c'est que de devoir subvenir tous les jours aux besoins d'une famille. Nous étions veuves et habituées à nous débrouiller seules.

— On vous a obligées?...

— Oui. Quand monseigneur, qui ne se préoccupait pas de nous plus qu'il ne le fallait, s'est rendu compte que notre œuvre grandissait, il a mis son nez dedans et nous a forcées à devenir des religieuses. Pas plus Rosalie que moi ne voulions cela. Nous y avons été contraintes. C'était ça ou nous devions quitter Sainte-Pélagie. Et nous qui étions libres, nous sommes obligées depuis de suivre un règlement sévère.

Il contrôle tout ce que nous faisons par l'intermédiaire de la mère supérieure qu'il a nommée à la place de Rosalie. Mère Sainte-Jeanne, en entrant dans la communauté, a apporté cinq cents livres et a obtenu aussitôt toutes les faveurs de monseigneur. Chaque fois qu'elle le peut, elle nous humilie. Elle méprise mère de la Nativité. Rosalie et moi sommes issues d'un milieu modeste. Elle nous regarde de haut et ne nous porte pas dans son cœur.

Cette femme avait grandement besoin de parler. Elle avoua que si elle n'avait pas quitté la communauté, comme l'avaient fait jusque-là une vingtaine de leurs compagnes des débuts, c'était par attachement pour la fondatrice.

— D'après ce que vous m'avez confié, la faute n'est attribuée qu'aux filles. Et les hommes là-dedans ? demanda Henriette.

— Jamais il n'en est question. La coupable est toujours la future mère. C'est elle qui a succombé.

Pendant que la religieuse parlait, Henriette pensait à l'agression que lui avait fait subir l'abbé Chiniquy. Elle ne put s'empêcher de sentir monter en elle un vent de révolte. Elle ne manqua pas de m'interroger :

— Pourquoi les hommes s'en tirent-ils toujours à si bon compte ?

Que dire ? Henriette avait bien raison. Une réponse me vint que je repoussai d'abord, avant de me persuader de sa pertinence. Si les hommes avaient tant de privilèges, c'était parce qu'ils dirigeaient la société, et en particulier l'Église et le clergé. Il était inconcevable de penser qu'une femme puisse devenir prêtresse. Pourtant, on en comptait dans l'Antiquité. Est-ce que ça changerait beaucoup de choses s'il en existait dans l'Église ? Je me promis qu'un jour, je me pencherais à fond sur cette question.

Chapitre 76

Eugénie

Cet après-midi-là, dès que j'eus mis les pieds à la villa, je voulus conter à Henriette un événement survenu au collège. Mais elle me devança en me rapportant les propos de la religieuse.

— Pauvre amour, je te comprends d'être remuée. Vraiment, la mesquinerie et l'étroitesse d'esprit de certaines personnes me scandaliseront toujours. Pourquoi cet acharnement à l'endroit de ces pauvres filles qui ont eu le malheur de ne pas suivre les règles prescrites ou qui ont été forcées ? N'est-ce pas leur état et leur situation qui importent ? Pourquoi cet esprit de vengeance et ce mépris pour elles ? Je n'en sais rien.

Henriette ne releva pas mes propos pour la bonne raison qu'Eugénie, la protégée d'Eustache qui ne venait jamais à l'étage, se montra à la porte du salon. Nous étions si peu habitués de la voir que nous gardâmes le silence. Je remarquai qu'elle avait les traits tirés et la trouvai plus âgée que je ne l'imaginais. Elle hésita, puis s'avança vers moi.

— Monsieur, commença-t-elle, mon protecteur n'est pas à la maison, voilà pourquoi je m'adresse à vous, car je me dois de prévenir immédiatement quelqu'un. Bien que je quitte rarement mes appartements, il m'a suffi de me rendre aujourd'hui au chevet d'un de mes amis malade pour qu'au retour je retrouve ma chambre à l'envers. Une personne y est venue et a fouillé dans mes tiroirs. Je ne sais pas ce qu'elle y cherchait, mais je vous prierais d'y jeter un coup d'œil afin de constater vous-mêmes l'ampleur du désordre et d'en rendre compte à monsieur Eustache dès son retour.

Je l'accompagnai à sa chambre. Elle n'avait pas exagéré. Le contenu des tiroirs avait été répandu sur le plancher, un vrai fouillis.

— Antoinette et mon épouse vous aideront à tout remettre en place après le retour du maître d'écriture. De mon côté, je vais parler à Norbert afin de savoir s'il a vu quelqu'un rôder autour de la villa. Qui peut bien y être entré et par où ? Vous avez laissé entendre que vous ignoriez ce qu'on pouvait bien chercher dans vos appartements. Pardonnez mon indiscrétion, mais gardez-vous de l'argent ici ?

— Jamais plus que pour mes besoins ordinaires.

— Vous savez, tout comme moi, comment naissent les rumeurs. Quelqu'un aura laissé courir le bruit qu'il y a de l'argent caché dans la villa. Cette réflexion suffit pour qu'un autre s'avise de venir voir. Mais le plus curieux, puisque vous ne sortez guère, c'est qu'il l'ait fait précisément en ce jour où vous vous êtes absentée. Il devait donc être informé de votre sortie au chevet de votre ami, ou encore, il surveillait la maison afin de s'assurer qu'elle était vide et attendait cette occasion depuis un certain temps. Monsieur Eustache saura sans doute débrouiller tout ça.

Quand je fus de retour auprès d'Henriette, elle ne tarda pas à me confier :

— Tu sais quoi, à Sainte-Pélagie, j'ai entendu parler d'Eugénie aujourd'hui même.

— Comment cela ?

— En me racontant divers événements survenus au couvent depuis son ouverture, une des compagnes de la fondatrice a donné comme exemple une certaine Eugénie arrivée en cachette et battue par son mari, qui l'accusait d'adultère. Elle a accouché d'un petit garçon qui a été donné aux sœurs Grises comme un enfant trouvé. La sœur m'a raconté être allée en compagnie de quatre de ses compagnes faire baptiser des enfants, dont celui de cette Eugénie. Elle m'a dit aussi qu'en se rendant à Notre-Dame, elles ont essuyé les sarcasmes et le mépris de gens dont quelques-uns crachaient dans leur direction: "Honte à vous de soutenir ainsi le vice!" Bref, j'ai eu la curiosité d'aller consulter le registre des entrées et j'y ai bien relevé le nom d'Eugénie Deblois.

J'en conclus:

— Voilà pourquoi Eustache la garde cachée entre ces murs. C'est généreux de sa part. L'histoire de la femme battue est probablement exacte, mais il nous manque l'autre morceau du casse-tête. Eustache serait-il le père de ce garçon? Si c'est le cas, je le plains, le pauvre, car il n'aura pas eu le bonheur de connaître son enfant.

— Si j'ai bonne mémoire, remarqua Henriette, il a un lien de parenté avec elle. J'aime mieux croire qu'il ne s'agit que de charité de sa part. Mais tout cela ne nous dit pas qui est entré dans la maison aujourd'hui pendant notre absence à tous.

— Je vais faire le tour de toutes les pièces pour voir s'il n'y a pas eu d'effraction quelque part.

Je revins au bout de vingt minutes. Une fenêtre avait été forcée à l'arrière de la maison, près de la chambre de Norbert.

— Je me demande comment il se fait que ce voleur n'ait visité que les appartements d'Eugénie.

— Il aura été dérangé. Comme les appartements d'Eustache sont fermés à clé et que les nôtres sont situés à l'opposé de l'endroit où il a pénétré, il n'aura pas pu aller plus avant dans son projet parce que nous sommes rentrés.

Quand le maître d'écriture fut de retour, je m'empressai de l'informer. Il parut contrarié, sans plus.

— Puisque quelqu'un a forcé une fenêtre, ça ne peut être qu'un simple voleur. Je verrai à ce qu'un homme surveille la maison jour et nuit pour quelque temps.

Je le priai d'aller rassurer Eugénie dont les appartements avaient été visités. Henriette l'accompagna afin d'aider Antoinette à remettre de l'ordre dans la chambre. Le souper se déroula dans une atmosphère quelque peu tendue. Ce n'est qu'en allant me mettre au lit que je repensai à ce que je voulais raconter à Henriette.

— Toute la journée, expliquai-je, il ne fut question que d'un coup pendable de quelques élèves. Ils sont parvenus à faire pénétrer un cochon dans le cabinet de travail du directeur. La surprise qu'il a eue en y entrant ce matin ! Il paraît que la bête ne s'était pas gênée pour lui laisser plusieurs cadeaux. Tout le monde en a fait des gorges chaudes. Inutile de te dire qu'une grande enquête est en cours.

Seulement à rappeler la chose, je riais tout seul. Henriette, que les événements de la journée avaient passablement éprouvée, ne partagea pas mon humeur. Elle se colla davantage à moi dans le lit. Sans doute craignait-elle que le ou les voleurs récidivent.

Quelques jours plus tard, la cousine Eulalie nous fit prévenir qu'elle était sur le point d'accoucher. Le samedi suivant, nous nous retrouvâmes à l'église Notre-Dame pour le baptême de notre filleule prénommée Geneviève. Contrairement à ce que j'appréhendais, tout se passa sans anicroche. Le curé ne poussa pas son enquête très loin et le non-pratiquant que j'étais devenu n'eut pas à répondre à des questions trop précises.

En tant que parrain, je tenais à ce que l'enfant ait un souvenir tangible de son baptême, mais pas un objet religieux comme une croix ou une médaille. Je lui achetai un hochet en argent sur lequel figurait un oiseau sur son nid. Henriette n'était pas d'accord avec mon choix.

— Un parrain, me reprocha-t-elle, devrait acheter à sa filleule un objet béni.

— L'idée n'est pas mauvaise. Mais quel objet et béni par qui ?

— Certainement pas une relique de tapioca.

— Une relique de tapioca ?

— Eh oui, c'est ce qu'on a trouvé dernièrement dans certaines "reliques" de saints.

— Encore moins, ajoutai-je, une médaille bénie par le pape. La pauvre n'apprendrait rien dans la vie. Le pape ne s'oppose-t-il pas à toute avancée de l'esprit humain ?

Quand je sortais de tels arguments, Henriette préférait se taire. Cette fois, elle se contenta d'acquiescer :

— Le hochet fera l'affaire.

Chapitre 77

Pour ou contre Darwin

J'avais terminé depuis quelque temps la lecture de l'ouvrage de Darwin. Je décidai, puisque mon horaire me le permettait, de le rapporter à Joseph Guibord. Comme cette théorie ne me sortait plus de l'esprit, je me promis de lui demander ce qu'il en pensait. Joseph se montra heureux de ma visite et insista pour que je fasse la connaissance de son épouse.

— Tu n'as rien à craindre d'Henriette, dit-il. Mon épouse est une femme bien modeste et ce que j'entreprends ne l'intéresse guère.

Je l'interrompis :

— Ta femme s'appelle Henriette ?

— En effet.

— La mienne aussi !

— Voilà quelque chose que nous avons en commun, constata-t-il en riant.

C'était bien la première fois que je le voyais rire. Il poursuivit :

— Tout ce qu'elle me demande, c'est de rapporter de quoi mettre du pain sur la table. Pour le reste, elle me laisse à mes occupations sans trop y prêter attention. Elle me sait membre de l'Institut canadien, mais comme elle ne peut ni lire ni écrire, ce qui s'y passe et ce que j'y fais ne la préoccupent pas vraiment.

Je m'informai :

— Avez-vous des enfants ?

— Nous en avons eu, tous morts en bas âge.

— Tu m'en vois désolé.

— J'en connais un qui attribuerait cela au fait que je fréquente l'Institut. Aux yeux de notre évêque, tu sais, tous nos malheurs viennent de là.

Tout en parlant, il m'avait entraîné dans la cuisine où sa femme tricotait.

— Henriette, voici mon ami Valois dont je t'ai parlé. Tu seras heureuse d'apprendre que son épouse se prénomme également Henriette.

La femme se leva d'un bond, laissant choir son tricot sur le plancher. Elle me tendit une main hésitante que je serrai avec chaleur.

— Je suis content de vous rencontrer, et mon épouse, bien que plus jeune que vous, sera enchantée de vous connaître.

Henriette Guibord esquissa un mince sourire et se rassit sans rien dire. J'en déduisis que cette femme timide était heureuse de son sort et se contentait, comme beaucoup d'épouses, de régner sur sa cuisine. Joseph m'invita à le suivre dans la petite pièce qui portait le titre pompeux de salon.

— J'espère que tu ne te sens pas trop à l'étroit dans ma modeste demeure, s'excusa-t-il.

— C'est toi que je suis venu voir. Je t'ai rapporté ce livre que tu as eu la gentillesse de me prêter.

Je lui remis son exemplaire, puis précisai :

— Il me plairait de connaître ton opinion sur ce Darwin.

— À ce propos, les journaux d'Angleterre viennent de nous rapporter une bataille épique au sujet de la théorie de Darwin entre un scientifique nommé Thomas Henry Huxley et Samuel Wiberforce, l'évêque d'Oxford et aumônier de la reine Victoria.

— Tu me l'apprends.

— Voilà qui démontre l'utilité de l'Institut qui reçoit des journaux de partout. Ça nous permet de nous tenir informés d'un peu tout ce qui se passe dans le monde.

— Et ce débat ? m'enquis-je.

— Eh bien ! Voulant mettre les rieurs de son côté, l'évêque crut bon de demander à Huxley s'il descendait du singe par son grand-père ou par sa grand-mère. Sa question suscita des applaudissements nourris sur les bancs des anti-darwiniens. Sur le même ton sarcastique, Huxley répondit qu'à tout prendre, il préférait encore avoir un singe pour grand-père plutôt qu'un évêque ignorant s'abandonnant à des plaisanteries sur un sujet dont il ignorait tout. Il paraît que les rires changèrent vite de côté et que Huxley, par son exposé très bien préparé, ébranla les certitudes de plusieurs. D'ailleurs, tu devrais fréquenter davantage l'Institut. Nous ne t'y voyons pas souvent. Toi qui enseignes les sciences, tu y découvrirais certainement des choses intéressantes pour ton enseignement.

— Ce n'est pas le désir de m'y rendre qui manque, mais je dois protéger mes arrières. Jusqu'à présent, il y a très peu de personnes, à part Eustache de Chantal et mes amis Adalbert et Robert, qui savent que j'en suis membre.

Je vis de l'inquiétude courir sur les traits de Joseph.

— Ce sont des amis sûrs ?

— Absolument. Eustache et Adalbert font partie de ces authentiques libres penseurs qui ne s'en laissent imposer par personne.

— Et Robert ?

— Il est passablement attaché à ses idées, mais c'est tout de même un bon ami en qui j'ai entièrement confiance.

— Il est vrai qu'en tant qu'enseignant dans un collège catholique, tu prends des risques en fréquentant l'Institut. Toutefois, si tu le veux, tu n'as qu'à me dire quels livres feraient ton bonheur et je m'arrangerai pour que tu puisses les lire sans te compromettre autant qu'en le faisant à l'Institut.

— C'est bien gentil de ta part. Revenons à Darwin, je serais vraiment curieux de connaître ton opinion sur sa théorie.

— J'y adhère totalement. Je vois l'origine des espèces ou si tu aimes mieux de la vie comme un courant qui passe, une étincelle qui met le feu. Le bois s'enflamme, d'autres étincelles montent dans le ciel et embrasent à leur tour les arbres qu'elles touchent, et voilà que tout s'allume. Le feu grandit, s'étend et transforme tout ce qu'il brûle. L'énergie qu'il dégage donne naissance à de nouvelles formes de vie. Elles naissent à la suite du feu, croissent, se multiplient et métamorphosent l'endroit en un lieu différent. Ce cycle recommence des millions de fois. Les formes de vie nouvelles qui naissent, évoluent et se raffinent deviennent de plus en plus complexes et perfectionnées. Au bout de millions d'années, elles donnent naissance à l'homme.

Je remerciai mon ami pour son excellent résumé, brillant de simplicité, et le quittai. Décidément, cette question de l'origine de la vie et de l'homme me préoccupait beaucoup. Je n'étais pas loin de croire que Darwin avait entièrement raison.

Chapitre 78

L'Institut canadien

Il y avait quelques semaines que je n'avais pas parlé à Adalbert quand, un bon samedi, il se présenta à la villa.

— J'ai hésité avant de venir, commença-t-il. Je n'aime pas placer mes amis dans des situations où ils pourraient ne pas se sentir à l'aise. Mais comme je sais que tu as l'esprit ouvert et que beaucoup de sujets t'intéressent, je me suis dit que tu serais peut-être heureux de faire partie comme moi de l'Institut canadien.

Je l'interrompis aussitôt.

— J'en suis déjà membre et j'ai eu l'occasion de constater que l'Institut regroupe beaucoup de libres penseurs.

— Tu en fais partie ! Bravo ! L'expression "libre penseur" traduit bien ce qu'elle veut dire : être libre de penser et de réfléchir sans que quelqu'un tente de nous en empêcher. Notre Institut compte donc beaucoup de catholiques ainsi que des protestants et même des incroyants. Ses membres, il faut l'admettre, ne prisent guère les enseignements et la fermeture d'esprit de l'Église catholique. C'est pourquoi monseigneur Bourget a entrepris une lutte à finir avec l'Institut.

— L'Institut dérange passablement les visées de notre évêque.

— En effet ! L'Institut existe depuis 1844. J'étais présent au premier soir de sa création et j'en fais partie depuis toutes ces années. Nous étions deux cents jeunes à peine au terme de nos études. Tu connais sans doute la salle qui s'élève rue Saint-Jacques, en allant au Palais de justice. Cette salle était celle de la Société d'histoire naturelle. C'est là que fut créé l'Institut canadien.

— Quels buts poursuiviez-vous ?

— Toi qui enseignes, tu auras remarqué qu'un bien petit nombre de Canadiens français peuvent se dire instruits. Combien de nos compatriotes ne savent ni lire ni écrire ?

— Je dirais près de la moitié.

— Tu as raison. Voilà précisément pourquoi nous avons fondé l'Institut, afin de constituer une élite canadienne-française. Nous voulons continuer à nous instruire. La devise de notre mouvement est *Altius tendimus*. Elle dit bien le but de notre association : nous voulons tendre vers les sommets, sortir des sentiers battus, nous ouvrir sur le monde. Pour y parvenir, tu le sais, l'Institut s'est doté d'une grande salle de conférence et d'une bibliothèque. En quelques années, nous sommes passés de deux cents à sept cents membres. Chaque année, nous pouvons assister à des conférences fort instructives sur ce qui se brasse dans le monde. Notre bibliothèque nous permet également de nous informer sur à peu près tous les sujets. Elle compte présentement plus de six mille volumes. Elle est certes l'une des bibliothèques les plus importantes non seulement de Montréal, mais même du pays, et nous pouvons avoir accès, grâce à elle, à près de soixante-dix journaux.

— Comment expliques-tu alors que notre évêque ne prise pas l'Institut ?

— Il a peur pour ses prérogatives et celles du clergé en général. Jusqu'à présent, le clergé a toujours eu la main haute sur tout. Personne ne peut faire un seul pas sans l'approbation de l'Église. Tout est décidé par les évêques et les prêtres. Nous vivons au rythme du culte catholique en nous pliant à la volonté des prêtres, qui décident même de nos lectures.

— Si je comprends bien, l'Institut a été créé pour s'opposer à l'Église.

— Non pas ! Mais avec le temps, certains de nos membres en sont arrivés là. Est-ce que tu lis le journal *Le Pays* ?

— Il m'arrive à l'occasion d'y jeter un coup d'œil, mais je n'y suis pas abonné.

— Tu devrais t'y intéresser. On y trouve des articles propres à faire progresser notre société.

— Par exemple ?

— Des articles sur la liberté de la presse, contre le pouvoir temporel du pape, la dîme et l'ingérence du clergé en politique, et surtout contre l'infaillibilité du pape.

Il sauta sur l'occasion qui se présentait pour me demander :

— Parlant de l'infaillibilité papale, j'aimerais savoir ce que tu en penses ?

Je n'hésitai pas une seconde à répondre :

— C'est la chose la plus aberrante que j'ai entendue de toute ma vie. Comment quelqu'un peut-il se proclamer lui-même infaillible et faire de cette prétention un dogme ? Imagine que je fasse ça moi aussi.

— Tu risquerais l'excommunication. Parce que nous nous opposons à des idées semblables, ça fait rager notre évêque qui a pris l'Institut en grippe. Sais-tu que depuis deux ans, il a écrit pas moins de trois lettres pastorales contre notre association ? Il a même dit que puisque nous faisons partie d'un institut littéraire, nous devons voir à ce qu'il n'y entre aucun livre contraire à la foi et aux mœurs, et que s'il s'en trouve déjà, nous devons les faire disparaître. Bien plus, si nous faisons partie d'un institut qui possède des livres impies et obscènes, c'est notre devoir d'en sortir. Enfin, il affirme que les conférences sont des moyens de répandre l'irréligion et dénonce toute lecture qui peut se faire dans les instituts littéraires.

Je n'en revenais pas. Je savais que l'Institut dérangeait, mais jamais à ce point. Je demandai :

— Les interventions de l'évêque ont-elles changé quelque chose ?

— Il est parvenu à donner la frousse à plusieurs de nos membres, qui se sont interrogés sur les livres de la bibliothèque qu'il faudrait rejeter. Un bon nombre ont dit, et avec raison, que l'évêque n'avait pas à mettre son nez là-dedans. Nous sommes assez avisés et compétents pour juger de la moralité de nos livres. D'autres cependant n'étaient pas du même avis. Charles Laberge, un catholique fervent, a déclaré que lorsque parle l'autorité suprême, c'est-à-dire l'évêque, il faut que le catholique se soumette quoi qu'il lui en coûte, ou bien qu'il cesse d'être catholique.

— À ce que je vois, monseigneur Bourget est parvenu à semer la zizanie.

— Il l'a si bien fait que, sous la gouverne de Louis Labrèche-Viger et d'Édouard Fabre, près de cent cinquante de nos membres sont partis. Ils ont fondé l'Institut canadien-français de Montréal pour s'opposer à l'Institut canadien. En réalité, ce qui fatiguait le plus Bourget, c'est la question des livres à l'Index.

— Je sais que dès qu'un volume ose exposer une doctrine quelque peu différente de celle qu'enseigne l'Église catholique, il est tout simplement mis à l'Index.

— Et particulièrement s'il s'agit d'un ouvrage qui touche la question des mœurs. Il est alors qualifié d'obscène. L'évêque soutient que seuls l'Église et ses serviteurs sont aptes à juger de la moralité d'un livre. L'Institut avait publié en 1852 un catalogue des volumes qu'il possède. L'évêque s'en est servi pour soutenir que l'Institut possédait des livres immoraux condamnés par le Saint-Office. Et ça ne s'arrête pas là ! Cet homme est tellement imbu de lui-même qu'il se permet même de critiquer certains journaux qu'il défend aux catholiques de lire.

Pour étriver quelque peu mon ami, je déclarai :

— Tu me brosses ce tableau de la situation sans craindre que je quitte l'Institut ?

Adalbert ne mordit pas à l'hameçon et esquissa un sourire.

— Je suis un ami qui te veut du bien. Tu pourras dire plus tard que c'est grâce à moi que tu t'es déniaisé.

Sa réflexion nous fit nous esclaffer. Mais ces discussions me laissèrent songeur et, de plus en plus, mon côté rebelle prenait le dessus. Pourquoi fallait-il à tout prix nous plier à des pratiques religieuses qui entravaient notre liberté et étouffaient notre désir de vivre pleinement ?

Chapitre 79

La devinette

Un soir, Eustache arriva de bien bonne humeur au souper. Il avait sous le bras un livre qu'il portait fièrement, sachant qu'il nous intriguerait. Nous attendîmes qu'il ait pris place à table et qu'il engage la conversation. Pour nous faire languir, il laissa passer un certain temps avant de parler.

— Écoutez bien les patronymes des personnages suivants dont vous me ferez la grâce de m'épargner les prénoms.

Il tira de sa poche un feuillet et déclina une liste de noms qu'il avait pris soin de classer par ordre alphabétique :

— Balzac, Baudelaire, Calvin, Casanova, Darwin, Defoe, Descartes, Diderot, Dumas, Flaubert, Hugo, Lamartine, Lamenais, Larousse, Luther, Machiavel, Michelet, Montesquieu, Renan, Rabelais, Rousseau et Voltaire.

— Ce sont tous des écrivains, répondis-je.

Henriette ajouta aussitôt :

— De grands savants et penseurs, je crois bien, même si je ne les connais pas beaucoup.

— Vous avez tous les deux raison. Or, qu'est-ce que le fait d'exprimer leurs idées leur a apporté ?

— La célébrité. À preuve, nous n'avons pas besoin de connaître leurs prénoms et nous savons qui ils sont.

— C'est juste. Ils ont également tous une autre chose en commun.

Je réfléchis profondément et finis par admettre :

— Je ne vois pas du tout.

— Dans ce cas, renchérit Eustache, je vous rendrai la tâche plus facile : ils ont tous déplu à l'Église catholique et en conséquence…

— … certaines de leurs œuvres ont été mises à l'Index, conclus-je.

— En effet ! Voyez ce livre dont je viens de me procurer la dernière édition, afin d'être mieux informé de ce qu'il me faut absolument lire.

Eustache termina sa phrase dans un grand rire et expliqua :

— L'Église se méfie de ces gens qui ne partagent pas les idées des Pères de l'Église et des théologiens actuels. Du coup, elle nous indique quels sont les meilleurs ouvrages depuis des siècles, ceux dont nous devons absolument prendre connaissance.

Il ouvrit son livre intitulé en latin : *Index librorum prohibitorum*.

— Voici donc l'*Index des livres prohibés*. Vous savez que la lecture d'un de ces livres condamne le lecteur au châtiment éternel ?

La nomenclature m'avait quelque peu intrigué et je m'empressai de demander :

— Darwin est-il à l'Index ?

— Pas notre contemporain, seulement son grand-père.

— Son grand-père ? Pourquoi l'a-t-on condamné ?

— Bien des années avant son petit-fils, il a osé s'attaquer aux tenants du créationnisme, c'est-à-dire ceux qui soutiennent le récit de la création de l'univers fourni par la Bible ou par le Coran. C'était un savant qui se questionnait sur la présence de coquillages fossilisés au fond des mines et sur la prolifération des bactéries qu'il observait au microscope. Il en vint à conclure à l'évolution des êtres et de la vie, ce qui va, comme vous le savez, à l'encontre des croyances de l'Église. Le petit-fils n'a fait que pousser plus loin les idées de son grand-père et s'efforcer de démontrer leur valeur scientifique.

— Si je comprends bien, on condamne la plupart de ces hommes pour leurs idées? dis-je.

— Oui, quoique d'autres raisons motivent une telle censure.

— Vraiment?

— Les questions de mœurs et de morale n'en sont pas les moindres. Ainsi, Casanova, avec ses amours libres, s'est attiré les foudres de nos censeurs. Imaginez qu'il a fait de lui le plus grand charmeur que l'on connaisse. Il prétend avoir séduit plus de cent quarante femmes et bien entendu avoir obtenu leurs faveurs. Ce mauvais exemple a fait que son ouvrage, *Histoire de ma vie*, fut immédiatement mis à l'Index.

«Il y a lieu toutefois de se demander pourquoi des personnes aussi honorables que messieurs Diderot et Larousse ont encouru l'opprobre de l'Église. Diderot était un esprit très ouvert et une phrase comme celle-ci aurait suffi à le faire condamner: “La pensée qu'il n'y ait point de Dieu n'a jamais effrayé personne.” Ce sont ses idées philosophiques, je le crois bien, qui dérangeaient le plus le Saint-Père. Pour lui, le monde se créait lui-même et la crainte de Dieu était un obstacle à l'épanouissement de l'homme.

«Quant à ce cher Larousse, pensez-vous que le clergé allait accepter sa définition de l'esprit clérical qui, selon lui, est tout simplement la raison bafouée, la liberté maudite, le despotisme exalté et le pouvoir civil subordonné au pouvoir religieux?

«Cela nous ramène exactement à la lutte qui se déroule actuellement entre l'Église et l'État. Nous n'avons pas fini d'en entendre de toutes sortes à ce sujet. Le pape ne vient-il pas de condamner le rationalisme, la liberté d'opinion, la liberté de culte et la séparation de l'Église et de l'État? L'Église qui, depuis des siècles, a toujours tenu le gros bout du bâton voit le tapis lui glisser peu à peu de dessous les pieds. Le pape sent la soupe chaude, car ça bout passablement fort en Italie. Vous savez que notre évêque incite fortement nos jeunes à courir à la défense du pape en se faisant zouaves pontificaux. Bref, nous aurons beaucoup de plaisir à suivre cela de près dans les mois et les années qui viennent.»

Eustache finit sa phrase en bâillant. Ce fut le signal pour nous de gagner notre chambre.

Le lendemain, quand j'arrivai à table pour le déjeuner, Eustache s'y trouvait déjà, bien installé avec une plume et un encrier. Dès qu'il me vit entrer, il se mit à écrire sur un de ses doigts. Je lui demandai:

— Voulez-vous bien me dire ce que vous faites là?

Il me regarda d'un air narquois, éclata d'un de ses grands rires et déclara:

— Je vous inscris à mon index!

Fier de son jeu de mots, il s'esclaffa à tel point qu'Henriette, qui arrivait au même instant, se demanda ce qui pouvait tant le réjouir. J'allais le lui dire quand le maître insista pour lui en faire part lui-même. Puis, devant l'air ahuri d'Henriette, il redoubla ses rires. Vraiment, cet homme, à ses heures, s'amusait comme un enfant.

Chapitre 80

Questionnement

Ce matin-là, je me réveillai avec une idée en tête : il suffisait de croire quelque chose pour cesser de s'interroger et ne plus rien remettre en question. Mon esprit de chercheur m'interdisait de me contenter d'une croyance unique. Après tout ce que j'avais découvert depuis un certain temps sur l'Église catholique, plus les jours passaient, plus je doutais des enseignements que j'avais reçus depuis mon enfance. Je me disais : « Naissons-nous pour laisser quelqu'un diriger notre vie selon ses croyances ? » Je me sentais un peu comme un esclave qui n'a pas d'autre choix que d'obéir.

À la simple évocation de l'esclavage, je frémis de colère. J'avais d'ailleurs été choqué d'apprendre quelle position l'Église avait adoptée. Le pape Pie IX prétendait que l'esclavage en lui-même n'allait pas à l'encontre du droit naturel et divin, et qu'en conséquence, il s'avérait normal qu'un esclave soit vendu, acheté ou donné.

J'abordai cette question avec mon ami Adalbert.

— Tu as raison de rejeter l'esclavage, approuva-t-il. Par chance, cette forme de domination de l'homme par l'homme a été abolie. Ce n'était pas admissible qu'on vende des hommes à des maîtres qui les traitaient comme des bêtes.

— Je n'ai jamais pu me rentrer dans la tête que, depuis toujours, des individus en utilisent d'autres comme s'ils leur appartenaient, confiai-je. Dire que des peuples civilisés ont permis pareil trafic de vies humaines ! Les cheveux m'en dressent sur la tête.

— Malheureusement, nous qui sommes libres, nous oublions trop facilement que pareilles pratiques existent toujours, même si l'esclavage a été aboli.

Je claironnai :

— As-tu déjà tenté de te mettre dans la peau d'un esclave ? Tu ne peux jamais rien décider par toi-même. Tu ne peux pas espérer vivre autrement. Tu n'es pas mieux qu'un animal menacé de mort chaque fois que tu oses te rebeller contre un ordre de ton maître.

Tout en m'exprimant de la sorte, une idée se dessina nettement dans mon esprit. Être catholique n'était-il qu'une forme d'esclavage spirituel ? On s'empare de l'esprit de quelqu'un et on dirige sa vie selon des principes préétablis qu'il n'a pas le choix d'adopter. S'il fait mine de quitter l'Église, ou s'il s'oppose trop vertement à un dogme ou à une quelconque autre obligation, il est tout de suite menacé d'excommunication, ce qui a pour conséquence de l'exclure de la société.

Ces pensées me troublaient. Je m'en ouvris à Adalbert.

Devant mon air soucieux, il me secoua.

— Allons, mon ami, il ne faut pas avoir peur de regarder la vérité en face.

— Ce qui m'inquiète le plus, avouai-je, c'est que je n'ose pas en parler à Henriette, dont la foi est demeurée la même. Elle se rend compte de ce qui se passe en moi. Les femmes sont très sensibles à nos changements d'humeur. Elle m'a demandé : “Qu'est-ce qui ne va pas ?” Puis elle m'a lancé :

“Il me semble que de jour en jour tu deviens de plus en plus préoccupé. Tu me sembles bouleversé.”

— J’espère que tu lui as répondu franchement.

— Je lui ai dit: “Ce à quoi je songe, chérie, ce n’est rien d’autre qu’à des vérités au sujet de la vie.” Elle a tout de suite réagi en affirmant: “Ces vérités doivent être passablement troublantes pour te virer à l’envers comme elles le font.”

— Qu’as-tu fait?

— Je l’ai rassurée: “Il ne faut pas t’inquiéter, je m’interroge sur le sens de la vie. Un jour, peut-être, aurai-je réponse à toutes mes questions.”

— Je suppose que ces mots l’ont calmée?

— Pas sûr. Elle m’a demandé: “T’interroges-tu toujours sur l’origine de la vie?” Je lui ai avoué: “Certainement, et je suis de plus en plus en accord avec la théorie proposée par Darwin, celle de l’évolution des plantes et des animaux, mais aussi de l’homme.” Peux-tu te figurer comment elle a réagi?

— Comment?

— Elle a souri et, prenant son air le plus sérieux, elle m’a reproché: “Si l’homme évolue, toi, tu stagnes, parce que tu n’as pas encore appris à serrer ton linge, à ne pas laisser traîner tes souliers et à faire le lit.”

Adalbert se mit à rire.

— Voilà bien la réaction d’une femme.

— Je me suis tout de même demandé pourquoi elle m’adressait ces reproches. Finalement, je l’ai prise dans mes bras en pensant que c’était peut-être au fond tout ce qu’elle voulait, un peu de tendresse.

— Méfie-toi, me conseilla Adalbert. Tu te trompes peut-être royalement. On ne sait jamais ce qu’une femme a derrière la tête.

FIN DU TOME PREMIER

Table des matières

Personnages principaux 7
Personnages historiques 9

PREMIÈRE PARTIE
HENRIETTE
(1840-1849)

Chapitre 1 L'enfance 23
Chapitre 2 Le service 29
Chapitre 3 Chez grand-mère 35
Chapitre 4 À l'école 39
Chapitre 5 Les dévotions de grand-mère 44
Chapitre 6 La colonne de tempérance 48
Chapitre 7 La croix du mont Saint-Hilaire 52
Chapitre 8 Le curé Chiniquy 57
Chapitre 9 La croix de tempérance 64
Chapitre 10 Le rendez-vous 68
Chapitre 11 L'agression 72
Chapitre 12 L'entrevue 77
Chapitre 13 L'entrée au couvent 82
Chapitre 14 Postulante 86
Chapitre 15 Sœur Sainte-Claire 90
Chapitre 16 La fuite 94
Chapitre 17 Libre, mais démunie 98
Chapitre 18 Dans la grande ville 102

Chapitre 19 Chez Eulalie 109
Chapitre 20 Une accalmie 117
Chapitre 21 Des temps difficiles 121
Chapitre 22 Une commission bien spéciale 124
Chapitre 23 Premières confidences 128
Chapitre 24 Déjà une absence 132
Chapitre 25 Des nouvelles 136

DEUXIÈME PARTIE
VALOIS
(1849-1850)

Chapitre 26 Les retrouvailles 143
Chapitre 27 Une dure épreuve 147
Chapitre 28 Le voyage 152
Chapitre 29 Le rebelle 157
Chapitre 30 Les Ducharme 164
Chapitre 31 Gédéon Rinfrette 167
Chapitre 32 Au fil des souvenirs 172
Chapitre 33 Un voyage 177
Chapitre 34 La médium 183
Chapitre 35 Une expérience de vie 188
Chapitre 36 Premier amour 194
Chapitre 37 La maison 198
Chapitre 38 Les fréquentations 201
Chapitre 39 Le destin 204
Chapitre 40 Les fiançailles 208
Chapitre 41 L'appartement 212
Chapitre 42 La vente 216
Chapitre 43 Le mariage 220

TROISIÈME PARTIE
UNE RENCONTRE
(1850-1857)

Chapitre 44 Le journal *L'Avenir* 225
Chapitre 45 La trouvaille d'Henriette........................ 229
Chapitre 46 Le souper 234
Chapitre 47 Eustache de Chantal.............................. 239
Chapitre 48 Le jardin Guilbault................................ 246
Chapitre 49 La grande épreuve 254
Chapitre 50 Un poste d'enseignant pour Valois........ 262
Chapitre 51 Les mensonges de Chiniquy 268
Chapitre 52 Gavazzi... 271
Chapitre 53 Le choléra 276
Chapitre 54 L'ami Robert... 283
Chapitre 55 Montréal... 288
Chapitre 56 Henriette est enceinte 294

QUATRIÈME PARTIE
DÉCOUVERTES
(1858-1859)

Chapitre 57 La fécondité 301
Chapitre 58 Conférence sur Galilée.......................... 305
Chapitre 59 Les interrogations d'Henriette............... 309
Chapitre 60 L'Inquisition... 314
Chapitre 61 L'héritage d'Henriette 319
Chapitre 62 Réflexions sur la vie 323
Chapitre 63 La crainte de la mort............................. 326
Chapitre 64 L'innovation 331
Chapitre 65 Le bénévolat d'Henriette 336
Chapitre 66 La cathédrale de nouveau incendiée...... 343

Chapitre 67 Une théorie nouvelle 349
Chapitre 68 Un précieux volume 354
Chapitre 69 L'origine de l'homme 359
Chapitre 70 Le pique-nique 365
Chapitre 71 Adalbert 370
Chapitre 72 Les apparitions de Lourdes 376
Chapitre 73 Henriette et les pauvres 384
Chapitre 74 De beaux souvenirs 388
Chapitre 75 Henriette à Sainte-Pélagie 392
Chapitre 76 Eugénie 399
Chapitre 77 Pour ou contre Darwin 404
Chapitre 78 L'Institut canadien 408
Chapitre 79 La devinette 413
Chapitre 80 Questionnement 417